**감각으로 잡는 일본어**

역발상일본어 ④

# 감각으로 잡는 日本語

구태훈

HUMANMAKER

## 책을 내면서

 한국어와 영어는 어순이 다르지만, 한국어와 일본어는 어순이 거의 같습니다. 그래서 일본어는 한국인이 배우기 쉬운 언어라고 알려져 있습니다. 실제로 일본어 단어만 많이 알면, 일본어 학습에 유리한 것이 사실입니다. 그런데 왜 '일본어는 웃고 들어갔다가 울고 나온다'는 말이 생겨났을까요?

 일본어를 중급 정도까지 익힌 분들은 여전히 '일본어 별것 아니네'라고 생각하시겠지만, 고급 단계에 들어가면 '어라! 정말 어렵네'라고 말씀하시는 분들이 많습니다. 그렇습니다. 일본어가 한국인이 배우기 쉬운 언어라고 해도 외국어는 외국어입니다. 한국어 단어만 바꾸면 일본어가 된다면 얼마나 좋겠습니까?

배꼽을 잡는 이야기를 해 보겠습니다. 매우 붙임성 있는 한국인이 있었습니다. 그가 일본의 나리타 공항에서 입국 심사를 받기 위해 줄을 섰었습니다. 그의 짐차에는 큰 트렁크가 세 개나 실려 있었고, 그 속에는 과세 대상이 되는 물품도 있었습니다. 그는 심사관에게 '잘 봐 주세요'라고 부탁해야겠다고 생각했습니다. 자기 차례가 되자, 그는 '유창한' 일본어로 말했습니다. "よくみてください" 그러자 입국심사관은 순간 놀란 표정을 지으면서 큰 소리로 대답했습니다. "はい, わかりました." 입국심사관은 트렁크 세 개를 다 펼쳐놓고 내용물을 꼼꼼하게 들추어내서 세금을 많이 물렸다고 합니다. 왜 이런 일이 벌어졌는지 아시겠지요?

한국인이 일본어의 장벽에 부딪히는 시점은, 일본인의 감각이 한국인의 그것과 다른 점이 많다는 것을 알게 되는 순간입니다. 이 단계에서 깊이 들어갈수록 어려운 것이 일본어라는 것을 실감하게 됩니다. 한국어를 일본어로 옮기면 된다는 생각을 넘어서게 됩니다. 몇 가지 예를 들어보겠습니다.

우리가 일본인에게 '전철을 타다', 즉 'でんてつにのる(電鉄に乗る)'라고 하면 일본인이 고개를 갸우뚱할 것입니다. 일본인은 'でんしゃにのる(電車に乗る)'라고 말합니다. 물론 일본어에도 でんてつ라는 말이 있지만, 이것은 전기철도의 준말입니다. 탈것이 아닙니다. 엄밀하게 말하면, '전철을 타다'는 말은 논리적으로 성립되지 않습니다. '전차를 타다'라는 말이 맞습니다.

 일본에 출장 중인 김 상무가 본사에 중요한 서류를 등기우편으로 보내려고 우체국에 갔습니다. 그는 우체국 직원에게 큰 소리로 말했습니다. "등기로 해 주세요", 즉 'とうきにしてください(登記にして下さい)' 하지만 우체국 직원은 무슨 말인지 몰랐습니다. 登記라는 일본어가 없는 것은 아닙니다. 하지만 이 말은 주로 법률용어로 쓰입니다. 우체국에서 "등기로 해 주세요"라고 하려면 "かきとめにしてください(書留にして下さい)라고 해야 합니다.

 '~ 하기 시작하다'를 한국어로 옮기라고 하면 반사적으로 はじめる(始める)라는 단어가 떠오릅니다. 그래서 '걷기 시작하다'를 'あるきはじめる(歩き始める)'라고 옮깁니다. 물론 일본인이 이 말을 알아듣지 못하는 것은 아닐 것입니다. 그러나 매끈한 일본어가 아닙니다. 일본인은 '걷기 시작하다'를 'あるきだす(歩き出す)'라고 말합니다. 같은 용법으로, '울기 시작하다'는 'なきだす(泣き出す)'입니다.

 외국어 학습은 일단 우리말로 문장을 생각하고, 그것을 옮기는 작업이 아닙니다. 그 나라 사람이 쓰는 말을 자연스럽게 말하고 쓸 수 있도록 훈련하는 것입니다. 일본어 학습도 예외가 아닙니다. 일본인의 언어 습관은 물론 감성·감각이 몸에 배도록 익히는 과정이 필요합니다.

필자가 일본에 유학하려고 일본어를 공부하기 시작한 것은 1970년대 말입니다. 당시에는 일본어 학원에서 초급·중급 강좌는 개설했지만, 고급 강좌는 아예 없었습니다. 수강생이 없었기 때문입니다. 그래서 일본어 초·중급 학습이 끝날 무렵부터 주로 일본 신문이나 잡지를 구해서 거의 독학으로 공부했습니다. 일본인이 현장에서 사용하는 표현을 익히는 것이 쉽지 않았고, 일본어 어휘를 내것으로 만드는 것도 쉽지 않았습니다. 그래서 필자는 일본어 사전을 요령있게 정리하면서 일본적인 감각을 익혔습니다.

　이 책은 필자가 일본어를 공부할 때 메모한 단어장을 기초로 하여 편집한 것입니다. 여러분이 이 책을 재미있게 읽어 내려가기만 하면 '자동으로' 일본어 감각이 익힐 수 있도록 편집했습니다. 필자가 오랜 기간에 걸쳐서 어렵게 습득한 일본어 학습 노하우를 여러분에게 드립니다. 이 책이 아주 짧은 시간에 일본어 감각이 여러분의 몸에 자연스럽게 녹아들 수 있게 도울 것입니다. 일취월장하시기 바랍니다.

2024년 봄

도쿄의 숙소에서, 무릎을 감싸고
매서운 바람소리를 들으며

구 태 훈

# 차례

책을 내면서 · 5

## 제1부  동사

1. 들이고, 내고 · 15
2. 자고, 일어나고 · 24
3. 웃고, 울고 · 34
4. 오고, 가고 · 43
5. 들고, 나고 · 48
6. 오르고, 내리고 · 58
7. 잡고, 놓고 · 67
8. 갖고, 두고, 버리고 · 79
9. 앉고, 서고 · 88
10. 걷고, 뛰고, 쉬고 · 96
11. 밀고, 끌고 · 104

12. 나아가고, 물러나고 · 115

13. 입고, 벗고, 타고, 내리고 · 122

14. 열리고, 닫히고, 시작하고, 끝나고 · 130

15. 끊고, 잇고 · 139

16. 숨고, 나타나고 · 149

17. 일어나고, 넘어지고 · 155

18. 만들고, 부수고 · 163

19. 걸고, 내리고 · 180

20. 치고, 뽑고, 접고 · 198

21. 떨어뜨리고, 줍고, 놀고, 끄고 · 212

22. 일하고, 힘쓰고, 벌고, 이루고, 끝맺고 · 224

23. 기다리고, 다가가고, 맡고, 떠나고, 되돌리고 · 233

24. 달아나고, 좇고, 막고, 비난하고, 공격하고 · 243

25. 늘리고, 줄이고, 받고, 나누고, 보내고 · 254

26. 맞고, 빗나가고 · 266

27. 향하고, 맞이하고, 보내고, 흩뜨리고 · 276

28. 이기고, 지고, 가르치고, 배우고, 유행하고, 잊고, 흐르고 · 284

29. 만나고, 우러르고, 따르고, 주고, 헤어지고, 뺏고 · 298

30. 맑고, 흐려지고, 뜨고, 가라앉고, 합쳐지고, 막히고, 흔들고, 짜고 · 308

## 제2부 형용사

1. 가깝고, 멀고 · 325

2. 높고, 낮고 · 330

3. 길고, 짧고 · 335

4. 넓고, 좁고 · 340

5. 깊고, 얕고 · 344

6. 크고, 작고 · 351

7. 무겁고, 가볍고 · 356

8. 굵고, 가늘고, 잘고 · 362

9. 딱딱하고, 부드럽고 · 370

10. 좋고, 나쁘고 · 376

11. 새롭고, 오래되고, 강하고, 약하고 · 383

12. 밝고, 어둡고, 뜨겁고, 차고, 춥고, 덥고 · 390

13. 이르고, 빠르고, 늦고, 둔하고, 거칠고 · 399

14. 달고, 쓰고, 맵고, 짜고, 시고, 맛있고, 맛없고 · 406

15. 기쁘고, 슬프고, 괴롭고, 쓸쓸하고, 다정하고, 매정하고 · 416

16. 둥글고, 우습고, 하찮고, 어렵고, 쉽고, 짙고, 연하고 · 424

17. 더럽고, 아름답고, 추하고, 귀하고, 천하고, 날카롭고, 시끄럽고 · 434

18. 파랗고, 붉고, 희고, 검고, 노랗고 · 442

## 제3부 명사

1. 위, 아래 · 453

2. 전후좌우 · 460

3. 안과 밖, 속과 겉 · 470

4. 가운데, 구석, 옆, 바닥, 사이 · 478

5. 비, 눈, 구름, 천둥, 안개, 이슬, 서리 · 486

6. 개, 고양이, 말, 호랑이, 쥐, 벌레 · 497

7. 실, 바늘, 소매, 젓가락, 약 · 508

8. 집, 벽, 창, 자리, 솥 · 519

9. 바다, 물, 산, 고개 · 529

10. 밭, 풀, 꽃, 종자 · 540

11. 수도, 도시, 마을, 시골 · 551

12. 잘함, 서투름, 진짜, 가짜, 수수, 화려, 사치, 초라, 거만함, 공손함 · 560

13. 가난함, 부자, 거짓, 진실, 겉, 알맹이, 새벽, 황혼 · 571

## 제1부 동사

# 나홀로 훌라

## CHAPTER 1

# 들이고, 내고

❶ 일본인은 '밖에서 몸 안으로 들이는' 현상을 すう(吸う)라고 합니다. 한국인은 すう를 숨을 '들이쉬다', 공기를 '들이마시다', 국물을 '마시다', 담배를 '피우다' 젖이나 꿀을 '빨다' 등으로 다양하게 표현합니다.

≪들이마시다 ; 마시다≫

いきをすう(息を吸う) = 숨을 들이쉬다
くうきをすう(空気を吸う) = 공기를 들이마시다

しるをすう(汁を吸う) = 국물을 마시다

すいものをすう(吸い物を吸う) = 장국을 마시다

≪빨다≫

たばこをすう(煙草を吸う) = 담배를 피우다

たいまをすう(大麻を吸う) = 대마초를 피우다

かがちをすう(蚊が血を吸う) = 모기가 피를 빨다

ちょうがみつをすう(蝶が密を吸う) = 나비가 꿀을 빨다

あかんぼうがちちをすう(赤ん坊が乳を吸う) = 아기가 젖을 빨다

あまいしるをすう(甘い汁を吸う) = 단물을 빨다(남의 이익을 가로채다)

≪관용구 ; 합성어≫

すいこむ(吸い込む) = 빨아들이다

すいつく(吸い付く) = 흡착하다

すいとる(吸い取る) = 흡수하다

すいもの(吸い物) = 맑은 국

### 💠 감각 돋보기

일본인이 어떤 원칙에 따라 すう(吸う)라는 어휘를 사용하는지 알면, 거의 같은 감각으로 한국어를 일본어로 직역하는 데 큰 문제가 없습니다. 그러나 한국어로 '빨아들이다'라고 새길 수밖에 없는 문장을 옮길 때 주의해야 합니다.

かいめんがみずをすう(海綿が水を吸う) = 갯솜이 물을 빨아들이다
じめんがみずをすう(地面が水を吸う) = 땅이 물을 빨아들이다

위 문장의 주어(주체) 海綿과 地面의 관점에서 すう라고 쓰는 것이 과학적입니다. 물론 모기, 아기, 벌 등은 생물이고, 해면과 지면은 무생물이기 때문에 '빨아들이다'는 객관적 어법을 사용했다고 설명할 수도 있습니다. 그렇다면 다른 용법에도 같은 원칙이 적용되었는지 살펴봐야 하겠지요.

'빨아들이다'는 '빨다'와 '들이다'가 합성된 말입니다. 엄밀하게 말하면, 일본어 すう(吸う)와 こむ(込む)의 합성어 すいこむ(吸い込む)를 한국어로 옮길 때 '빨아들이다'라고 옮겨야 합니다.

참고로, こむ는 '붐비다'는 뜻도 있지만, 동사의 연용형에 붙어 '들어가다' '파고들다'의 뜻으로도 쓰입니다. 예를 들면, とぶ(飛ぶ ; 跳ぶ)는 '날다'

'뛰다'인데, とびこむ(飛び込む)는 '뛰어들다', はいる(入る)는 '들어가다' 인데, はいりこむ(入り込む)는 '속으로 들어가다', おもう(思う)는 '생각하다'인데, おもいこむ(思い込む)는 '확신하다' '믿어버리다'로 옮겨야 제맛이 납니다.

그런데, 한국어와 전혀 다른 감각으로 쓰이는 すう(吸う)의 용법이 있습니다. 일본인의 감각에 맞춰 기억해 두는 수밖에 없을 것 같네요.

じしゃくがてつをすう(磁石が鉄を吸う) = 자석이 쇠를 끌어당기다
すわれていくようなきもち(吸われて行くような気持)
= 빨려드는 듯한 느낌


❷ 일본인은 입을 통해서 '몸 안에서 밖으로 내는' 현상을 はく(吐く)라고 합니다. 한국인은 はく를 숨을 '내쉬다', 연기를 '내뿜다', 침을 '뱉다', 피를 '토하다', 의견을 '토로하다', 열변을 '토하다' 말을 '내뱉다', 큰소리를 '치다', 망언을 '하다', 의견을 '내놓다' 등 다양하게 표현합니다.

≪내쉬다 ; 뿜다≫

いきをはく(息を吐く) = 숨을 내쉬다
ためいきをはく(溜息を吐く) = 한숨을 내쉬다

たいほうがひをはく(大砲が火を吐く) = 대포가 불을 뿜다
けむりをはくえんとつ(煙を吐く煙突) = 연기를 내뿜는 굴뚝

≪뱉다≫

つばをはく(唾を吐く) = 침을 뱉다
かいこがいとをはく(蚕が糸を吐く) = 누에가 실을 뱉다

≪토하다≫

ちをはく(血を吐く) = 피를 토하다
たべものをはく(食物を吐く) = 먹은 것을 토하다
はきけをもよおす(吐き気を催す) = 구역질이 나다

≪말하다 ; 토로하다 ; 내뱉다≫

いけんをはく(意見を吐く) = 의견을 토로하다

きをはく(気を吐く) = 기염을 토하다

ぜったんひをはく(舌端火を吐く) = 열변을 토하다

ぶげんをはく(侮言を吐く) = 모욕적인 말을 내뱉다

きょうげきなげんをはく(矯激な言を吐く) = 과격한 말을 내뱉다

≪관용구 ; 합성어≫

はきけ(吐き気) = 구역질

はきだす(吐き出す) = 토해 내다

はきすてる(吐き捨てる) = 뱉어버리다

### ※ 감각 돋보기

위에서 예로 들었듯이, はく(吐く)가 들어가는 한국어 문장은 거의 그대로 일본어로 옮길 수 있지만, 그렇지 않은 경우도 있습니다. 한국어 어법이 다양하고 복잡하기 때문입니다. 입을 통해서 밖으로 '내는' 행위는 모두 はく(吐く)를 사용한다는 '원칙'에 따르면 번역에 큰 문제가 없을 것입니다.

물론 감각이 다른 표현은 확실하게 익혀 두어야 합니다. 예를 들면, よわねをはく(弱音を吐く)를 '약한 소리를 하다'라고 옮기면 좀 이상하지요? '우는 소리를 하다'라고 옮겨야 우리 귀에 쏙 들어옵니다. 한국어를 일본어로 옮길 때도 마찬가지입니다. 일본인의 감각에 착 달라붙는 말을 골라야 하는데, 그런 감각은 비교하면서 익혀야 합니다.

ぼうげんをはく(暴言を吐く) = 폭언하다
ぼうげんをはく(妄言を吐く) = 망언을 하다
にごんをはく(二言を吐く) = 두 말을 하다
たいげんをはく(大言を吐く) = 큰소리치다

ほんねをはく(本音を吐く) = 실토하다

どろをはく(泥を吐く) = 불다 ; 자백하다

せいろんをはく(正論を吐く) = 정론을 펴다(말하다)

ぐろんをはく(愚論を吐く) = 쓸모없는 의견을 내놓다

げひんなことばをはく(下品な言葉を吐く)
= 상스러운 소리를 지껄이다

## kotoba

くうき(空気) = 공기
かいめん(海綿) = 갯솜
じめん(地面) = 지면
じしゃく(磁石) = 자석
きもち(気持) = 느낌
ためいき(溜息) = 한숨
たいほう(大砲) = 대포
けむり(煙) = 연기
えんとつ(煙突) = 굴뚝
かいこ(蚕) = 누에

もよおす(催す) = 개최하다

ぼうげん(暴言) = 폭언
ぜったんひ(舌端火) = 열변
よわね(弱音) = 힘없는 소리
ぼうげん(妄言) = 망언
たいげん(大言) = 큰소리
ほんね(本音) = 본심
どろ(泥) = 진흙
せいろん(正論) = 정론
ぐろん(愚論) = 우론
げひん(下品) = 상스러움

すてる(捨てる) = 버리다

**CHAPTER 2**

# 자고, 일어나고

❶ 일본인은 사람이 잠을 자는 것, 침상이나 침대에 눕는 것을 모두 ねる(寝る)라고 합니다. 한국인은 눈을 감고 자는 것과 그냥 눕는 것을 구분합니다. ねる의 용법이나 감각은 한국어와 거의 같습니다.

≪자다≫

ろくじかんねる(六時間寝る) = 여섯 시간 자다
はやくねてはやくおきる(早く寝て早く起きる)
= 일찍 자고 일찍 일어나다

よくねるこはよくそだつ(良く寝る子は良く育つ)
= 잘 자는 아이가 잘 큰다

ねてもさめても(寝ても覚めても) = 자나 깨나(언제나 ; 항상)

はだかでねる(裸で寝る) = 발가벗고 자다

ひざまくらでねる(膝枕で寝る) = 무릎을 베고 자다

おんなとねる(女と寝る) = 여자하고 자다

≪눕다≫

あおむけにねる(仰向けに寝る) = 반듯이 눕다

ねたきりろうじん(寝たきり老人) = 자리를 보전하고 있는 노인

かぜをひいてねる(風邪を引いて寝る) = 감기에 걸려 눕다

びょうしょうにねる(病床に寝る) = 병상에 눕다

≪관용구 ; 합성어≫

ねいる(寝入る) = 잠들다

ねぐせ(寝癖) = 잠버릇

ねごと(寝言) = 잠꼬대

ねぐるしい(寝苦しい) = 잠들기 어렵다

ねそびれる(寝そびれる) = 잠을 설치다

ねぶそく(寝不足) = 수면 부족

ねこむ(寝込む) = 깊이 잠이 들다

ねとまり(寝泊り) = 숙박

ねまき(寝巻) = 잠옷

### 감각 돋보기

ねながらざっしをよむ(寝ながら雜誌を読む)를 한국어로 옮겨보시겠어요? '자면서 잡지를 읽다'로 옮긴 분이 있다면 묻겠습니다. 자면서 잡지를 읽을 수 있나요? 논리적으로 모순이지요? '누워서 잡지를 읽다'라고 옮겨야 합니다.

잠꾸러기는 ねぼう(寝坊), 아침잠꾸러기는 あさねぼう(朝寝坊)입니다. ぼう(坊)는 일본에서 귀여운 남자아이를 부를 때 쓰는 말입니다. 우리말에도 울보, 골보, 게으름보 등이 있지요? ぼう는 일본어에서도 우리말과 같은 감각으로 쓰입니다.

なきんぼ(泣きんぼ) = 울보

おこりんぼう(怒りん坊) = 골보
けちんぼう(けちん坊) = 구두쇠
あまえんぼう(甘えん坊) = 응석받이
ぼっちゃん(坊っちゃん) = 도련님

ねわすれる(寝忘れる)는 '자는 것을 잊다'로 옮기기 쉽습니다. 정확한 뜻은 '일어날 시간이 된 것도 잊고 자다' 즉, '늦잠을 자다'입니다. ねがえる(寝返る)는 '자다가 돌아눕다' '몸을 뒤치다'는 뜻인데, 실제로는 '도중에 자기편을 배반하고 적의 편에 붙다'는 뜻으로 많이 쓰입니다.

한국인은 돈이 금고에 잠겨 있고, 상품이나 물건이 방치되어 있으면 '묵고 있다' '썩고 있다'라고 말합니다. 일본인은 ねる(寝る)라고 합니다. 한국인은 메주가 '뜨다' 메주를 '띄우다'라고 합니다. 일본인은 ねる(寝る) = '자다', ねかす(寝かす) = '재우다' ; '누이다'라고 합니다.

しきんがねている(資金が寝ている) = 자금이 묵고 있다
ねていてたべられる(寝ていて食べられる) = 누워서 먹을 수 있다
ねているしょうひん(寝ている商品) = 팔리지 않고 묵고 있는 상품

みそこうじがねる(味噌麹が寝る) = 메주가 뜨다
みそこうじをねかす(味噌麹を寝かす) = 메주를 띄우다

❷ ねる(寝る)와 비슷한 뜻으로 ねむる(眠る)가 있습니다. ねむる는 보통 '자다'로 번역하지만, '잠자다' '잠들다'에 초점을 맞춰야 하는 말입니다. ねむる에는 '죽어서 잠들다' '영면하다'는 뜻도 포함되어 있습니다.

≪자다 ; 잠들다≫

ぐっすりねむる(ぐっすり眠る) = 푹 자다
こころよくねむる(快く眠る) = 기분 좋게 자다
こんこんとねむる(昏昏と眠る) = 정신없이 자다
ふかぶかとねむる(深深と眠る) = 깊이 잠들다
くさきもねむるうしみつどき(草木も眠る丑満つ時)
= 초목도 잠자는 야밤중

≪죽다 ; 영면하다≫

ねむるがごとくしぬ(眠るが如く死ぬ) = 자는 듯이 죽다
ふぼのねむるこざん(父母の眠る故山) = 부모가 잠든 고향
ちかにねむるとも(地下に眠る友) = 지하에 잠든 친구
えいきゅうにねむる(永久に眠る) = 영면하다

≪관용구 ; 합성어≫

ねむりぐすり(眠り薬) = 수면제 ; 마취제
ねむりがあさい(眠りが浅い) = 잠이 설다
ねむりにつく(眠りに付く) = 잠이 들다
ねむりこむ(眠り込む) = 푹 잠들다
ねむりをさます(眠りを覚ます) = 잠을 깨우다
ねむりをさそう(眠りを誘う) = 잠이 오게 하다

### 감각 돋보기

ねる(寝る)의 용법에서 살펴보았지만, 한국인은 자원·토지·자금이 마땅한 투자처를 찾지 못하고 있는 것을 '놀고 있다' '잠자고 있다'라고 합니다. 일본인은 ねむる(眠る)라고 합니다.

ちかにねむるしげん(地下に眠る資源) = 지하에 잠자는 자원
ぎんこうにねむっているかね(銀行に眠っている金)
= 은행에 잠자고 있는 돈
とちがねむっている(土地が眠っている) = 땅이 놀고 있다

❸ 일본인은 '일어나다'를 おきる(起きる)라고 합니다. 한국인은 おきる를 '앉았다 일어서다' '잠에서 깨어나다' 어떤 일이 '발생하다' 등으로 나누어 표현합니다.


≪잠에서 깨어나다≫

あかんぼうがおきる(赤ん坊が起きる) = 아기가 잠을 깨다
まいあさろくじにおきる(毎朝六時に起きる)
= 매일 아침 6시에 일어나다
めざましがなっておきる(目覚ましが鳴って起きる)
= 자명종이 울려서 일어나다
あさおきてからよるねるまで(朝起きてから夜寝るまで)
= 아침에 일어나서 밤에 자기까지


≪일어서다≫

ころんでもただはおきない(転んでもただは起きない)
= 넘어져도 그냥 일어서지 않는다
たおれたこどもがおきる(倒れた子供が起きる)
= 넘어진 아이가 일어서다

≪발생하다≫

ほっさがおきる(発作が起きる) = 발작이 일어나다
じけんがおきる(事件が起きる) = 사건이 일어나다

もんだいがおきる(問題が起きる) = 문제가 생기다
こまったことがおきる(困った事が起きる) = 곤란한 일이 생기다

≪관용구 ; 합성어≫

おきあがる(起き上がる) = 일어나다
おきあがりこぼし(起き上がり子法師) = 오뚝이
おきなおる(起き直る) = 다시 일어서다
おきしな(起きしな) = 일어나서 바로 곧


❹ 일본인은 잠에서 깨거나 정신적으로 자각하는 것을 めざめる(目覚める)라고 합니다. 한국인은 めざめる를 '잠에서 깨다' '스스로 알다' '눈뜨다' '깨닫다' '깨어나다' 등으로 다양하게 표현합니다.

≪잠에서 깨다≫

あさはやくめざめる(朝早く目覚める) = 아침 일찍 잠을 깨다
ものおとにめざめる(物音に目覚める) = 무슨 소리에 잠을 깨다

≪자각하다≫

せいにめざめる(性に目覚める) = 성에 눈뜨다
れんあいにめざめる(恋愛に目覚める) = 연애에 눈뜨다

≪눈뜨다 ; 깨닫다 ; 깨어나다≫

じがにめざめる(自我に目覚める) = 자아에 눈뜨다
りょうしんにめざめる(良心に目覚める) = 양심에 눈뜨다
ぼせいにめざめる(母性に目覚める) = 모성에 눈뜨다
げんじつにめざめる(現実に目覚める) = 현실을 깨닫다
あくからめざめる(悪から目覚める) = 악에서 깨어나다

≪관용구 ; 합성어≫

めざましい(目覚ましい) = 눈부시다 ; 놀랍다
めざましどけい(目覚まし時計) = 자명종

はるのめざめ(春の目覚め) = 성(性)에 눈뜸

 *kotoba*

はだか(裸) = 맨몸
ひざまくら(膝枕) = 무릎베개
びょうしょう(病床) = 병상
しきん(資金) = 자금
みそこうじ(味噌麹) = 메주
こんこんと(昏昏)
 = 의식이 없는 모양
ふかぶかと(深深と)
 = 매우 깊은 모양
くさき(草木) = 초목

しょうたい(正体)
 = 정상적인 정신 상태
えいきゅう(永久) = 영구
しげん(資源) = 자원
とち(土地) = 토지
めざまし(目覚まし) = 자명종
ほっさ(発作) = 발작
ものおと(物音) = (무슨) 소리
れんあい(恋愛) = 연애
りょうしん(良心) = 양심

そだつ(育つ) = 자라다
さめる(覚める) = 깨다
あおむく(仰向く) = 위를 향하다
なる(鳴る) = 울다

まつ(待つ) = 기다리다
ころぶ(転ぶ) = 뒹굴다
たおれる(倒れる) = 넘어지다
こまる(困る) = 곤란하다

CHAPTER 3

# 웃고, 울고

❶ 웃음은 わらい(笑い)입니다. 웃음에는 여러 종류가 있습니다. 빙그레 웃는 웃음, 활짝 웃는 웃음, 배꼽을 잡는 웃음, 쌀쌀한 웃음, 씁쓸한 웃음, 비웃는 웃음 등. '꽃이 방긋거리다'와 같이 문학적인 표현도 있습니다. '웃다'는 わらう(笑う)입니다. わらう는 대체로 '웃다'로 옮겨도 무방하나, 우리말과 약간 다른 감각도 있고, 한국어에 없는 감각도 있습니다.

≪웃다≫

にこにこ笑(わら)う = 싱글싱글 웃다
にっこりとわらう(にっこりと笑う) = 생긋이 웃다
ひややかにわらう(冷ややかに笑う) = 쌀쌀하게 웃다
にがにがしげにわらう(苦苦しげに笑う) = 씁쓸히 웃다

わらいをもらす(笑いを漏らす) = (참았던) 웃음을 터뜨리다
なみだのでるほどわらう(涙の出る程笑う) = 눈물이 나도록 웃다

わらいがこぼれる(笑いが溢れる) = 웃음이 넘치다
わらいをさそう(笑いを誘う) = 웃음을 자아내다
わらいをふくむ(笑いを含む) = 웃음을 머금다

わらってごまかす(笑って誤魔化す) = 웃어서 속여 넘기다
てれかくしにわらう(照れ隠しに笑う) = 멋쩍음을 감추려고 웃다

≪비유≫

はなわらう(花笑う) = 꽃이 방긋거리다
やまわらう(山笑う) = 산이 방긋거리다(새싹이 날 무렵의 산)

≪비웃다≫

ひとをわらう(人を笑う) = 남을 비웃다
かたでわらう(肩で笑う) = (경멸하듯이) 어깨를 들썩이며 웃다
ひとのしっぱいをわらう(人の失敗を笑う) = 남의 실패를 비웃다

≪관용구 ; 합성어≫

わらいあう(笑い会う) = 서로 웃다
わらいぐさ(笑い草) = 웃음거리
わらいこける(笑いこける) = 자지러지게 웃다
わらいじわ(笑い皺) = 웃으면 생기는 주름살
わらいとばす(笑い飛ばす) = 웃어넘기다
わらいばなし(笑い話) = 우스운 이야기

### ❋ 감각 돋보기

① 아래에 예를 든 문장을 보면, 단어의 선택이나 감각이 우리말과 약간 다르다는 것을 알 수 있습니다. 일본어 표현이 좀 구체적이라고 할까요? 어떤 차이점이 있는지 살펴보시기 바랍니다.

a. かおでわらってこころでなく(顔で笑って心で泣く)
= 겉으로 웃고 속으로 울다
b. かげでわらう(陰で笑う) = 뒤에서 웃다(빈정거리다)
c. はなさきでわらう(鼻先で笑う) = 코웃음 치다(콧방귀 뀌다)
d. はしがころんでもわらう(箸が転んでも笑う)
= 나뭇잎이 굴러도 깔깔거리다

② 일본인은 옷의 이음매가 터지거나 밤송이가 벌어지는 모양, 심지어 무릎에 저리거나 힘이 빠지는 현상도 わらう(笑う)로 표현합니다. 매우 특이한 감각이네요.

a. ぬいめがわらい(縫い目が笑い) = 솔기가 터지다
b. くりのいがわらう(栗の毬が笑う) = 밤송이가 터지다
ひざがわらう(膝が笑う) = (지쳐서) 무릎에 힘이 빠지다(떨리다)

ひざがわらってあるけない(膝が笑って歩けない)
= 무릎에 힘이 빠져 걸을 수 없다

❷ 사람이 너무 좋아서 감격했을 때 울기도 합니다. 그러나 사람은 일이 마음대로 되지 않거나 불만족스러울 때, 어려운 일이 닥쳤을 때, 고통스러울 때 웁니다. '울다'는 なく(泣く)입니다. なく는 우리말과 거의 같은 감각으로 쓰입니다.

≪울다≫

なくこども(泣く子供) = 우는 아이
ねをなく(音を泣く) = 소리내어 울다
なくになく(泣くに泣く) = 울고 또 울다
ししとなく(ししと泣く) = 훌쩍훌쩍 울다

なくこはそだつ(泣く子は育つ) = 아이는 울어야 자란다
かなしんでなく(悲しんで泣く) = 슬퍼서 울다
なきたいのをがまんする(泣きたいのを我慢する)

= 울고 싶은 것을 참다

≪시달리다 ; 고생하다≫

あのけんにはないた(あの件には泣いた) = 그 건으로 혼이 났다
いちえんをわらうものはいちえんになく(一円を笑う者は一円に泣く)
= 1엔을 깔보는 사람은 1엔에 운다

ふきょうでなくひとがおおい(不況で泣く人が多い)
= 불황에 우는 사람이 많다
わずかいってんになく(僅か一点に泣く) = 불과 한 점에 울다(지다)
あくてんこうになく(悪天候に泣く) = 악천후에 울다

≪관용구 ; 합성어≫

なきがお(泣き顔) = 울상
なきごえ(泣き声) = 울음 섞인 목소리
なきごと(泣き言) = 넋두리
なきくずれる(泣き崩れる) = 쓰러져 울다
なきさけぶ(泣き叫ぶ) = 울부짖다
なきまどう(泣き惑う) = 하염없이 울다
なきつく(泣き付く) = 울며 매달리다

なきやむ(泣き止む) = 울음을 그치다
なきわかれ(泣き別れ) = 울며 헤어짐
なきわらい(泣き笑い) = 울고 웃음
なきまね(泣き真似) = 우는 흉내
なきむし(泣き虫) = 울보
なきどころ(泣き所) = 약점 ; 급소

### 🟊 감각 돋보기

일본인은 물건값을 깎을 때나 양보할 때 なく라는 단어를 사용합니다. 우리와는 다른 감각이네요.

ごひゃくえんなきましょう(五百円泣きましょう) = 5백엔 깎아드리지요
もういっせんえんないてください(もう一千円泣いて下さい)
= 천엔만 더 깎아 주세요
こんどはわたしのほうでなきます(今度は私の方で泣きます)
= 이번에는 내가 손해를 보지요

 *kotoba*

はし(箸) = 젓가락
そんざい(存在) = 존재
はなさき(鼻先) = 코 끝
しっぱい(失敗) = 실패
ひざ(膝) = 무릎

しわ(皺) = 주름
ふきょう(不況) = 불황
わずか(僅か) = 겨우
あくてんこう(悪天候) = 악천후
まね(真似) = 흉내

こぼれる(溢れる) = 넘치다
さそう(誘う) = 꾀다 ; 유혹하다
ふくむ(含む) = 포함하다
もらす(漏らす) = 새게 하다
ごまかす(誤魔化す) = 속이다
ぬう(縫う) = 꿰매다
とばす(飛ばす) = 날리다

そだつ(育つ) = 자라다
かなしむ(悲しむ) = 슬퍼하다
がまんする(我慢する) = 참다
さけぶ(叫ぶ) = 외치다
くずれる(崩れる) = 무너지다
まどう(惑う) = 망설이다
わかれる(別れる) = 헤어지다

**CHAPTER 4**

# 오고, 가고

❶ くる(来る)는 '오다'는 뜻입니다. 동사의 연용형에 붙어 '점차 ~ 하게 되다'는 뜻으로 쓰이기도 합니다. 우리말과 거의 같은 감각입니다.

≪오다≫

はしってくる(走って来る) = 달려오다

ようをすましてくる(用を済まして来る) = 일을 다 보고 오다

かしをかってくる(菓子を買って来る) = 과자를 사 오다

くるものはこばまない(来る者は拒まない) = 오는 자는 막지 않는다

いつかきたとし(何時か来た都市) = 언젠가 왔던 도시

てがみがくる(手紙が来る) = 편지가 오다
きがながれてくる(木が流れて来る) = 나무가 떠내려 오다
あめがふってきた(雨が降って来た) = 비가 오기 시작했다

はるがくる(春が来る) = 봄이 오다
ゆくとしくるとし(行く年来る年) = 가는 해 오는 해
しゅっぱつのひがきた(出発の日が来た) = 출발할 날이 왔다
じゅんばんが来た(順番が来た) = 차례가 왔다

≪점차 ~ 하게 되다≫

わかってくる(わかって来る) = 점차 알게 되다
でんしゃがこんでくる(電車が混んで来る) = 전철이 혼잡해 지다

❷ ゆく(行く)는 '가다'는 뜻입니다. '되다' '~ 해 가다'는 뜻으로도 쓰입니다. 대체로 우리말과 거의 같은 감각으로 쓰입니다.

≪가다≫

かいものにゆく(買物に行く) = 장보러 가다
がっこうへゆく(学校へ行く) = 학교에 가다
しばいをみにゆく(芝居を見に行く) = 연극을 보러 가다
ひとあしさきにゆく(一足先に行く) = 한 발 먼저 가다
ゆきつくところまでゆく(行き着く所まで行く)
= 가는 데 까지 가다(발 닿는 데 까지)

れんらくがゆく(連絡が行く) = 연락이 가다
よめにゆく(嫁に行く) = 시집가다

まんぞくがゆく(満足が行く) = 만족이 가다
がってんがゆく(合点が行く) = 이해가 가다
こころゆくばかりかたりあう(心行くばかり語り合う)
= 서로 충분히 이야기를 나누다

≪되다≫

うまく行(ゆ)く = 잘 되어가다
そうかんたんにはゆかない(そう簡単には行かない)
= 그렇게 간단히는 되지 않는다

そんがゆく(損が行く) = 손해가 되다

≪동사의 연용형에 'て'가 붙은 꼴에 붙어서≫

やって行(ゆ)くうちに = 해 나가는 동안에
きれいになって行(ゆ)く = 예뻐져 가다
そらがくらくなってゆく(空が暗くなって行く)
= 하늘이 어두워져 간다

≪관용구 ; 합성어≫

ゆきさき(行き先) = 행선지
ゆきくれる(行き暮れる) = 길이 저물다
ゆきつく(行き着く) = 다다르다
ゆきあたる(行き当たる) = 맞닥뜨리다
ゆきわたる(行き渡る) = 보급되다
ゆきかう(行き交う) = 왕래하다
ゆきすぎる(行き過ぎる) = 지나치다
ゆきつく(行き着く) = 다다르다
ゆきとどく(行届く) = (마음씨나 주의가) 구석구석까지 미치다
ゆくえふめい(行方不明) = 행방불명
ゆくすえ(行く末) = 장래

## kotoba

てがみ(手紙) = 편지
じゅんばん(順番) = 차례
しゅっぱつ(出発) = 출발
ふちゅうい(不注意) = 부주의
かいもの(買物) = 물건을 삼
れんらく(連絡) = 연락
しばい(芝居) = 연극
よめ(嫁) = 며느리
まんぞく(満足) = 만족

がってん(合点) = 승낙
かんたん(簡単) = 간단
きれい(綺麗) = 예쁨
ゆきさき(行き先) = 행선지
ひぐれ(日暮れ) = 저녁 때
へい(塀) = 벽
かんし(監視) = 감시
どくりつ(独立) = 독립
ゆくえ(行方) = 행방

すます(済ます) = 끝내다
こばむ(拒む) = 막다
ながれる(流れる) = 흐르다
ふる(降る) = (비) 내리다
わかる(分かる) = 알다
こむ(混む) = 붐비다
つく(着く) = 도착하다
かたる(語る) = 이야기하다
うまい(上手い) = 훌륭하다

くらい(暗い) = 어둡다
たえる(絶える) = 끊어지다
きめる(決める) = 정하다
くれる(暮れる) = 저물다
ゆきあたる(行き当たる)
  = 맞닥뜨리다
わたる(渡る) = 건너다
すぎる(過ぎる) = 통과하다
つく(着く) = 다다르다

**CHAPTER 5**

# 들고, 나고

❶ 한국인은 사람이 '들어오다' '들어가다', 어떤 대상이 눈·귀·손이 미치는 범위 안에 '들어오다', 시간이나 때가 계절이나 시대에 '접어들다' 등의 표현을 씁니다. 일본인은 위와 같은 한국어가 내포한 다양한 뜻을 はいる(入る)라는 단어 하나로 표현합니다.

≪들어오다≫

でんしゃがはいる(電車が入る) = 전철이 들어오다
どろぼうがはいる(泥棒が入る) = 도둑이 들다

めにはいる(目に入る) = 눈에 들어오다(보이다)

みみにはいる(耳に入る) = 귀에 들어오다(들리다)

てにはいる(手に入る) = 손에 들어오다(입수하다)

≪들어가다≫

がっこうにはいる(学校に入る) = 학교에 들어가다(입학하다)

かいしゃにはいる(会社に入る) = 회사에 들어가다(입사하다)

さとうがはいる(砂糖が入る) = 설탕이 들어가다

しおがはいる(塩が入る) = 소금이 들어가다

さいふにおかねがはいっている(財布にお金が入っている)
= 지갑에 돈이 들어있다

≪접어들다≫

ろくがつにはいる(六月に入る) = 6월에 접어들다

つゆにはいる(梅雨に入る) = 장마철에 접어들다

あたらしいじだいにはいる(新しい時代に入る)
= 새로운 시대에 접어들다

❷ 한국인은 밖으로 '나가다', 시합에 '나가다', 눈물이 '나오다', 못이 '튀어나오다', 앞으로 '나아가다', 신문에 '나다', 햇볕이 '나다', 어떤 일에 '나서다' 등의 표현을 씁니다. 일본인은 위와 같이 다양한 한국어가 지닌 뜻을 でる(出る)라는 단어 하나로 표현합니다.


≪나가다≫

にわにでる(庭に出る) = 정원에 나가다
かいしゃにでる(会社に出る) = 회사에 나가다(출근하다)

しあいにでる(試合に出る) = 시합에 나가다(출전하다)
おきにでる(沖に出る) = 먼 바다로 나가다
たびにでる(旅に出る) = 여행을 떠나다

≪나아가다≫

さんぽまえにでる(三歩前に出る) = 3보 앞으로 나아가다
えんげいかいにでる(演芸界に出る) = 연예계에 진출하다

≪나오다≫

なみだがでる(涙が出る) = 눈물이 나오다

ゆうれいがでる(幽霊が出る) = 유령이 나오다

くぎがでたくつ(釘が出た靴) = 못이 튀어나온 구두

にほんごからでたたんご(日本語から出た単語)
= 일본어에서 나온 단어

≪나다≫

ひがでる(日が出る) = 해가 나다

ひがでる(火が出る) = 불이 나다

やるきがでる(やる気が出る) = 할 마음이 나다

しんぶんにでる(新聞に出る) = 신문에 나다

SFえいがにでるはいゆう(SF映画に出る俳優)
= SF영화에 나오는 배우

≪나서다≫

せんきょにでる(選挙に出る) = 선거에 나서다(출마하다)

わたしのでるまくじゃない(私の出る幕じゃない)

= 내가 나설 자리가 아니다

> **감각 돋보기**
>
> '~이 되다'는 '~になる', '~을 넘다'는 '~をこえる(越える)'라고 번역하기 쉽습니다. 일본인은 이러한 경우에도 でる(出る)를 사용합니다.
>
> ふつかをでないうちに(二日を出ない内に) = 이틀이 되기 전에
> さんにんをでるかもしれない(三人を出るかも知れない)
> = 세 사람을 넘을지 모른다

❸ いれる(入れる)는 '넣다' '들이다'는 뜻입니다. 한국어와 일본어 감각이 같은 단어입니다.

≪넣다≫

がっこうにいれる(学校に入れる) = 학교에 넣다(입학시키다)

びょういんにいれる(病院に入れる) = 병원에 넣다(입원시키다)

はこにいれる(箱に入れる) = 상자에 넣다

てにいれる(手に入れる) = 손에 넣다(입수하다)


かれをなかまにいれる(彼を仲間に入れる)
= 그를 우리 편에 넣다(끼워주다)

ぼくもなかまにいれてくれ(僕も仲間にいれてくれ)
= 나도 동아리에 끼워주게


ふとんにわたをいれる(布団に綿を入れる) = 이불에 솜을 넣다

あいだにひとをいれてこうしょうする(間に人を入れて交渉する)
= 중간에 사람을 넣어 교섭하다


おうせつまにいれる(応接間に入れる) = 응접실에 들이다

あたらしくひとをいれる(新しく人を入れる) = 새로 사람을 들이다

❹ だす(出す)는 '내다' '내밀다'는 뜻입니다. 한국어와 일본어 감각이 같은 단어입니다.

≪내다≫

さいふをだす(財布を出す) = 지갑을 꺼내다
にもつをそとにだす(荷物を外に出す) = 짐을 밖에 내놓다
おちゃをだす(お茶を出す) = 차를 내다(대접하다)

しきんをだす(資金を出す) = 자금을 내다
ふそくぶんをだす(不足分を出す) = 부족분을 내다

だいがくにがんしょをだす(大学に願書を出す)
= 대학에 원서를 내다(제출하다)
てんらんかいにさくひんをだす(展覧会に作品を出す)
= 전람회에 작품을 내다(출품하다)

せいをだす(精を出す) = 열심히 일하다
ちえをだす(知恵を出す) = 지혜를 짜내다

ほんをだす(本を出す) = 책을 내다

しんぶんにこうこくをだす(新聞に広告を出す) = 신문에 광고를 내다

ひがいをだす(被害を出す) = 피해를 내다

ししょうしゃをだす(死傷者を出す) = 사상자를 내다

いけんをだす(意見を出す) = 의견을 내다

ほうこくしょをだす(報告書を出す) = 보고서를 내다

≪내밀다≫

したをだす(舌を出す) = 혀를 내밀다

あしをだす(足を出す) = 다리를 뻗다

まやくにてをだす(麻薬に手を出す) = 마약에 손을 대다

どうそうかいにかおをだす(同窓会に顔を出す)
= 동창회에 얼굴을 내밀다

### ✺ 감각 돋보기

'~하기 시작하다'를 한국어로 옮기라고 하면 반사적으로 **はじめる**(始める)라는 단어가 떠오릅니다. 하지만 일본인은 동사의 연용형에 **だす**(出す)를 붙이는 용법을 사용합니다.

あるきだす(歩き出す) = 걷기 시작하다
なきだす(泣き出す) = 울기 시작하다
わらいだす(笑い出す) = 웃기 시작하다

 *kotoba*

どろぼう(泥棒) = 도둑
さいふ(財布) = 지갑
つゆ(梅雨) = 장마철
じだい(時代) = 시대
しあい(試合) = 시합
えんげいかい(演芸界) = 연예계
ゆうれい(幽霊) = 유령
くぎ(釘) = 못
せんきょ(選挙) = 선거
びょういん(病院) = 병원
なかま(仲間) = 한패
ふとん(布団) = 이불
わた(綿) = 솜

こうしょう(交渉) = 교섭
おうせつま(応接間) = 응접실
しきん(資金) = 자금
がんしょ(願書) = 원서
てんらんかい(展覧会) = 전람회
さくひん(作品) = 작품
ちえ(知恵) = 지혜
こうこく(広告) = 광고
ひがい(被害) = 피해
ししょう(死傷) = 사상
ほうこくしょ(報告書) = 보고서
まやく(麻薬) = 마약
どうそうかい(同窓会) = 동창회

**CHAPTER 6**

# 오르고, 내리고

❶ 계단을 오르거나 물가나 성적이 오르는 것, 즉 아래에서 위로 '오르다'는 あがる(上がる)라고 합니다. 한국어와 거의 같은 감각으로 쓰이지만, 다른 감각으로 쓰일 때도 많습니다.

≪오르다≫

かいだんをあがる(階段を上がる) = 계단을 오르다
おかにあがる(陸に上がる) = 뭍에 오르다
あしをふいてあがる(足を拭いて上がる) = 발을 닦고 (마루에) 오르다

せいせきがあがる(成績が上がる) = 성적이 오르다
げっきゅうがあがる(月給が上がる) = 월급이 오르다
ちいがあがる(地位が上がる) = 지위가 높아지다

ぶっかがあがる(物価が上がる) = 물가가 오르다
きせいがあがる(気勢が上がる) = 기세가 오르다

### 감각 돋보기

'잡히다' '끝나다' '멈추다' '죽다' '망하다' '나빠지다' 등의 한국어 표현이 있습니다. 일본인은 이와 같은 한국어가 내포한 뜻을 あがる라는 한 단어로 표현하고 있습니다.

≪잡히다≫

しょうこがあがる(証拠が上がる) = 증거가 잡히다
はんにんがあがらない(犯人が上がらない) = 범인이 잡히지 않다

≪끝나다 ; 멈추다≫

しごとがあがる(仕事が上がる) = 일이 끝나다
あめがあがる(雨が上がる) = 비가 개다
つゆがあがる(梅雨が上がる) = 장마가 개다

≪죽다 ; 망하다 ; 나빠지다≫

うおがあがる(魚が上がる) = 물고기가 죽다
しょうばいがあがる(商売が上がる) = 장사가 망하다
めがあがる(目が上がる) = (늙어서) 눈이 나빠지다
ちちがあがる(乳が上がる) = 젖이 마르다

❷ あがる와 반대로, 위에서 아래로 '내리다' '흘러내리다' '늘어지다' 등의 한국어는 さがる(下がる)라는 일본어로 표현합니다.

≪내리다≫

ねつがさがる(熱が下がる) = 열이 내리다

きおんがさがる(気温が下がる) = 기온이 내리다

ぶっかがさがる(物価が下がる) = 물가가 내리다

せいせきがさがる(成績が下がる) = 성적이 떨어지다

≪흘러내리다 ; 늘어지다≫

ズボンがさがる = 바지가 흘러내리다

つららがさがる(氷柱が下る) = 고드름이 달리다

≪관용구 ; 합성어≫

あがりさがり(上がり下がり) = 오르내림

あがりだん(上がり段) = 층계

あがりだか(上がり高) = 수확량 ; 이익의 액수

あがりもの(上がり物) = 공물

あがりゆ(上がり湯) = (목욕)탕에서 나올 때 끼얹는 더운 물

### 감각 돋보기

한국인은 '연금이 나오다(지급되다)' '여권이 나오다(발급되다)'라는 말을 씁니다. 그러나 이러한 경우 일본인은 さがる 즉, '위에서 아래로 내려오다(하사되다)'라는 말을 씁니다. 한국인은 관청과 개인을 수평 관계로 인식하고, 일본인은 상하 관계로 인식하고 있다는 뜻입니다. 무사정권 시대는 쇼군(将軍)과 무사계급의 폭력에, 메이지(明治) 정부가 성립된 후에는 천황과 관리의 권위에 짓눌려 지내던 정치문화가 언어에 반영되었기 때문입니다. 다음에 설명하겠지만, 한국인은 세금을 '내다'라고 하고, 일본인은 おさめる(納める) 즉, '바치다'라고 하는 감각의 차이 역시 정치문화의 소산입니다.

ねんきんがさがる(年金が下がる) = 연금이 나오다
りょけんがさがる(旅券が下がる) = 여권이 나오다

❸ あがる는 자동사이고, あげる(上げる)는 타동사입니다. 일본인은 아래에서 위로 '올리다', 지위나 값을 '올리다', 소리를 높이 '지르다' 등의 한국어를 あげる라는 단어 하나로 표현합니다.

≪올리다≫

まくをあげる(幕を上げる) = 막을 올리다
はなびをあげる(花火を上げる) = 불꽃을 올리다
てをあげる(手を上げる) = 손을 올리다(들다)
ききゅうをあげる(気球を上げる) = 기구를 띄우다

≪높이다 ; 올리다≫

ちいをあげる(地位を上げる) = 지위를 높이다
ねだんをあげる(値段を上げる) = 값을 올리다
うでをあげる(腕を上げる) = 솜씨를 향상시키다

≪내다≫

こえをあげる(声を上げる) = 소리를 내다(지르다)
よみあげる(読み上げる) = 소리 내어 읽다
そくりょくをあげる(速力を上げる) = 속력을 내다

≪관용구 ; 합성어≫

あげさげ(上げ下げ) = 올림과 내림

あげしお(上げ潮) = 밀물
あげせん(上げ銭) = 구전
あげもの(上げ物) = 선물

❹ さがる는 자동사, さげる(下げる)는 타동사입니다. 일본인은 '내리다' '낮추다' '늘어뜨리다'라는 한국어를 さげる라는 단어 하나로 표현합니다.

≪내리다≫

まくをさげる(幕を下げる) = 막을 내리다
ねだんをさげる(値段を下げる) = 값을 내리다

≪낮추다≫

こえをさげる(声を下げる) = 목소리를 낮추다
ひんしつをさげる(品質を下げる) = 품질을 낮추다
あたまをさげる(頭を下げる) = 머리를 숙이다(조아리다)

≪차다 ; 달다≫

ぐんとうをさげる(軍刀を下げる) = 군도를 차다
くんしょうをさげる(勲章を下げる) = 훈장을 달다

≪관용구 ; 합성어≫

さげしお(下げ潮) = 썰물
さげだな(下げ棚) = 매어 단 선반
さげふり(下げ振り) = 추 ; 진자
さげもどし(下げ戻し) = 반려 ; 각하(却下)

 *kotoba*

かいだん(階段) = 계단
せいせき(成績) = 성적
げっきゅう(月給) = 월급
ちい(地位) = 지위
ぶっか(物価) = 물가
きせい(気勢) = 기세
しょうこ(証拠) = 증거
はんにん(犯人) = 범인
うお(魚) = 물고기
しょうばい(商売) = 장사

ねんきん(年金) = 연금
りょけん(旅券) = 여권
つらら(氷柱) = 고드름
はなび(花火) = 불꽃
ききゅう(気球) = 기구
そくりょく(速力) = 속력
ねだん(値段) = 값
ひんしつ(品質) = 품질
ぐんとう(軍刀) = 군도
くんしょう(勲章) = 훈장

## CHAPTER 7

# 잡고, 놓고

❶ 보통 손으로 '잡다' '들다'를 とる(取る)라고 합니다. とる는 한국어로 옮길 때 '잡다' '들다' 이외에 장소를 '차지하다', 나이가 '들다', '취하다' '택하다' '빼앗다' '없애다' '취득하다' '벗다' '맞이하다' '맞추다' '맡다' '헤아리다' '뒤집어쓰다' 등 매우 다양한 뜻으로 풀이되는 단어입니다.

≪잡다 ; 들다 ; 차지하다≫

つくえのうえのほんをとる(机の上の本を取る)

= 책상 위의 책을 집다(들다)

てにとってみる(手に取って見る) = 손에 들고 보다

ふでをとる(筆を取る) = 붓을 들다

てにてをとって(手に手を取って) = 손에 손을 잡고

てんかをとる(天下を取る) = 천하를 잡다

ばしょをとる(場所を取る) = 장소를 차지하다

まあいをとる(間合いを取る) = 간격을 두다

てまをとるしごと(手間を取る仕事) = 시간과 수고가 드는 일

≪먹다 ; 나이가 들다≫

しょくじをとる(食事を取る) = 식사를 하다

えいようをとる(栄養を取る) = 영양을 보충하다

としをとる(年を取る) = 나이를 먹다

≪받아들이다 ; 취하다≫

いいいみにとる(いい意味に取る) = 좋은 뜻으로 받아들이다

せいようのぶんぶつをとる(西洋の文物を取る)
= 서양문물을 받아들이다

もじどおりにとる(文字通りに取る) = 글자 그대로 해석하다

しゅだんをとる(手段を取る) = 수단을 취하다
しょちをとる(処置を取る) = 조치를 취하다

≪택하다≫

たすうけつをとる(多数決を取る) = 다수결을 택하다
なをすててみをとる(名を捨てて実を取る)
= 명분을 버리고 실리를 택하다

≪훔치다 ; 빼앗다 ; 복수하다≫

ひとのものをとる(人の物を取る) = 남의 물건을 훔치다
さいふをとる(財布を取る) = 지갑을 훔치다

いのちをとる(命を取る) = 목숨을 빼앗다
かたきをとる(敵を取る) = 원수를 갚다

≪없애다≫

ざっそうをとる(雑草を取る) = 잡초를 뽑다

ねつをとる(熱を取る) = 열을 내리게 하다

いたみをとる(痛みを取る) = 통증을 없애다

≪따다 ; 얻다≫

がくいをとる(学位を取る) = 학위를 따다

めんきょをとる(免許を取る) = 면허를 따다

ひゃくてんをとる(百点を取る) = 100점을 따다

≪벗다≫

ぼうしをとる(帽子を取る) = 모자를 벗다

めがねをとる(眼鏡を取る) = 안경을 벗다

ネクタイを取(と)る = 넥타이를 풀다

≪받다≫

しようりょうをとる(使用料を取る) = 사용료를 받다

ばっきんをとる(罰金を取る) = 벌금을 징수하다

げっきゅうをとる(月給を取る) = 월급을 받다

ちゅうもんをとる(注文を取る) = 주문을 받다

≪맞이하다≫

むこをとる(婿を取る) = 사위를 맞다
よめをとる(嫁を取る) = 아내를 맞다(장가들다)

ていしをとる(弟子を取る) = 제자를 두다
きゃくをとる(客を取る) = 손님을 받다

≪맞추다≫

きげんをとる(機嫌を取る) = 비위를 맞추다
ひょうしをとる(拍子を取る) = 박자를 맞추다
ほちょうをとる(歩調を取る) = 보조를 맞추다

≪맡다 ; 지다≫

せきにんをとる(責任を取る) = 책임을 지다
けんばのろうをとる(犬馬の労を取る) = 견마지로를 다하다

≪헤아리다≫

かずをとる(数を取る) = 수를 세다

しゃくをとる(尺を取る) = (자로) 재다
みゃくをとる(脈を取る) = 맥을 짚다

≪뒤집어쓰다 ; 불명예를 초래하다≫

おめいをとる(汚名を取る) = 누명을 쓰다
ふかくをとる(不覚を取る) = 실수하다
ひけをとる(引けを取る) = 남에게 뒤지다(승부에 지다)

≪관용구 ; 합성어≫

とりあげる(取り上げる) = 집어들다
とりあつかう(取り扱う) = 처리하다
とりあわせる(取り合わせる) = 배합하다
とりいれる(取り入れる) = 거두어들이다 ; 받아들이다
とりおさえる(取り押さえる) = 억누르다
とりかえす(取り返す) = 되찾다
とりかえる(取り替える) = 바꾸다
とりかかる(取り掛かる) = 착수하다
とりかこむ(取り囲む) = 에워싸다
とりくむ(取り組む) = 맞붙다
とりけす(取り消す) = 취소하다

とりさげる(取り下げる) = 취하하다 ; 철회하다

とりざた(取り沙汰) = 소문 ; 평판

とりさばく(取り捌く) = (분쟁) 판가름하다

とりさる(取り去る) = 제거하다

とりしまる(取り締まる) = 단속하다

とりしらべる(取り調べる) = 조사하다

とりたてる(取り立てる) = 징수하다

とりつける(取り付ける) = 달다 ; 장치하다

とりはからう(取り計らう) = 조처하다

とりはずす(取り外す) = 떼내다

とりやめる(取り止める) = 중지하다 ; 취소하다


❷ '놓아주다' '놓다'는 はなす(放す)라고 합니다. 한국어와 거의 같은 감각으로 쓰입니다.


≪놓아 주다≫

つかまえたとりをはなしてやる(捕まえた鳥を放してやる)
= 잡은 새를 놓아 주다

うおをかわにはなす(魚を川に放す) = 물고기를 강에 놓아 주다

≪놓다≫

ハンドルからてをはなす(ハンドルから手を放す) = 핸들에서 손을 놓다
ははのてをはなさない(母の手を放さない) = 엄마의 손을 놓지 않다


❸ はなす(離す)는 はなす(放す)와 발음이 같으나 한자어 '離'를 쓰는 단어입니다. 한자어 '放'은 '놓아주다', '離'는 '떨어지다'라는 의미가 강한 말입니다.


≪놓다 ; 풀다 ; 떼다≫

ほんをてもとからはなさない(本を手元から離さない)
= 책을 손에서 떼지 않는다
にぎったてをはなす(握った手を離す) = 잡은 손을 놓다

つなぎめをはなす(繋ぎ目を離す) = 이음매를 풀다
くんでいたうでをはなす(組んでいた腕を離す)
= 끼고 있던 팔짱을 풀다

めをはなす(目を離す) = 눈을 떼다 (시선을 옮기다)

ハンドルをはなす(ハンドルを離す) = 핸들에서 손을 떼다

≪거리를 두다 ; 사이를 두다≫

つくえとつくえとをはなす(机と机とを離す)
= 책상과 책상을 떼어 놓다
つくえをかべからはなしておく(机を壁から離して置く)
= 책상을 벽에서 떼어 놓다

かんをはなす(間を離す) = 사이를 띄우다
じをはなしてかく(字を離して書く) = 글자를 띄어 쓰다

❹ はなつ(放つ)는 はなす(放す)와 거의 같은 감각으로 쓰입니다. 적극적이고 능동적인 이미지가 강한 말입니다.

≪떼어 놓다 ; 풀어 놓다≫

きつねをのにはなつ(狐を野に放つ) = 여우를 들에 풀어 주다
にんむからはなたれる(任務から放たれる) = 임무에서 해방되다

≪쏘다 ; 발하다≫

けんじゅうをはなつ(拳銃を放つ) = 권총을 쏘다
じつだんをいっぱつはなつ(実弾を一発放つ) = 실탄을 한 발 쏘다

ひかりをはなつ(光を放つ) = 빛을 발하다
だいいっせいを放つ(第一声を放つ) = 제일성을 발하다
　　　　　　　　　　　　　　(최초의 연설을 함)
いさいをはなつ(異彩を放つ) = 이채를 발하다(띠다)

≪보내다≫

しかくをはなつ(刺客を放つ) = 자객을 보내다
せっこうをはなつ(斥候を放つ) = 척후를 보내다

≪열다 ; 빼다≫

とをはなつ(戸を放つ) = 문을 열어젖히다
かたなをはなつ(刀を放つ) = 칼을 빼다

 *kotoba*

まあい(間合) = 간격
てま(手間) = 품 ; 수고
しょくじ(食事) = 식사
えいよう(栄養) = 영양
いみ(意味) = 의미
もじ(文字) = 글자
せいよう(西洋) = 서양
ぶんぶつ(文物) = 문물
しゅだん(手段) = 수단
しょち(処置) = 조치
たすうけつ(多数決) = 다수결
かたき(敵) = 원수
ざっそう(雑草) = 잡초
いたみ(痛み) = 통증

めんきょ(免許) = 면허
しようりょう(使用料) = 사용료
ばっきん(罰金) = 벌금
げっきゅう(月給) = 월급
ちゅうもん(注文) = 주문
きゅうか(休暇) = 휴가
むこ(婿) = 사위
よめ(嫁) = 며느리
きげん(機嫌) = 비위
ひょうし(拍子) = 박자
ほちょう(歩調) = 보조
かず(数) = 수
しゃく(尺) = 자
おめい(汚名) = 누명

 **kotoba**

ふかく(不覚) = 불찰
さた(沙汰) = 소식
つなぎめ(繋ぎ目) = 이음
きつね(狐) = 여우
にんむ(任務) = 임무

けんじゅう(拳銃) = 권총
いさい(異彩) = 이채
しかく(刺客) = 자객
せっこう(斥候) = 척후
かたな(刀) = 칼

あつかう(扱う) = 취급하다
かえす(返す) = 돌리다
かえる(替える) = 바꾸다
かかる(掛かる) = 걸리다
かこむ(囲む) = 두르다
くむ(組む) = 엇걸다
さばく(捌く) = 잘 풀다

しまる(締まる) = 단단히 죄이다
しらべる(調べる) = 조사하다
たてる(立てる) = 세우다
つける(付ける) = 붙이다
はからう(計らう) = 조처하다
はずす(外す) = 제거하다
つかまえる(捕まえる) = 붙잡다

## CHAPTER 8

# 갖고, 두고, 버리고

❶ '가지다' '소유하다'는 もつ(持つ)라고 합니다. もつ는 마음에 '품다', '갖추다' '지니다' '맡다' '견디다' 등 다양한 한국어로 옮길 수 있는 말입니다.

≪쥐다 ; 들다≫

かばんをもつ(鞄を持つ) = 가방을 들다
しっかりもつ(しっかり持つ) = 꼭 쥐다

≪소유하다 ; 갖다≫

いえをもつ(家を持つ) = 집을 갖다
えいきょうりょくをもつ(影響力を持つ) = 영향력을 갖다

ゆとりをもつ(ゆとりを持つ) = 여유를 가지다
げんきんをもってくる(現金を持って来る) = 현금을 가지고 오다

≪품다≫

じしんをもつ(自信を持つ) = 자신을 갖다
うらみをもつ(恨みを持つ) = 원한을 품다
きょうみをもつ(興味を持つ) = 흥미를 갖다

≪지니다 ; 갖추다≫

みりょくをもつ(魅力を持つ) = 매력을 지니다
ことばのもついみ(言葉の持つ意味) = 말이 지닌 뜻
こうたくをもつ(光沢を持つ) = 광택을 가지다

≪관계하다≫

かんけいをもつ(関係を持つ) = 관계를 가지다

こうしょうをもつ(交渉を持つ) = 교섭을 갖다

≪맡다 ; 부담하다≫

いちねんせいをもつ(一年生を持つ) = 1학년생을 담임하다

ひようをもつ(費用を持つ) = 비용을 부담하다

≪지속하다 ; 견디다≫

からだがもたない(体が持たない) = 몸이 견디지 못한다

このくつはながくもつ(この靴は長く持つ)
= 이 구두는 오래 신을 수 있다

このいえはあと10ねんはもつ(この家は後10年は持つ)
= 이 집은 앞으로 10년은 견딘다

≪관용구 ; 합성어≫

もちあがる(持ち上がる) = 솟아오르다

もちあげる(持ち上げる) = 들어올리다

もちきる(持ち切る) = 끝까지 지니다

もちこす(持ち越す) = 미루다

もちこむ(持ち込む) = 가지고 들어오다

もちだす(持ち出す) = 가지고 나오다 ; 제기하다

もちなおす(持ち直す) = 회복하다

もちぬし(持主) = 임자

もちあじ(持味) = 특색

もちまえ(持前) = 천성

もてなし(持て成し) = 대접

❷ おく(置く)는 '두다' '놓다'는 뜻입니다. 한국어와 거의 같은 감각으로 쓰이는 말입니다. 한국어를 일본어로 기계적으로 옮겨도 크게 문제 될 것이 없는 어휘입니다.

≪놓다≫

ほんをつくえのうえにおく(本を机の上に置く) = 책을 책상 위에 놓다

てをひざのうえにおく(手を膝の上に置く) = 손을 무릎 위에 놓다

はしをおく(箸を置く) = 젓가락을 놓다(식사를 끝내다)

≪두다 ; 남겨두다≫

けんにほけんじょをおく(県に保健所を置く) = 현에 보건소를 두다
こどもをおいていえでする(子供を置いて家出する)
= 아이를 남겨두고 가출하다

≪사람을 묶게 하다≫

げしゅくにんをおく(下宿人を置く) = 하숙을 치다
じょちゅうをおいてくらす(女中を置いて暮す) = 하녀를 두고 살다

≪사이를 두다≫

じかんをおいてけんとうする(時間を置いて検討する)
= 시간을 두고 검토하다
きょりをおいてつきあう(距離を置いて付き合う)
= 거리를 두고 교제하다

≪마음에 두다≫

ねんとうにおく(念頭に置く) = 염두에 두다
こころをおく(心を置く) = 유의하다

がんちゅうにもおかない(眼中にも置かない) = 안중에도 두지 않다

≪어떤 상태에 놓이게 하다≫

しはいかにおく(支配下に置く) = 지배하에 두다
れっせいにおかれる(劣勢に置かれる) = 열세에 놓이다

≪… 하여 두다≫

かいておく(書いて置く) = 써 두다
おぼえておく(覚えて置く) = 기억해 두다
しゅくだいをしておく(宿題をして置く) = 숙제를 해놓다
まえもってことわっておく(前もって断わって置く)
= 미리 양해를 얻어 두다

≪관용구 ; 합성어≫

おきかえる(置き換える) = 옮겨놓다
おきご(置き碁) = 접바둑
おきざり(置き去り) = 내버려 두고 가버림
おきどけい(置き時計) = 탁상시계

❸ すてる(捨てる)는 '버리다'는 뜻입니다. 한국어로 '포기하다' '돌보지 않다' '등지다' 등으로도 표현할 수 있는 말입니다.

≪버리다≫

ごみをすてる(塵を捨てる) = 쓰레기를 버리다
ざつねんをすてる(雜念を捨てる) = 잡념을 버리다
いのちをすてる(命を捨てる) = 목숨을 버리다

≪돌보지 않다 ; 내버려 두다≫

かぞくをすてる(家族を捨てる) = 가족을 버리다
すてておく(捨てて置く) = 내버려 두다

≪포기하다≫

きぼうをすてる(希望を捨てる) = 희망을 버리다
しあいをすてる(試合を捨てる) = 경기를 포기하다
けんりをすてる(權利を捨てる) = 권리를 포기하다

≪등지다 ; 끊다≫

よをすてる(世を捨てる) = 세상을 버리다(등지다)
ぼんのうをすてる(煩悩を捨てる) = 번뇌를 끊다

≪쓰고 버리다≫

よみすてる(読み捨てる) = 읽고 버리다
ききすてる(聞き捨てる) = 듣고 흘려버리다

≪해 버리다≫

きってすてる(斬って捨てる) = 베어버리다
はいてすてる(掃いて捨てる) = 쓸어버리다

 *kotoba*

えいきょう(影響) = 영향
げんきん(現金) = 현금
じしん(自信) = 자신
うらみ(恨み) = 원한
きょうみ(興味) = 흥미
みりょく(魅力) = 매력
こうたく(光沢) = 광택
かんけい(関係) = 관계
こうしょう(交渉) = 교섭
ひよう(費用) = 비용
もちぬし(持主) = 임자
もちあじ(持味) = 특색
もちまえ(持前) = 천성
もてなし(持て成し) = 대접

こす(越す) = 넘기다
なおす(直す) = 고치다
ことわる(断わる) = 거절하다

いえで(家出) = 가출
げしゅく(下宿) = 하숙
じょちゅう(女中) = 하녀
けんとう(検討) = 검토
きょり(距離) = 거리
ねんとう(念頭) = 염두
がんちゅう(眼中) = 안중
れっせい(劣勢) = 열세
ざつねん(雑念) = 잡념
かぞく(家族) = 가족
きぼう(希望) = 희망
しあい(試合) = 경기
けんり(権利) = 권리
ぼんのう(煩悩) = 번뇌

さる(去る) = 가다
きる(斬る) = 베다
はく(掃く) = 쓸다

**CHAPTER 9**

# 앉고, 서고

❶ すわる(座る)는 '앉다'는 뜻입니다. 또 어떤 지위를 '차지하다' 무엇이 제대로 '자리를 잡다' 등의 한국어로 표현할 수 있는 말입니다.

≪앉다 ; 지위를 차지하다≫

いすにすわる(椅子に座る) = 의자에 앉다
きちんとすわる(きちんと座る) = 단정히 앉다
そこにすわりなさい(そこに座りなさい) = 거기에 앉으세요

あとがまにすわる(後釜に座る) = 후임 자리에 앉다

しゃちょうのいすにすわる(社長の椅子に座る) = 사장 자리에 앉다

≪자리잡다≫

くびがすわる(首が座る) = 목을 가누다

はながすわっている(鼻が座っている) = (얼굴에서) 코가 자리잡고 있다

❷ '자리를 잡고 움직이지 않다'는 すわる(据わる)입니다. '침착하다' 도장이 '찍히다'의 뜻으로도 쓰입니다.

≪끄떡하지 않다 ; 침착하다≫

どきょうがすわる(度胸が据わる) = 배짱이 있다

たんがすわる(胆が据わる) = 담대하다

はらがすわる(腹が据わる) = 각오가 되어 있다

こしがすわる(腰が据わる) = 침착하다

≪찍히다≫

はんがすわる(判が据わる) = 도장이 찍히다
いんのすわったしょうしょ(印の据わった証書) = 날인이 된 증서

❸ '일어서다' '서다'는 たつ(立つ)입니다. たつ는 화가 '나다', 연기가 '나다', 파도나 거품이 '일다', 무엇이 '두드러지다', 어떤 곳에서 '벗어나다', 김이 '오르다', '떠나다', 어떤 현상이나 작용이 '일어나다' 등 다양한 한국어 표현이 가능한 말입니다.

≪일어서다≫

いすからたつ(椅子から立つ) = 의자에서 일어서다
むっくりたつ(むっくり立つ) = 벌떡 일어서다
せいぎのためにたつ(正義の為に立つ) = 정의를 위해 일어서다

≪서다≫

せんとうにたつ(先頭に立つ) = 선두에 서다
さんじょうにたつ(山上に立つ) = 산 정상에 서다

せきにんのあるたちばにたつ(責任のある立場に立つ)
= 책임 있는 입장에 서다

しもばしらがたつ(霜柱が立つ) = 서릿발이 서다

かみのけがたつ(髪の毛が立つ) = 머리털이 (곤두)서다

くきょうにたつ(苦境に立つ) = 곤경에 처하다

かいしゃがたつ(会社が立つ) = 회사가 설립되다

けいかくがたつ(計画が立つ) = 계획이 서다

りろんがたつ(理論が立つ) = 이론이 서다

めんもくがたつ(面目が立つ) = 면목이 서다

きょうだんにたつ(教壇に立つ) = 교단에 서다

だいがくのこうだんにたつ(大学の講壇に立つ) = 대학 강단에 서다

≪나다 ; 두드러지다≫

うわさがたつ(噂が立つ) = 소문이 나다

はらがたつ(腹が立つ) = 화가 나다

かどがたつ(角が立つ) = 모가 나다

けむりがたつ(煙が立つ) = 연기가 나다

ほこりがたつ(埃が立つ) = 먼지가 나다

けがたつ(毛が立つ) = 털이 곤두서다

きがたつ(気が立つ) = 신경이 곤두서다(흥분하다)

≪어떤 현상이나 작용이 일어나다≫

きりがたつ(霧が立つ) = 안개가 끼다

かぜがたつ(風が立つ) = 바람이 일다

なみがたつ(波が立つ) = 파도가 일다

あわがたつ(泡が立つ) = 거품이 일다

≪뜨다 ; 떠나다≫

せきをたつ(席を立つ) = 자리를 뜨다

たびにたつ(旅に立つ) = 길을 떠나다

あしたなりたをたつ(明日成田を立つ) = 내일 나리타 공항을 떠난다

くじにたつ(九時に立つ) = 아홉 시에 떠난다

たつとりあとをにごさず(立つ鳥跡を濁さず)
= 떠날 때는 뒤처리를 깨끗이 하라

≪오르다 ; 끓다≫

にんきがたつ(人気が立つ) = 인기가 오르다
ゆげがたつ(湯気が立つ) = 김이 오르다
ゆがたつ(湯が立つ) = 물이 끓어오르다

≪관용구 ; 합성어≫

たちあい(立ち会い) = 입회
たちい(立ち居) = 기거(동작)
たちいりきんし(立入禁止) = 출입금지
たちおうじょう(立ち往生) = 가도 오도 못함(진퇴양난)
たちおくれ(立ち後れ) = 뒤짐
たちかえる(立ち返る) = 되돌아오다
たちぐい(立ち食い) = 서서 먹음
たちせき(立ち席) = 입석
たちならぶ(立ち並ぶ) = 줄지어서다
たちのく(立ち退く) = 물러가다
たちば(立場) = 발판 ; 처지
たちふるまい(立ち振舞い) = 행동거지
たちむかう(立ち向かう) = 당면하다
たちよる(立ち寄る) = 다가서다

## ✡ 감각 돋보기

한국인의 언어 감각과 차이가 있는 표현입니다.


≪뛰어나다≫

べんがたつ(弁が立つ) = 달변이다
うでがたつ(腕が立つ) = 솜씨가 뛰어나다
ふでがたつ(筆が立つ) = 글을 잘 쓰다


≪유지되다≫

くらしがたつ(暮らしが立つ) = 그럭저럭 생활을 유지하다
みせがたってゆく(店が立って行く) = 그럭저럭 가게가 유지돼 나가다


≪계절에 들어서다 ; 소용이 되다≫

としたつ(年立つ) = 새해가 되다
はるたつ(春立つ) = 봄이 되다
やくにたつ(役に立つ) = 도움이 되다

 *kotoba*

あとがま(後釜) = 후임 ; 후처
どきょう(度胸) = 배짱
たん(胆) = 담
はん(判) = 도장
しょうしょ(証書) = 증서
せいぎ(正義) = 정의
さんじょう(山上) = 산상 ; 산 위
くきょう(苦境) = 곤경
りろん(理論) = 이론

めんもく(面目) = 면목
きょうだん(教壇) = 교단
うわさ(噂) = 소문
なみ(波) = 파도
あわ(泡) = 거품
あと(跡) = 자리
にんき(人気) = 인기
ゆげ(湯気) = 김
おうじょう(往生) = 왕생

にごす(濁す) = 탁하게 하다
おくれる(後れる) = 뒤지다
ならぶ(並ぶ) = 늘어서다

のく(退く) = 물러서다
ふるまう(振舞う) = 행동하다
よる(寄る) = 접근하다

# CHAPTER 10

## 걷고, 뛰고, 쉬고

❶ '걷다'는 あるく(歩く)입니다. 한국어 감각과 거의 같게 쓰이는 단어입니다.

≪걷다≫

はやくあるく(早く歩く) = 바삐 걷다
いそいであるく(急いで歩く) = 급히 걷다
えきまであるいてじっぷん(駅まで歩いて十分)
= 역까지 걸어서 10분

≪여기저기 돌아다니며 하다≫

うってあるく(売って歩く) = 팔며 다니다

ききあるく(聞き歩く) = 묻고 다니다

みてあるく(見て歩く) = 보고 다니다(구경하고 다니다)

とびあるく(飛び歩く) = 뛰어다니다

≪거쳐오다 ; 지내다≫

せいじつにあるいてきたじんせい(誠実に歩いてきた人生)
= 성실하게 살아온 인생

くなんのみちをあるいてきた(苦難の道を歩いてきた)
= 고난의 길을 걸어 왔다

❷ あゆむ(歩む)는 あるく(歩く)와 비슷한 뜻으로 쓰이는 말이지만, あるくと 구체적으로, あゆむと 주로 추상적이고 관념적으로 쓰입니다. 한국어와 거의 같은 감각입니다.

≪걷다 ; 지내다≫

こみちをあゆむ(小道を歩む) = 좁은 길을 걸어가다
せいどうをあゆむ(正道を歩む) = 정도를 걷다
いばらのみちをあゆむ(茨の道を歩む) = 가시밭길을 걷다

≪전진하다≫

しゅうせんにむかってあゆむ(終戦に向かって歩む)
= 종전을 향해 나아가다
きんだいこっかのあゆむみち(近代国家の歩む道)
= 근대국가가 나아가는 길

❸ '달리다' '뻗다' '달아나다'는 はしる(走る)입니다. 한국어와 거의 같은 감각입니다.

≪달리다 ; 빨리 움직이다≫

でんしゃがはしる(電車が走る) = 전철이 달리다
みずがはしる(水が走る) = 물이 빨리 흐르다

ふでがはしる(筆が走る) = 문장이 술술 쓰여지다

きょくがはしる(曲が走る) = 곡이 빨라지다


≪뻗다 ; 달아나다≫

みちがなんぼくにはしる(道が南北に走る) = 길이 남북으로 뻗다

とうざいにはしるさんみゃく(東西に走る山脈) = 동서로 뻗은 산맥


たたかいにやぶれてはしる(戦いに敗れて走る)

= 싸움에 져서 도망치다

きたへさしてはしる(北へ指して走る) = 북쪽을 향해 도망치다

### 감각 돋보기

보통 はしる(走る)는 '달리다' '달아나다'의 뜻으로 쓰이지만, 일본인은 はしる를 '치우치다' '기울다'의 뜻으로도 씁니다. 한국어의 어법이나 감각과 좀 다릅니다.

≪치우치다 ; 기울다≫

かんじょうにはしる(感情に走る) = 감정에 치우치다
きょくたんにはしる(極端に走る) = 극단에 치우치다

あかにはしる(赤に走る) = 좌익으로 기울다
あくのみちにはしる(悪の道に走る) = 악의 길로 기울다

あくじにはしる(悪事に走る) = 나쁜 일에 빠지다
かくめいのみちにはしる(革命の道に走る) = 혁명의 길로 내닫다

❹ '뛰다' '도약하다'는 とぶ(跳ぶ)입니다. 한국어와 거의 같은 감각으로 쓰입니다.

たかくとぶ(高く跳ぶ) = 높이 뛰다

もくばをとぶ(木馬を跳ぶ) = 뜀틀을 뛰어넘다

かいだんをとんでおりる(階段を跳んで下りる) = 계단을 뛰어 내려오다

みぞをとぶ(溝を跳ぶ) = 도랑을 뛰어건너다

あたいがとぶ(値が跳ぶ) = 값이 뛰다(크게 오르다)


❺ '쉬다'는 やすむ(休む)입니다. やすむ에는 '휴식하다' '자다' '활동을 멈추다' 등의 뜻이 내포되어 있습니다. 한국어와 같은 감각으로 쓰입니다.


≪휴식하다≫

やすむひまもない(休む暇もない) = 쉴 사이도 없다

じっぷんやすむ(十分休む) = 10분 쉬다


≪자다≫

おやすみなさい(お休みなさい) = 안녕히 주무세요

とこについてやすむ(床に就いて休む) = 잠자리에 들어 자다

≪활동을 멈추다≫

さぎょうをやすむ(作業を休む) = 작업을 중단하다
しょうばいをやすむ(商売を休む) = 장사를 쉬다

≪결석하다≫

がっこうをやすむ(学校を休む) = 결석하다
かいしゃをやすむ(会社を休む) = 결근하다

 *kotoba*

せいじつ(誠実) = 성실
くなん(苦難) = 고난
こみち(小道) = 좁은 길
せいどう(正道) = 정도
いばら(茨) = 가시
しゅうせん(終戦) = 종전
きれつ(亀裂) = 균열
とうざい(東西) = 동서

さんみゃく(山脈) = 산맥
かんじょう(感情) = 감정
あくじ(悪事) = 나쁜 일
かくめい(革命) = 혁명
もくば(木馬) = 뜀틀
みぞ(溝) = 도랑
あたい(値) = 값
さぎょう(作業) = 작업

いそぐ(急ぐ) = 서두르다
うる(売る) = 팔다

とぶ(飛ぶ) = 날다
やぶれる(敗れる) = 지다

## CHAPTER 11

# 밀고, 끌고

❶ 문이나 수레를 '밀다'는 おす(押す)입니다. おす는 '누르다' '찍다' '붙이다' 등의 한국어로 표현할 수 있는 말입니다.

≪뒤에서 밀다≫

くるまをおす(車を押す) = 수레를 밀다
とびらをおしてあける(扉を押して開ける) = 문을 밀어서 열다

≪위에서 누르다≫

おもしをのせておす(重石を載せて押す) = 누름돌을 얹어 누르다
あつりょくにおされる(圧力に押される) = 압력에 눌리다

≪찍다 ; 붙이다≫

はんをおす(判を押す) = 도장을 찍다
きんぱくをおす(金箔を押す) = 금박을 붙이다

≪관용구 ; 합성어≫

おしあう(押し合う) = 서로 밀다
おしあげる(押し上げる) = 밀어 올리다
おしいれ(押し入れ) = 반침
おしかくす(押し隠す) = 감추다 ; 숨기다
おしかける(押し掛ける) = 밀어닥치다
おしきる(押し切る) = 강행하다
おしすすめる(押し進める) = 추진하다
おしたおす(押し倒す) = 넘어뜨리다
おしつける(押し付ける) = 밀어붙이다
おしつぶす(押し潰す) = 으깨다

おしつめる(押し詰める) = 쑤셔넣다
おしとおす(押し通す) = 관철하다
おしのける(押し退ける) = 밀어젖히다
おしはかる(推し量る) = 헤아리다
おしひろげる(押し広げる) = 확대하다
おしもんどう(押し問答) = 입씨름 ; 승강이
おしよせる(押し寄せる) = 밀어닥치다

### 감각 돋보기

일본인은 おす(押す)를 '억지 ~하다'라는 말로 사용합니다. 한국어에는 없는 감각입니다.

おしてだまる(押して黙る) = 침묵을 지키다
ごうとうがおしいる(強盗が押し入る) = 강도가 침입하다
むりをおさないひと(無理を押さない人) = 무리를 하지 않는 사람
やまいをおしてでかける(病を押して出かける) = 병을 무릅쓰고 외출하다

❷ '당기다' '끌다'는 ひく(引く)입니다. ひく는 값을 '깎다', 무를 '뽑다', 선을 '긋다', 예를 '인용하다', 손을 '떼다', 핏줄을 '물려받다', 부기가 '빠지다', 감기에 '걸리다', 일에서 '물러나다' 등 실로 다양한 한국어 표현이 가능한 단어입니다.


≪당기다≫

つなをひく(綱を引く) = 밧줄을 잡아당기다
ゆみをひく(弓を引く) = 활시위를 당기다
ひきがねをひく(引金を引く) = 방아쇠를 당기다
てをひいてあんないする(手を引いて案内する) = 손을 이끌고 안내하다
きゃくをひく(客を引く) = 손님을 끌다


≪끌다≫

きをひく(気を引く) = 마음을 끌다
ひとめをひく(人目を引く) = 남의 눈을 끌다
ひとのこころをひく(人の心を引く) = 남의 마음을 끌다
にんきをひく(人気を引く) = 인기를 끌다
きょうみをひく(興味を引く) = 흥미를 끌다

≪감하다 ; 빼다≫

ねだんをひく(値段を引く) = 값을 깎다
ごからさんをひく(五から三を引く) = 5에서 3을 빼다
げっきゅうからひく(月給から引く) = 월급에서 공제하다

≪뽑다 ; 집어내다≫

だいこんをひく(大根を引く) = 무를 뽑다
まゆからいとをひく(繭から糸を引く) = 누에고치에서 실을 뽑다
くじをひく(籤を引く) = 제비를 뽑다

≪뒤로 당기다 ; 물리다≫

あごをひく(顎を引く) = 턱을 당기다
あしをひいてただしくすわる(足を引いて正しく座る)
= 다리를 당겨 바로 앉다
ぐんぜいをひく(軍勢を引く) = 군사를 물리다

≪긋다 ; 그리다≫

せんをひく(線を引く) = 선을 긋다

まゆをひく(眉を引く) = 눈썹을 그리다

ずめんをひく(図面を引く) = 도면을 그리다

≪손을 떼다≫

てをひく(手を引く) = 손을 떼다

じつぎょうかいからみをひく(実業界から身を引く)
= 실업계에서 은퇴하다

≪치다≫

まくをひく(幕を引く) = 장막을 치다

カーテンをひく(カーテンを引く) = 커튼을 치다

≪영향을 남기다≫

あとをひく(後を引く) = 여파가 남다

かねのおとがおをひく(鐘の音が尾を引く) = 종소리가 꼬리를 끌다

≪빠지다 ; 내리다≫

しおがひく(潮が引く) = 조수가 빠지다 (썰물이 되다)

はれがひく(腫れが引く) = 부기가 빠지다

ねつがひく(熱が引く) = 열이 내리다

≪물러나다 ; 그만두다≫

あとへひく(後へ引く) = 뒤로 물러서다

かいしゃをひく(会社を引く) = 회사를 그만두다(퇴직하다)

ぶたいをひく(舞台を引く) = 무대에서 은퇴하다

≪관용구 ; 합성어≫

ひきあげる(引き上げる) = 끌어 올리다

ひきあわせる(引き合わせる) = 대조하다

ひきいれる(引き入れる) = 끌어들이다

ひきうける(引き受ける) = 떠맡다

ひきうつす(引き写す) = 베끼다

ひきおこす(引き起こす) = 일으키다

ひきかえる(引き替える) = 교환하다

ひきぐする(引き具する) = 거느리다

ひきこむ(引き込む) = 끌어넣다

ひきこもる(引き籠もる) = 틀어박히다

ひきさがる(引き下がる) = 물러나다

ひきしめる(引き締める) = 바싹 죄다

ひきだす(引き出す) = 꺼내다

ひきたつ(引き立つ) = 돋보이다

ひきたてる(引き立てる) = 발탁하다

ひきつぐ(引き継ぐ) = 이어받다

ひきつづく(引き続く) = 계속 이어지다

ひきつれる(引き連れる) = 인솔하다

ひきとめる(引き留める) = 만류하다

ひきのばす(引き伸ばす) = 잡아 늘이다

ひきよせる(引き寄せる) = 끌어당기다

ひきわける(引き分ける) = 비기다

ひっかかる(引っ掛かる) = 걸리다

ひっこす(引っ越す) = 이사하다

ひっぱる(引っ張る) = 잡아당기다

## ❋ 감각 돋보기

일본인은 ひく(引く)를 남의 글을 '인용하다', 자전을 '찾다', 감기에 '걸리다', 계통을 '이어받다' 등의 표현으로 사용합니다. 한국어와 약간 다른 감각으로 쓰이는 것을 알 수 있습니다.


≪인용하다≫

たとえをひく(例えを引く) = 예를 인용하다
かんしをひく(漢詩を引く) = 한시를 인용하다


≪찾다≫

じびきをひく(字引を引く) = 자전을 찾다
じしょでひく(辞書で引く) = 사전에서 찾다


≪들다 ; 질질 끌다≫

かぜをひく(風邪を引く) = 감기에 걸리다
びっこをひく(跛を引く) = 절름거리다

《물려받다》

ちすじをひく(血筋を引く) = 핏줄을 이어받다
けいとうをひく(系統を引く) = 계통을 이어받다

 **kotoba**

とびら(扉) = 문
おもし(重石) = 누름돌
あつりょく(圧力) = 압력
きんぱく(金箔) = 금박
ごうとう(強盗) = 강도

やまい(病) = 병
もんどう(問答) = 문답
ゆみ(弓) = 활
ひきがね(引金) = 방아쇠
ひとめ(人目) = 남의 눈

きょうみ(興味) = 흥미
げっきゅう(月給) = 월급
まゆ(繭) = 누에고치
くじ(籤) = 제비
ぐんぜい(軍勢) = 군세
ずめん(図面) = 도면
たとえ(例え) = 예
じびき(字引) = 자전

じしょ(辞書) = 사전
じつぎょう(実業) = 실업
びっこ(跛) = 절름발이
ちすじ(血筋) = 핏줄
けいとう(系統) = 계통
かねのおと(鐘の音) = 종소리
しお(潮) = 조수
はれ(腫れ) = 부기

のせる(載せる) = 얹다
だまる(黙る) = 가만히 있다
かくす(隠す) = 감추다
たおす(倒す) = 넘어뜨리다
つぶす(潰す) = 으깨다
つめる(詰める) = 채우다
こもる(籠もる) = 틀어박히다

しめる(締める) = 죄다
つぐ(継ぐ) = 잇다
つれる(連れる) = 동반하다
とめる(留める) = 만류하다
のばす(伸ばす) = 늘이다
のける(退ける) = 물리다
かえる(替える) = 바꾸다

**CHAPTER 12**

# 나아가고, 물러나고

❶ 앞으로 '나아가다'는 すすむ(進む)입니다. すすむ는 기술이 '진보하다', 상태가 '나아지다', 지위가 '오르다', 어떤 방면으로 '진출하다', 시간이 '빨라지다', 마음이 '내키다', '기꺼이 ~하다' 등 다양한 한국어 표현이 가능한 단어입니다.


≪앞으로 나아가다≫

ぎょうれつがすすむ(行列が進む) = 행렬이 나아가다
われわれのすすむべきみち(我々の進むべき道)

= 우리들이 나아가야 할 길

ぶんがくほうめんにすすむ(文学方面に進む)
= 문학 방면으로 나아가다

≪진보・발달하다≫

かがくぎじゅつがすすむ(科学技術が進む) = 과학기술이 발달하다
よのなかがすすむ(世の中が進む) = 세상이 발달하다
すすんだかんがえをもったひと(進んだ考えを持った人)
= 앞선 생각을 가진 사람

≪진척하다≫

こうじがすすむ(工事が進む) = 공사가 진척하다
けんきゅうがすすむ(研究が進む) = 연구가 진척하다
びょうきがすすむ(病気が進む) = 병이 진행되다

≪나아지다≫

しょくがすすむ(食が進む) = 식욕이 나아지다
はしがすすむ(箸が進む) = 입맛이 나아지다

≪차례로 해 나가다≫

よみすすむ(読み進む) = 차례로 읽어나가다
かきすすむ(書き進む) = 차례로 써나가다

≪오르다 ; 승진하다≫

くらいがすすむ(位が進む) = 지위가 오르다
ぶちょうにすすむ(部長に進む) = 부장으로 승진하다
がくねんがすすむ(学年が進む) = 학년이 오르다

≪진학·진출하다≫

ぶんかにすすむ(文科に進む) = 문과에 진학하다
じつぎょうかいへすすむ(実業界へ進む) = 실업계에 진출하다
けっしょうせんへすすむ(決勝戦へ進む) = 결승전에 진출하다

≪빠르다≫

とけいがすすむ(時計が進む) = 시계가 빨라지다
とけいがじっぷんほどすすむ(時計が十分程進む)
= 시계가 10분정도 빠르다

≪마음이 내키다≫

きがすすまない(気が進まない) = 마음이 내키지 않다
すすまぬかお(進まぬ顔) = 마음이 내키지 않는 얼굴

≪기꺼이≫

すすんでさんかする(進んで参加する) = 자진해서 참가하다
すすんでこんなんにたちむかう(進んで困難に立ち向かう)
= 기꺼이 곤란에 대처하다

❷ '물러나다'는 しりぞく(退く)입니다. 한국어와 거의 같은 감각으로 쓰입니다.

≪후퇴하다≫

いっぽしりぞく(一歩退く) = 한 발 물러서다
うしろにしりぞく(後ろに退く) = 뒤로 물러서다
しりぞくことをしらない(退くことを知らない) = 물러설 줄 모른다
かれはしりぞかなかった(彼は退かなかった) = 그는 양보하지 않았다

≪물러나다≫

ごぜんをしりぞく(御前を退く) = 귀인의 면전에서 물러나다
せいかいからしりぞく(政界から退く) = 정계에서 물러나다
げんえきをしりぞく(現役を退く) = 현역에서 물러나다
しょくをしりぞく(職を退く) = 퇴직하다


❸ '멀리하다' '물리치다'는 しりぞける(退ける)입니다. しりぞける에는 '거절하다' '그만두게 하다'는 뜻이 내포되어 있습니다. 한국어와 거의 같은 감각으로 쓰입니다.

≪멀리하다≫

ひとをしりぞけてみつだんする(人を退けて密談する)
= 사람을 물리치고 밀담하다
よくぼうをしりぞける(欲望を退ける) = 욕망을 물리치다

≪물리치다≫

てきのこうげきをしりぞける(敵の攻撃を退ける)

= 적의 공격을 물리치다

ちょうせんしゃをしりぞける(挑戦者を退ける)

= 도전자를 물리치다

≪거절하다≫

ちゅうこくをしりぞける(忠告を退ける) = 충고를 물리치다

かれのいけんをしりぞける(彼の意見を退ける)

= 그의 의견을 물리치다

あたまからしりぞける(頭から退ける) = 전적으로 거절하다

≪그만두게 하다≫

しゃちょうをしりぞける(社長を退ける) = 사장을 그만두게 하다

やくいんからしりぞける(役員から退ける) = 임원에서 해임하다

## kotoba

ぎょうれつ(行列) = 행렬　　さんか(参加) = 참가
ほうめん(方面) = 방면　　こんなん(困難) = 곤란
かがく(科学) = 과학　　　ごぜん(御前) = 어전
ぎじゅつ(技術) = 기술　　せいかい(政界) = 정계
こうじ(工事) = 공사　　　げんえき(現役) = 현역
けんきゅう(研究) = 연구　みつだん(密談) = 밀담
びょうき(病気) = 병　　　よくぼう(欲望) = 욕망
くらい(位) = 지위　　　　こうげき(攻撃) = 공격
ぶちょう(部長) = 부장　　ちょうせん(挑戦) = 도전
ぶんか(文科) = 문과　　　ちゅうこく(忠告) = 충고
けっしょう(決勝) = 결승　やくいん(役員) = 임원

もつ(持つ) = 갖다　　　　たちむかう(立ち向かう)
よむ(読む) = 읽다　　　　= 당면하다

# CHAPTER 13

# 입고, 벗고, 타고, 내리고

❶ きる(着る)는 옷을 '입다', 은혜를 '입다'는 뜻입니다. 한국어와 같은 감각으로 쓰입니다.

≪옷을 입다≫

シャツをきる(シャツを着る) = 셔츠를 입다
うわぎをきる(上着を着る) = 웃옷을 입다

≪입다 ; 지다≫

おんをきる(恩を着る) = 은혜를 입다

ひとのこういをおんにきる(人の好意を恩に着る)
= 남의 호의를 고맙게 여기다

### 감각 돋보기

일본인은 '죄를 뒤집어쓰다'라고 할 때도 きる(着る)라는 단어를 사용합니다. 한국어와 약간 다른 감각입니다.

つみをきる(罪を着る) = 죄를 뒤집어쓰다
ぬれたきぬをきる(濡れた衣を着る) = 무고한 죄를 뒤집어쓰다

❷ ぬぐ(脱ぐ)는 '벗다'는 뜻입니다. 한국어와 같은 감각으로 사용합니다.

ふくをぬぐ(服を脱ぐ) = 옷을 벗다

ぼうしをぬぐ(帽子を脱ぐ) = 모자를 벗다

くつをぬぐ(靴を脱ぐ) = 구두를 벗다

へびがかわをぬぐ(蛇が皮を脱ぐ) = 뱀이 허물을 벗다

❸ 말이나 자전거에 '타다'는 のる(乗る)입니다. のる는 전파, 리듬, 시류, 기회 등을 타거나, 다른 사람의 권유, 유혹, 협박 등에 넘어가는 것을 나타내는 말이기도 합니다.

≪탈것에 타다≫

うまにのる(馬に乗る) = 말을 타다

じてんしゃにのる(自転車に乗る) = 자전거를 타다

でんしゃにのる(電車に乗る) = 전철을 타다

≪실리다≫

でんぱにのる(電波に乗る) = 전파를 타다

かぜにのる(風に乗る) = 바람을 타다

なみにのる(波に乗る) = 물결을 타다 (기회를 타다)

≪오르다≫

ふみだいにのる(踏み台に乗る) = 발판 위에 오르다
あぶらがのる(脂が乗る) = 기름이 오르다
リズムにのる(リズムに乗る) = 리듬을 타다

≪기회를 타다≫

ブームにのる(ブームに乗る) = 붐을 타다
じりゅうにのる(時流に乗る) = 시류를 타다

≪속다 ; 넘어가다≫

けいりゃくにのる(計略に乗る) = 계략에 넘어가다
くちぐるまにのる(口車に乗る) = 감언에 속다
おどしにのる(脅しに乗る) = 협박에 넘어가다

≪우쭐해지다≫

ずにのる(図に乗る) = 우쭐대다 ; 버릇없이 굴다
ちょうしにのる(調子に乗る) = 본궤도에 오르다
おだてにのる(煽てに乗る) = 아첨에 넘어가다

≪응하다≫

はなしにのる(話に乗る) = 이야기에 응하다
そうだんにのる(相談に乗る) = 상담에 응하다
さそいにのる(誘いに乗る) = 유혹에 끌리다


❹ おりる(下りる)는 위에서 아래로 '내려오다'는 뜻입니다. 어떤 자리에서 '물러나다', 관청에서 허가가 '나오다', 연금이 '지급되다' 등을 표현하는 말이기도 합니다.


≪아래로 내려오다≫

やまをおりる(山を下りる) = 산에서 내려오다
にかいからおりる(二階から下りる) = 2층에서 내려오다
ちかしつにおりる(地下室に下りる) = 지하실로 내려가다
まくがおりる(幕が下りる) = 막이 내리다 (사건 등이 끝나다)

≪내리다≫

しもがおりたあさ(霜が下りた朝) = 서리가 내린 아침

ゆうやみがおりる(夕闇が下りる) = 땅거미가 지다

≪물러나다≫

せいけんのざをおりる(政権の座を下りる)
= 정권의 자리에서 물러나다
しゃちょうのせきをおりる(社長の席を下りる)
= 사장의 자리를 물러나다

### 감각 돋보기

さがる(下がる)는 '감각 돋보기'에서 이미 설명했듯이, 일본인이 관청에서 허가가 '나오다', 연금이 '지급되다'라고 할 때도 おりる(下りる)라고 하는 것은 관청과 개인은 상하 관계라는 의식이 반영된 어법입니다.

きょかがおりる(許可が下りる) = 허가가 나오다
おんきゅうがおりる(恩給が下りる) = 연금이 나오다

❺ おりる(降りる)는 탈것에서 '내리다'는 뜻입니다. 앞의 おりる(下りる)와 발음이 같으나 '降'이라는 한자를 사용했습니다.

くるまからおりる(車から降りる) = 차에서 내리다
でんしゃからおりる(電車から降りる) = 전철에서 내리다
とちゅうでおりる(途中で降りる) = 도중에서 내리다

 *kotoba*

うわぎ(上着) = 웃옷
こうい(好意) = 호의
つみ(罪) = 죄
かわ(皮) = 가죽
でんぱ(電波) = 전파
ふみだい(踏み台) = 발판
じりゅう(時流) = 시류
けいりゃく(計略) = 계략
くちぐるま(口車) = 감언
おどし(脅し) = 협박

ちょうし(調子) = 가락 ; 상태
おだて(煽て) = 부추김
そうだん(相談) = 상담
さそい(誘い) = 유혹
しも(霜) = 서리
ゆうやみ(夕闇) = 땅거미
きょか(許可) = 허가
おんきゅう(恩給) = 연금
せいけん(政権) = 정권
とちゅう(途中) = 도중

**CHAPTER 14**

# 열리고, 닫히고, 시작하고, 끝나고

❶ '열리다'는 ひらく(開く)입니다. 문을 '열다', 꽃봉오리가 '벌어지다', 차이가 '벌어지다', 문호를 '개방하다', 회의를 '열다', 길을 '개척하다', 정신적으로 '깨우치다' 등을 표현하는 말이기도 합니다.

≪열리다≫

とがひらく(戸が開く) = 문이 열리다
こっかいがひらく(国会が開く) = 국회가 열리다
ぎんこうがひらく(銀行が開く) = 은행이 열리다(업무 시작)

かさがひらく(傘が開く) = 우산이 펴지다

≪열다≫

とをひらく(戸を開く) = 문을 열다
くちをひらく(口を開く) = 입을 열다
かっこをひらく(括弧を開く) = 괄호를 열다
まきものをひらく(巻物を開く) = 두루마리를 펴다

≪벌어지다≫

つぼみがひらく(蕾が開く) = 꽃봉오리가 벌어지다
はながひらく(花が開く) = 꽃이 피다

≪차이가 나다≫

さがひらく(差が開く) = 차이가 벌어지다
とくてんがひらく(得点が開く) = 득점이 차이가 나다
じつりょくがひらく(実力が開く) = 실력 차이가 나다
きょりがひらく(距離が開く) = 거리가 벌어지다

≪열어 놓다≫

むねをひらく(胸を開く) = 가슴을 열다

こころをひらく(心を開く) = 마음을 터놓다

もんこをひらく(門戸を開く) = 문호를 개방하다

≪시작하다≫

みせをひらく(店を開く) = 가게를 열다

じぎょうをひらく(事業を開く) = 사업을 시작하다

あたらしいりゅうはをひらく(新しい流派を開く)
= 새로운 유파를 창시하다

≪개최하다≫

そうべつかいをひらく(送別会を開く) = 송별회를 열다

おんがくかいをひらく(音楽会を開く) = 음악회를 열다

≪개척하다≫

みちをひらく(道を開く) = 길을 열다

けつろをひらく(血路を開く) = 혈로를 열다

うんめいをひらく(運命を開く) = 운명을 개척하다

あれちをひらく(荒地を開く) = 황무지를 개간하다

≪깨우치다≫

もうをひらく(蒙を開く) = 무지를 깨우치다

さとりをひらく(悟りを開く) = 득도하다

❷ 문・덮개・칸막이 등을 '열다'는 あける(開ける)입니다. 눈을 '뜨다' 입이나 자루를 '벌리다'는 뜻으로도 쓰입니다.

まどをあける(窓を開ける) = 창문을 열다

ふたをあける(蓋を開ける) = 뚜껑을 열다

とびらをあける(扉を開ける) = 문을 열다

めをあける(目を開ける) = 눈을 뜨다

くちをあける(口を開ける) = 입을 벌리다

ふくろをあける(袋を開ける) = 자루를 벌리다

❸ '닫히다' '닫다' '끝나다'는 とじる(閉じる)입니다. 한국어와 같은 감각으로 쓰입니다.

≪닫히다≫

すいもんがとじる(水門が閉じる) = 수문이 닫히다
かいぎがとじる(会議が閉じる) = 폐회되다
まぶたがとじる(瞼が閉じる) = 눈이 감기다
しばいのまくがとじる(芝居の幕が閉じる) = 연극이 끝나다

≪닫다 ; 감다 ; 덮다≫

もんをとじる(門を閉じる) = 문을 닫다
みせをとじる(店を閉じる) = 가게를 닫다
めをとじる(目を閉じる) = 눈을 감다
ほんをとじる(本を閉じる) = 책을 덮다
くちをとじる(口を閉じる) = 입을 다물다

❹ '잠그다' '막다' '가두다'는 とざす(閉ざす)입니다.

みちをとざす(道を閉ざす) = 길을 막다
わかもののぜんとをとざす(若者の前途を閉ざす)
= 젊은이의 앞길을 막다

もんをとざす(門を閉ざす) = 문을 잠그다
くちをとざす(口を閉ざす) = 입을 다물다
こころをとざす(心を閉ざす) = 마음의 문을 닫다

ゆきにとざされたさんそん(雪に閉ざされた山村) = 눈에 갇힌 산촌
ぶんかからとざされたせいかつ(文化から閉ざされた生活)
= 문화로부터 폐쇄된 생활


❺ '닫다' '잠그다'는 しめる(閉める)입니다.


あまどをしめる(雨戸を閉める) = 덧문을 닫다
べんをしめる(弁を閉める) = 밸브를 닫다
ふたをしめる(蓋を閉める) = 뚜껑을 닫다
ひきだしをしめる(引き出しを閉める) = 서랍을 닫다

じゃぐちをしめる(蛇口を閉める) = 수도꼭지를 잠그다

ガスのせんをしめる(ガスの栓を閉める) = 가스의 꼭지를 잠그다

❻ '시작하다'는 はじめる(始める)입니다.

れんしゅうをはじめる(練習を始める) = 연습을 시작하다

じゅぎょうをはじめる(授業を始める) = 수업을 시작하다

ほんをよみはじめる(本を読み始める) = 책을 읽기 시작하다

はながさきはじめる(花が咲き始める) = 꽃이 피기 시작하다

❼ '끝나다'는 おわる(終わる)입니다.

しごとがおわる(仕事が終わる) = 일이 끝나다

しょうがいがおわる(生涯が終わる) = 생애가 끝나다

しっぱいにおわる(失敗に終わる) = 실패로 끝나다

からねんぶつにおわる(空念仏に終わる) = 공염불로 끝나다

きじょうのくうろんにおわる(机上の空論に終わる)

= 탁상공론으로 끝나다

さけをのみおわる(酒を飲み終わる) = 술을 다 마시다

ほんをよみおわる(本を読み終わる) = 책을 다 읽어 버리다

 **kotoba**

こっかい(国会) = 국회

つぼみ(蕾) = 꽃봉오리

とくてん(得点) = 득점

まきもの(巻物) = 두루마리

かっこ(括弧) = 괄호

もんこ(門戸) = 문호

じぎょう(事業) = 사업

りゅうは(流派) = 유파

そうべつかい(送別会) = 송별회

けつろ(血路) = 혈로

うんめい(運命) = 운명

あれち(荒地) = 황무지

もう(蒙) = 무지

さとり(悟り) = 깨우침

よむ(読む) = 읽다

すいもん(水門) = 수문

かいぎ(会議) = 회의

まぶた(瞼) = 눈꺼풀

しばい(芝居) = 연극

さんそん(山村) = 산촌

あまど(雨戸) = 덧문

べん(弁) = 밸브

ひきだし(引き出し) = 서랍

じゃぐち(蛇口) = 수도꼭지

れんしゅう(練習) = 연습

じゅぎょう(授業) = 수업

しょうがい(生涯) = 생애

しっぱい(失敗) = 실패

からねんぶつ(空念仏) = 공염불

さく(咲く) = 피다

**CHAPTER 15**

# 끊고, 잇고

❶ '베다' '끊다'는 きる(切る)입니다. きる는 '자르다' '개시하다' '끄다' '헤치고 나아가다' '긋다' '한정하다' '무너뜨리다' 등 다양한 한국어로 표현할 수 있는 말입니다.

≪베다 ; 치다≫

だいこんをきる(大根を切る) = 무를 베다
くびをきる(首を切る) = 목을 베다
はらをきる(腹を切る) = 배를 가르다

≪자르다≫

ふたつにきる(二つに切る) = 둘로 자르다
くちをきる(口を切る) = (봉투) 끝을 자르다
つめをきる(爪を切る) = 손톱을 깎다

≪끊다≫

えんをきる(縁を切る) = 인연을 끊다
てをきる(手を切る) = 관계를 끊다
れんらくをきる(連絡を切る) = 연락을 끊다
ぎょうれつをきる(行列を切る) = 행렬을 가로지르다

≪개시하다≫

スタートをきる(スタートを切る) = 스타트를 끊다
くちびをきる(口火を切る) = 도화선에 불을 댕기다
ひぶたをきる(火蓋を切る) = (전쟁・경기) 공격을 개시하다

≪끄다 ; 교차하다≫

スイッチをきる(スイッチを切る) = 스위치를 끄다

ちょくせんAがえんBをきる(直線Aが円Bを切る)
= 직선 A가 원 B를 지나가다

≪헤치고 나아가다≫

みずをきっておよぐ(水を切って泳ぐ) = 물을 헤치고 헤엄치다
くうきをきってとぶ(空気を切って飛ぶ) = 공기를 헤치고 날다

≪긋다 ; 한정하다≫

じゅうじをきる(十字を切る) = (가톨릭) 성호를 긋다
ひをきる(日を切る) = 날짜를 정하다

≪무너뜨리다≫

つつみがきれる(堤が切れる) = 방죽이 무너지다
せきをきったように(堰を切ったように) = 봇물이 터진 듯이

≪관용구 ; 합성어≫

きりあげる(切り上げる) = 일단락짓다
きりおとす(切り落とす) = 끊어 떨어뜨리다

きりおろす(切り下ろす) = 내리치다

きりかえ(切り替え) = 바꿔침

きりかえす(切り返す) = 되받아치다

きりかかる(切り掛かる) = (칼로 치려고) 달려들다

きりきざむ(切り刻む) = 잘게 썰다

きりくずす(切り崩す) = 무너뜨리다

きりくち(切口) = 베인 상처

きりくむ(切り組む) = 칼로 서로 싸우다

きりこむ(切り込む) = 깊이 베다

きりころす(切り殺す) = 베어 죽이다

きりさく(切り裂く) = 째다

きりすてる(切り捨てる) = 사람을 베고 방치하다

きりそろえる(切り揃える) = 가지런히 자르다

きりたつ(切り立つ) = 깎아지른 듯이 솟아 있다

きりちらす(切り散らす) = 마구 베다

きりつめる(切り詰める) = 줄이다

きりど(切戸) = 쪽문 = くぐりど(潜戸)

きりとりせん(切取線) = 절취선

きりはなす(切り放す) = 잘라버리다

きりふせる(切り伏せる) = 베어 쓰러뜨리다

きりふだ(切り札) = 으뜸패(비장의 카드)

きりまど(切窓) = 채광창

きりめ(切目) = 절단면

きれぎれ(切れ切れ) = 토막토막

きれて(切れ手) = 수완가

きれじ(切れ地) = (옷감) 자투리

### ✡ 감각 돋보기

이 밖에 きる는 물기를 '빼다' '~을 끝내다' '~ 이하가 되다' 핸들을 '틀다' '무언가 두드러진 행동을 하다' 등의 뜻으로 쓰이기도 합니다. 이러한 표현은 한국어의 감각과 다릅니다.

《빼다》

みずをきる(水を切る) = 물기를 빼다

しおけをきる(塩気を切る) = 소금기를 빼다

《… 을 끝내다 ; 그만두다》

ほんをよみきる(本を読み切る) = 책을 다 읽다

かねをつかいきる(金を使い切る) = 돈을 다 써버리다

うりきる(売り切る) = 다 팔다

おもいきる(思い切る) = 단념하다

《이하가 되다》

げんかをきってうる(原価を切って売る) = 원가 이하로 팔다

じっぷんをきる(十分を切る) = 10분이 채 안되다

かぶかがひゃくえんをきる(株価が百円を切る)
= 주가가 100엔을 밑돌다

たいじゅうよんじっキロをきる(体重四十キロを切る)
= 체중이 40킬로를 밑돌다

《틀다 ; 꺾다》

ハンドルをひだりにきる(ハンドルを左に切る) = 핸들을 왼쪽으로 틀다

カーブをきる(カーブを切る) = 커브를 꺾다

《두드러진 행동을 하다》

みえをきる(見えを切る) = 과장되게 행동하다

かたでかぜをきる(肩で風を切る) = 뽐내며 걷다

しらをきる(白を切る) = 시치미를 떼다

さつびらをきる(札びらを切る) = 으스대며 돈을 쓰다

❷ つなぐ(繋ぐ)는 '잇다' '매다' '보존하다' 등의 뜻으로 쓰입니다.

≪잇다≫

いとをつなぐ(糸を繋ぐ) = 실을 잇다

てをつなぐ(手を繋ぐ) = 손을 잡다

でんわをつなぐ(電話を繋ぐ) = 전화를 연결하다

≪매놓다 ; 가두다≫

いぬをつなぐ(犬を繋ぐ) = 개를 매놓다

ふねをつなぐ(船を繋ぐ) = 배를 매놓다

うまをきにつなぐ(馬を木に繋ぐ) = 말을 나무에 매놓다

ごくにつなぐ(獄に繋ぐ) = 옥에 가두다

≪보존하다≫

いのちをつなぐ(命を繋ぐ) = 목숨을 보존하다
いちるののぞみをつなぐ(一縷の望みを繋ぐ)
= 한 가닥의 희망을 간직하다


❸ つながる(繋がる)는 '이어지다' '관련되다' '얽매이다' 등의 뜻으로 쓰입니다.


≪연결되다≫

くびがつながる(首が繋がる) = 목이 부지되다(계속 그 직에 남아있다)
こころとこころがつながる(心と心が繋がる) = 마음과 마음이 통하다
しまとしまとがはしでつながる(島と島とが橋で繋がる)
= 섬과 섬이 다리로 이어지다

≪관련되다≫

じけんにつながる(事件に繋がる) = 사건에 관련되다
えんにつながるひと(縁に繋がる人) = 연고가 있는 사람

ちがつながる(血が繋がる) = 혈연관계가 있다

≪얽매이다≫

じょうにつながる(情に繋がる) = 정에 얽매이다
おんあいのきずなにつながる(恩愛の絆に繋がる)
= 은애의 굴레에 매이다

 *kotoba*

つめ(爪) = 손톱
れんらく(連絡) = 연락
くうき(空気) = 공기
ぎょうれつ(行列) = 행렬
くちび(口火) = 도화선
ちょくせん(直線) = 직선
しおけ(塩気) = 소금기
げんか(原価) = 원가
かぶか(株価) = 주가

たいじゅう(体重) = 체중
みえ(見え) = 외양 ; 외관
しら(白) = 꾸밈이 없음
さつびら(札びら)
= (몇 장 이상의) 지폐
つつみ(堤) = 방죽
せき(堰) = 봇둑
おんあい(恩愛) = 은애
きずな(絆) = 고삐 ; 유대

かえる(替える) = 바꾸다
かえす(返す) = 되돌리다
かかる(掛かる) = 걸다
きざむ(刻む) = 새기다
くずす(崩す) = 무너뜨리다
さく(裂く) = 째다

そろえる(揃える)
= 가지런히 하다
ちらす(散らす) = 흩뜨리다
つめる(詰める) = 채우다
ふせる(伏せる) = 엎드리다
のぞむ(望む) = 바라다

**CHAPTER 16**

# 숨고, 나타나고

❶ しのぶ(忍ぶ)는 '숨다'는 뜻입니다. しのぶ는 '남이 모르게 하다' '견디다' 등의 한국어로 표현할 수 있는 말입니다.

≪숨다≫

えんのしたにしのぶ(縁の下に忍ぶ) = 마루 밑에 숨다
こかげにしのぶ(木陰に忍ぶ) = 나무 그늘에 숨다

≪남이 모르게 하다≫

ひとめをしのぶ(人目を忍ぶ) = 남의 눈을 피하다
しのぶこいじ(忍ぶ恋路) = 남몰래 하는 사랑
よをしのぶ(世を忍ぶ) = 세상의 이목을 피하다
よごとにしのんでくる(夜毎に忍んで来る) = 밤마다 몰래 찾아오다

≪견디다≫

つらさをしのぶ(辛さを忍ぶ) = 고통을 참다
はじをしのびがたい(恥を忍び難い) = 치욕을 참을 수 없다

≪관용구 ; 합성어≫

しのびあし(忍び足) = 살금살금 걸음
しのびいる(忍び入る) = 잠입하다
しのびこむ(忍び込む) = 잠입하다
しのびがえし(忍び返し) = (담 위의) 철책
しのびごえ(忍び声) = 낮은 목소리
しのびない(忍びない) = 참을 수 없다
しのびやか(忍びやか) = 남몰래(살며시)

❷ かくれる(隠れる)는 '숨다'는 뜻입니다. 한국어와 거의 같은 감각으로 쓰입니다.

つきがくもまにかくれる(月が雲間に隠れる) = 달이 구름 속으로 숨다
ひとごみにかくれる(人込みに隠れる) = 인파 속으로 숨다
かくれたじんざいをはっくつする(隠れた人材を発掘する)
= 숨은 인재를 발굴하다

ひとにかくれてわるいことをする(人に隠れて悪いことをする)
= 남몰래 못된 짓을 하다
きりにかくれてみえない(霧に隠れて見えない)
= 안개 속에 숨어 보이지 않는다
かくれもないじじつ(隠れもない事実) = 공공연한 사실

≪관용구 ; 합성어≫

かくれあそび(隠れ遊び) = 숨바꼭질
かくれいわ(隠れ岩) = 암초
かくれが(隠れ家) = 숨어사는 집 ; 은신처
かくれざと(隠れ里) = 외딴 마을 ; 벽촌
かくれみち(隠れ道) = 샛길

❸ ひそむ(潜む)는 '숨다' '숨어 있다'는 뜻입니다.

くさかげにひそむ(草陰に潜む) = 풀숲에 숨다
ものかげにひそむ(物陰に潜む) = 그늘에 숨다

こころにひそむ(心に潜む) = 마음속에 잠재하다
いとがひそむ(意図が潜む) = 의도가 숨어있다

❹ くらます(暗ます)는 '모습을 감추다' '속이다'는 뜻입니다.

すがたをくらます(姿を暗ます) = 모습을 감추다
ゆくえをくらます(行方を暗ます) = 행방을 감추다

ひとのめをくらます(人の目を暗ます) = 남의 눈을 속이다
みぶんをくらます(身分を暗ます) = 신분을 속이다

❺ あらわれる(現れる)는 '나타나다' '드러나다'는 뜻입니다.

かおにあらわれる(顔に現れる) = 얼굴에 나타나다
たいどにあらわれる(態度に現れる) = 태도에 나타나다

てんさいがあらわれる(天才が現れる) = 천재가 나타나다
らんせいにえいゆうがあらわれる(乱世に英雄が現れる)
= 난세에 영웅이 출현하다

きざしがあらわれる(兆しが現れる) = 조짐이 드러나다
あくじがあらわれる(悪事が現れる) = 나쁜 일이 드러나다

❻ あらわす(現す)는 타동사로 '나타내다' '드러내다'는 뜻입니다.

すがたをあらわす(姿を現す) = 모습을 나타내다
とうかくをあらわす(頭角を現す) = 두각을 나타내다

ほんしょうをあらわす(本性を現す) = 본성을 드러내다
なをあらわす(名を現す) = 이름을 드러내다

そのごのあらわすいみ(その語の現す意味) = 그 말이 나타내는 의미

あかいろはきけんをあらわす(赤色は危険を現す) = 붉은색은 위험을 나타낸다

 **kotoba**

ひとめ(人目) = 남의 눈

こいじ(恋路) = 사랑의 길(연애)

こかげ(木陰) = 나무 그늘

つらさ(辛さ) = 고통

はじ(恥) = 치욕

くもま(雲間) = 구름 속

ひとごみ(人込み) = 인파

じんざい(人材) = 인재

はっくつ(発掘) = 발굴

きり(霧) = 안개

くさかげ(草陰) = 풀숲

ものかげ(物陰) = 그늘

いと(意図) = 의도

すがた(姿) = 모습

ゆくえ(行方) = 행방

みぶん(身分) = 신분

きざし(兆し) = 조짐

てんさい(天才) = 천재

ほんしょう(本性) = 본성

とうかく(頭角) = 두각

# CHAPTER 17

# 일어나고, 넘어지고

❶ 자동사 おこる(起こる)는 '일어나다' '발생하다'는 뜻입니다.

じけんがおこる(事件が起こる) = 사건이 일어나다
じしんがおこる(地震が起こる) = 지진이 일어나다
こんらんがおこる(混乱が起こる) = 혼란이 일어나다
へんかがおこる(変化が起こる) = 변화가 일어나다

ほっさがおこる(発作が起こる) = 발작이 일어나다
いつうがおこる(胃痛が起こる) = 위통이 일어나다

こうきしんがおこる(好奇心が起こる) = 호기심이 일어나다

くもがわきおこる(雲が湧き起こる) = 구름이 피어오르다

❷ 타동사 おこす(起こす)는 '일으키다'입니다. 잠자는 아이를 '깨우다', 밭을 '일구다', '~ 하기 시작하다' 등의 뜻으로도 쓰입니다.

≪일으켜 세우다≫

からだをおこす(体を起こす) = 몸을 일으키다

ろうじんをたすけおこす(老人を助け起こす)
= 노인을 부축해 일으키다

≪벌이다 ; 시작하다≫

がっこうをおこす(学校を起こす) = 학교를 세우다

くにをおこす(国を起こす) = 나라를 세우다

じぎょうをおこす(事業を起こす) = 사업을 일으키다

そしょうをおこす(訴訟を起こす) = 소송을 일으키다

≪발생시키다≫

じけんをおこす(事件を起こす) = 사건을 일으키다
せんそうをおこす(戦争を起こす) = 전쟁을 일으키다

でんきをおこす(電気を起こす) = 전기를 일으키다
ふしょうじをおこす(不祥事を起こす) = 불상사를 일으키다

≪상태를 보이다≫

ふくつうをおこす(腹痛を起こす) = 복통을 일으키다
しょうかふりょうをおこす(消化不良を起こす) = 소화불량을 일으키다

いやけをおこす(嫌気を起こす) = 싫증이 나다
やけをおこす(自棄を起こす) = 자포자기하다

≪깨우다≫

ねたこをおこす(寝た子を起こす) = 자는 애를 깨우다
あさはやくおこす(朝早く起こす) = 아침 일찍 깨우다
たたきおこす(叩き起こす) = 흔들어 깨우다

≪일구다≫

はたけをおこす(畑を起こす) = 밭을 일구다
うねをあさくおこす(畝を浅く起こす) = 이랑을 얕게 일구다

≪ ~ 하기 시작하다≫

ぶんしょうをおこす(文章を起こす) = 문장을 쓰기 시작하다
ふでをおこす(筆を起こす) = 쓰기 시작하다

❸ 자동사 たおれる(倒れる)는 '쓰러지다' '넘어지다'는 뜻입니다. '파산하다', '몸져눕다', '죽다' 등의 한국어로 옮길 수 있는 말입니다.

≪자빠지다≫

たいふうでいえがたおれる(台風で家が倒れる)
= 태풍으로 집이 쓰러지다
こどもがたおれる(子供が倒れる) = 아이가 넘어지다
まえにたおれる(前に倒れる) = 앞으로 넘어지다

≪도산・파산하다≫

せいけんがたおれる(政権が倒れる) = 정권이 무너지다
かいしゃがたおれる(会社が倒れる) = 회사가 도산하다
みせがたおれる(店が倒れる) = 점포가 파산하다

≪몸져눕다≫

かろうでたおれる(過労で倒れる) = 과로로 쓰러지다
やまいでたおれる(病で倒れる) = 병으로 쓰러지다

≪죽다≫

きょうだんにたおれる(凶弾に倒れる) = 흉탄에 쓰러지다
たおれてのちやむ(倒れて後止む) = 죽은 후에야 그치다


❹ 타동사 たおす(倒す)는 '쓰러뜨리다' '넘어뜨리다'는 뜻입니다. '죽이다' '제압하다'는 뜻으로 쓰이기도 합니다.

≪넘어뜨리다≫

かびんをたおす(花瓶を倒す) = 화병을 쓰러뜨리다
おのできをたおす(斧で木を倒す) = 도끼로 나무를 쓰러뜨리다
あいてにあしをかけてたおす(相手に足を掛けて倒す)
= 상대방에게 발을 걸어 넘어뜨리다

≪죽이다≫

てきをたおす(敵を倒す) = 적을 죽이다
いのししをじゅうでたおす(猪を銃で倒す) = 멧돼지를 총으로 잡다
いっとうのもとにたおす(一刀のもとに倒す)
= 단칼에 베어 쓰러뜨리다

≪제압하다≫

きょうてきをたおす(強敵を倒す) = 강적을 쓰러뜨리다
ちからであいてをたおす(力で相手を倒す) = 힘으로 상대를 누르다

≪무너뜨리다≫

せいふをたおす(政府を倒す) = 정부를 쓰러뜨리다

あばらやをたおす(荒屋を倒す) = 낡은 집을 허물다

### ✵ 감각 돋보기

일본인은 たおす(倒す)를 '돈을 떼어먹다'라는 표현으로도 씁니다. 한국인에게는 낯선 감각이네요.

しゃっきんをたおす(借金を倒す) = 꾼 돈을 떼어먹다
ひゃくまんえんをたおされた(百万円を倒された)
= 백만 엔을 떼먹혔다

 **kotoba**

じしん(地震) = 지진
こんらん(混乱) = 혼란
へんか(変化) = 변화
めまい(目眩) = 현기증
こうきしん(好奇心) = 호기심
じぎょう(事業) = 사업
そしょう(訴訟) = 소송
ふしょうじ(不祥事) = 불상사
いやけ(嫌気) = 싫증
ふくつう(腹痛) = 복통
しょうか(消化) = 소화

うね(畝) = 이랑
たいふう(台風) = 태풍
かろう(過労) = 과로
きょうだん(凶弾) = 흉탄
かびん(花瓶) = 화병
おの(斧) = 도끼
いのしし(猪) = 멧돼지
きょうてき(強敵) = 강적
せいふ(政府) = 정부
あばらや(荒屋) = 낡은 집
しゃっきん(借金) = 꾼 돈

わく(湧く) = 솟다
たすける(助ける) = 돕다
はやい(早い) = 빠르다

たたく(叩く) = 두드리다
あさい(浅い) = 얕다
やむ(止む) = 그치다

# CHAPTER 18

# 만들고, 부수고

❶ つくる(作る)는 '만들다'는 뜻입니다. 일본인의 일상생활에서 가장 많이 쓰이는 단어 중의 하나입니다. 회사를 '설립하다', 정원을 '꾸미다', 밭을 '경작하다', 인재를 '기르다', 밥을 '짓다', 얼굴을 '다듬다', 돈을 '마련하다' 등 다양한 한국어로 옮길 수 있는 말입니다.

≪제작하다≫

もけいをつくる(模型を作る) = 모형을 만들다
きでいすをつくる(木で椅子を作る) = 나무로 의자를 만들다

ゆきだるまをつくる(雪達磨を作る) = 눈사람을 만들다

≪조직하다 ; 설립하다≫

かいをつくる(会を作る) = 모임을 만들다

かいしゃをつくる(会社を作る) = 회사를 설립하다

しんないかくをつくる(新内閣を作る) = 새로운 내각을 조직하다

≪마련하다≫

こうじつをつくる(口実を作る) = 구실을 만들다

かんきょうをつくる(環境を作る) = 환경을 만들다

きそくをつくる(規則を作る) = 규칙을 만들다

ひまをつくる(暇を作る) = 틈을 내다

≪형성하다 ; 짓다≫

にわをつくる(庭を作る) = 정원을 꾸미다

しょくどうのまえにれつをつくる(食堂の前に列を作る)
= 식당 앞에 열을 짓다

≪새로 만들다≫

みかたをつくる(味方を作る) = 자기편을 만들다
てきをつくる(敵を作る) = 적을 만들다

おんなをつくる(女を作る) = 여자가 생기다
こをつくる(子を作る) = 아이를 낳다

≪새로 만들어내다≫

りゅうこうをつくる(流行を作る) = 유행을 만들다
あたらしいきょくをつくる(新しい曲を作る) = 새로운 곡을 만들다
かみがてんちをつくる(神が天地を作る) = 신이 천지를 창조하다

≪경작하다≫

やさいをつくる(野菜を作る) = 채소를 재배하다
はたけをつくる(畑を作る) = 밭을 경작하다
いねをつくる(稲を作る) = 벼농사를 짓다

≪기르다 ; 육성하다≫

じんざいをつくる(人材を作る) = 인재를 육성하다
にんげんをつくる(人間を作る) = 인간을 만들다

よいしゅうかんをつくる(良い習慣を作る) = 좋은 습관을 들이다

≪짓다 ; 출판하다≫

しょるいをつくる(書類を作る) = 서류를 만들다
さくぶんをつくる(作文を作る) = 작문을 짓다
ほんをつくる(本を作る) = 책을 출판하다

≪요리를 하다≫

うおをつくる(魚を作る) = 생선을 요리하다
たいをさしみにつくる(鯛を刺身に作る) = 도미를 회치다
ゆうしょくをつくる(夕食を作る) = 저녁밥을 짓다

≪꾸미다≫

かおをつくる(顔を作る) = 얼굴을 다듬다

としよりわかくつくる(年より若く作る) = 나이보다 젊게 꾸미다

≪거짓 지어내다≫

わらいがおをつくる(笑い顔を作る) = 억지웃음을 짓다
なきがおをつくる(泣き顔を作る) = 울상을 짓다
はなしをつくる(話を作る) = 이야기를 꾸미다

≪이루다 ; 장만하다≫

かていをつくる(家庭を作る) = 가정을 이루다
かねをつくる(金を作る) = 돈을 마련하다
ざいさんをつくる(財産を作る) = 재산을 만들다

≪관용구 ; 합성어≫

つくりあげる(作り上げる) = 완성하다
つくりおや(作り親) = 수양 부모
つくりがお(作り顔) = 꾸민 얼굴 모양
つくりごえ(作り声) = 짐짓 지어낸 목소리
つくりかた(作り方) = 만드는 방법
つくりごと(作り事) = 꾸며낸 일 ; 거짓말

つくりだす(作り出す) = 만들기 시작하다

つくりたてる(作り立てる) = 만들어내다

つくりつけ(作り付け) = 붙박이

つくりなおす(作り直す) = 다시 만들다

つくりばなし(作り話) = 꾸며낸 이야기

つくりもの(作り物) = 모조품

つくりざかや(造り酒屋) = 양조장

つくりにわ(造り庭) = 운치 있게 꾸민 정원

つくりばな(作り花) = 조화

つくりものがたり(作り物語) = 픽션

つくりわらい(作り笑い) = 헛웃음


❷ したてる(仕立てる)는 '만들다' '마련하다' 특히, 옷을 '짓다'는 말로 쓰입니다.


≪짓다 ; 특히 옷을 짓다≫

ようふくをしたてる(洋服を仕立てる) = 양복을 짓다

せびろをしたてる(背広を仕立てる) = 신사복을 짓다

≪마련하다 ; 준비하다≫

ばしゃをしたてる(馬車を仕立てる) = 마차를 준비하다
つりぶねをしたてる(釣り船を仕立てる) = 낚싯배를 마련하다
むかえのくるまをしたてる(迎えの車を仕立てる)
= 마중나갈 차를 준비하다

### 감각 돋보기

일본인은 어떤 인물을 '양성하다', 연극이나 소설로 '꾸미다'라고 할 때 し たてる라는 표현을 씁니다. 한국인에게 조금 낯선 감각으로 사용하네요.

≪양성하다≫

ていしをしたてる(弟子を仕立てる) = 제자를 양성하다
いちりゅうのかがくしゃにしたてる(一流の科学者に仕立てる)
= 일류 과학자로 양성하다

≪꾸미다≫

しげきにしたてる(史劇に仕立てる) = 사극으로 꾸미다
いっぺんのしょうせつにしたてる(一篇の小説に仕立てる)
= 한편의 소설로 꾸미다
わるものにしたてる(悪者に仕立てる) = 악한으로 꾸미다


❸ '설치하다' '차려놓다'는 すえる(据える)입니다. 주로 시설을 어떤 장소에 붙박이로 '고정시키다'는 뜻으로 쓰입니다.

≪붙박다≫

きかいをすえる(機械を据える) = 기계를 설치하다
ぜんをすえる(膳を据える) = 상을 차려 놓다

≪한군데에 고정시키다 ; 자리잡다≫

めをすえる(目を据える) = 응시하다 ; 눈여겨보다

こしをすえる(腰を据える) = 자리잡고 눌러 앉다

どきょうをすえる(度胸を据える) = 배짱을 부리다

≪모시다≫

きゃくをじょうざにすえる(客を上座に据える)
= 손님을 상석에 앉히다

かいちょうにすえる(会長に据える) = 회장으로 모시다

### ✣ 감각 돋보기

일본인은 마음을 '가라앉히다', 도장을 '찍다', 뜸을 '뜨다'라고 할 때도 すえる라는 단어를 사용합니다.

≪마음을 가라앉히다≫

こころをすえてよくみる(心を据えて良く見る)
= 마음을 가라앉히고 잘 보다
はらにすえかねる(腹に据え兼ねる) = 치미는 화를 참을 수 없다

≪찍다 ; 뜨다≫

はんをすえる(判を据える) = 도장을 찍다
きゅうをすえる(灸を据える) = 뜸을 뜨다

❹ '부수다' '파괴하다'는 こわす(壊す)입니다. 한국어와 거의 같은 감각으로 쓰입니다.

≪부수다 ; 깨뜨리다≫

さらをこわす(皿を壊す) = 접시를 깨다
たてものをこわす(建物を壊す) = 건물을 허물다

≪고장내다 ; 탈내다≫

かぎをこわす(鍵を壊す) = 열쇠를 망가뜨리다
おもちゃをこわす(玩具を壊す) = 장난감을 망가뜨리다
おなかをこわす(お腹を壊す) = 배탈이 나다
のみすぎでからだをこわす(飲み過ぎで体を壊す)
= 술을 너무 마셔 몸을 망치다

かたをこわす(肩を壊す) = 어깨를 탈내다
からだをこわす(体を壊す) = 건강을 해치다

はなしをこわす(話を壊す) = 이야기를 망치다
ふんいきをこわす(雰囲気を壊す) = 분위기를 망치다

≪약속·계획 등을 깨뜨리다≫

えんだんをこわす(縁談を壊す) = 혼담을 깨뜨리다

ちつじょをこわす(秩序を壊す) = 질서를 파괴하다
ゆうじょうをこわす(友情を壊す) = 우정을 결딴내다


❺ '부수다' '깨뜨리다'는 くだく(砕く)입니다. '좌절시키다'는 뜻으로도 쓰입니다.


≪깨뜨리다 ; 쳐부수다≫

いわをくだく(岩を砕く) = 바위를 깨뜨리다
かびんをくだく(花瓶を砕く) = 화병을 깨뜨리다

こおりをきりでくだく(氷を錐で砕く) = 얼음을 송곳으로 깨다
てきのいきおいをくだく(敵の勢いを砕く) = 적의 기세를 꺾다

やぼうをくだく(野望を砕く) = 야망을 꺾다
ゆめをうちくだく(夢を打ち砕く) = 꿈을 박살내다

### 감각 돋보기

일본인은 사람이 어떤 일에 애쓰는 모양을 표현할 때도 くだく(砕く)라는 말을 사용합니다.

みをくだく(身を砕く) = 있는 힘을 다하다 ; 몹시 고생하며 애쓰다
しんかんをくだく(心肝を砕く) = 고심하다 ; 부심하다

こころをくだく(心を砕く) = 이런저런 걱정을 하다
せんばんこころをくだく(千万心を砕く)
= 여러 가지 궁리를 하다 ; 머리를 짜다
ちゅうやこころをくだく(昼夜心を砕く) = 밤낮으로 마음을 쓰다

❻ 자동사 くずれる(崩れる)는 '무너지다'는 뜻입니다. 자세가 '흐트러지다' 날씨가 '나빠지다', 값이 '떨어지다' 등의 한국어로 옮길 수 있는 말입니다.

≪붕괴하다≫

がけがくずれる(崖が崩れる) = 벼랑이 무너지다
かべがくずれる(壁が崩れる) = 벽이 무너지다

あしばがくずれる(足場が崩れる) = 발판(기반)이 무너지다
ちつじょがくずれる(秩序が崩れる) = 질서가 무너지다

きたいがくずれる(期待が崩れる) = 기대가 무너지다
しんわがくずれる(神話が崩れる) = 신화가 무너지다

≪흐트러지다≫

しせいがくずれる(姿勢が崩れる) = 자세가 흐트러지다
たいごがくずれる(隊伍が崩れる) = 대오가 무너지다
さけをのんでもくずれない(酒を飲んでも崩れない)
= 술을 먹어도 흐트러지지 않다

≪나빠지다 ; 하락하다≫

てんきがくずれる(天気が崩れる) = 날씨가 나빠지다
ねがくずれる(値が崩れる) = 값이 떨어지다

❼ 타동사 くずす(崩す)는 '무너뜨리다' '흩뜨리다'는 뜻입니다. 몸의 상태가 '나빠지다', 글씨를 '흘려서 쓰다' 돈을 '헐다' 등의 한국어로 옮길 수 있는 말입니다.

≪무너뜨리다≫

やまをくずす(山を崩す) = 산을 무너뜨리다
いしがきをくずす(石垣を崩す) = 돌담을 무너뜨리다

≪정돈된 상태를 흩뜨리다≫

れつをくずす(列を崩す) = 열을 흩뜨리다
ひざをくずす(膝を崩す) = 무릎을 펴고 편안히 앉다
てきじんのいっかくをくずす(敵陣の一角を崩す)
= 적진의 일각을 무너뜨리다

≪해치다 ; 망치다≫

たいちょうをくずす(体調を崩す)
= 몸 상태를 해치다(컨디션이 나빠지다)
みをもちくずす(身を持ち崩す) = 신세를 망치다

18. 만들고, 부수고

≪글씨를 흘리다 ; 돈을 헐다≫

じをくずしてかく(字を崩して書く) = 글씨를 흘려서 쓰다
いちまんえんさつをくずす(一万円札を崩す) = 만 엔짜리 지폐를 헐다
よきんをとりくずす(預金を取り崩す) = 예금을 야금야금 꺼내 쓰다

 **kotoba**

もけい(模型) = 모형
ゆきだるま(雪達磨) = 눈사람
ないかく(内閣) = 내각
こうじつ(口実) = 구실
かんきょう(環境) = 환경
きそく(規則) = 규칙
しょくどう(食堂) = 식당
みかた(味方) = 자기편
しゅうかん(習慣) = 습관
じんざい(人材) = 인재
たい(鯛) = 도미
ざいさん(財産) = 재산
さかや(酒屋) = 술집
ものがたり(物語) = 이야기
せびろ(背広) = 신사복
ばしゃ(馬車) = 마차
つりぶね(釣り船) = 낚싯배
ていし(弟子) = 제자

かがくしゃ(科学者) = 과학자
しげき(史劇) = 사극
しょうせつ(小説) = 소설
わるもの(悪者) = 악한
きかい(機械) = 기계
どきょう(度胸) = 배짱
じょうざ(上座) = 상석
たてもの(建物) = 건물
えんだん(縁談) = 혼담
ちつじょ(秩序) = 질서
ゆうじょう(友情) = 우정
きり(錐) = 송곳
いきおい(勢い) = 기세
いしがき(石垣) = 돌담
てきじん(敵陣) = 적진
がけ(崖) = 벼랑
しせい(姿勢) = 자세
たいご(隊伍) = 대오

**CHAPTER 19**

# 걸고, 내리고

❶ かける(掛ける)는 '걸다'는 뜻입니다. 그런데 かける는 '걸다' 이외에 '달다' '늘어뜨리다' '올리다' '내걸다' 등 실로 다양한 한국어로 옮길 수 있는 말입니다.

かける는 한국어와 거의 같은 감각으로 쓰이는 표현이 많은 단어이기도 합니다. 예를 들면, 벽에 액자를 '걸다'는 말할 것도 없고, 말을 '걸다', 전화를 '걸다', 발을 '걸다' 싸움을 '걸다', 기대를 '걸다', 몸에 옷을 '걸치다', 의자에 '걸치다', 술 한잔 '걸치다' 등의 표현은 한국어 감각과 '소름이 끼칠 정도로' 같습니다.

한국어와 딱 들어맞는 표현이 많기도 하지만, 한국어와 전혀 다른 감각으로 쓰이는 경우가 많은 말이기도 합니다. 일본인은 테를 '두르다', 이불을 '덮다', 도금을 '입히다', 소금을 '치다', 남에게 폐를 '끼치다', 물을 '뿌리다', 보험에 '들다', 마음에 '두다' 등의 표현에도 かける라는 말을 씁니다. 이런 표현들은 한국인에게 낯선 감각입니다.


≪늘어뜨리다 ; 달다≫

かんばんをかける(看板を掛ける) = 간판을 걸다
すだれをかける(簾を掛ける) = 발을 걸다
かべにえをかける(壁に絵を掛ける) = 벽에 그림을 걸다
じゅずをてにかける(数珠を手に掛ける) = 염주를 손에 걸다

≪잠그다≫

かぎをかける(鍵を掛ける) = 자물쇠를 채우다
ボタンをかける(ボタンを掛ける) = 단추를 채우다
かんぬきをかける(閂を掛ける) = 빗장을 지르다

≪내걸다≫

がくをかける(額を掛ける) = 액자를 걸다
ごくもんにかける(獄門に掛ける) = (죄인의 목을) 효수하다
ほをかけてはしるふね(帆を掛けて走る船) = 돛을 올리고 달리는 배

≪걸다 ; 찌르다≫

てかぎをかける(手鉤を掛ける) = 갈고리를 걸다
かたなにかける(刀に掛ける) = 칼로 쳐 죽이다

≪올리다 ; 걸다≫

ぎだいをかいぎにかける(議題を会議に掛ける) = 의제를 회의에 올리다
ざいりょうをきかいにかける(材料を機械に掛ける)
= 재료를 기계에 걸다

≪걸다 ; 빌다≫

のぞみをかける(望みを掛ける) = 희망을 걸다
きたいをかける(期待を掛ける) = 기대를 걸다
ねがいをかける(願いを掛ける) = 발원하다

≪말을 걸다 ; 요청하다≫

くちをかける(口を掛ける) = 말을 걸다
こえをかける(声を掛ける) = 말을 걸다
さそいをかける(誘いを掛ける) = 권유하다
でんわをかける(電話を掛ける) = 전화를 걸다

≪감행하다≫

こうげきをかける(攻撃を掛ける) = 공격을 감행하다
ストをかける(ストを掛ける) = 동맹파업을 감행하다

≪가하다≫

あつりょくをかける(圧力を掛ける) = 압력을 가하다
はくしゃをかける(拍車を掛ける) = 박차를 가하다
みがきをかける(磨きを掛ける) = 문질러 윤을 내다

≪소리치다≫

きあいをかける(気合を掛ける) = 기합을 넣다
ごうれいをかける(号令を掛ける) = 호령하다

≪걸려들게 하다≫

わなにかける(罠に掛ける) = 덫에 걸리게 하다
とりをかける(鳥を掛ける) = (그물로) 새를 잡다
ぺてんにかける(ぺてんに掛ける) = 사기치다

≪걸치다≫

はしをかける(橋を掛ける) = 다리를 놓다
かたにてをかける(肩に手を掛ける) = 어깨에 손을 얹다
たてかける(立て掛ける) = 걸쳐 세우다
よせかける(寄せ掛ける) = 기대다
やねにはしごをかける(屋根に梯子を掛ける) = 지붕에 사다리를 걸치다

≪두르다≫

たすきをかける(襷を掛ける) = 어깨띠를 두르다
わをかける(輪を掛ける) = 테를 두르다
にもつにひもをかける(荷物に紐を掛ける) = 짐에 끈을 두르다

≪몸에 걸치다≫

ぼうしをかける(帽子を掛ける) = 모자를 쓰다
めがねをかける(眼鏡を掛ける) = 안경을 쓰다
かめんをかける(仮面を掛ける) = 가면을 쓰다

くびかざりをかける(首飾りを掛ける) = 목걸이를 하다
エプロンをかける(エプロンを掛ける) = 행주치마를 걸치다

≪덮다 ; 올려놓다≫

ふとんをかける(布団を掛ける) = 이불을 덮다
おおいをかける(覆いを掛ける) = 덮개를 씌우다
なべをこんろにかける(鍋を焜炉に掛ける) = 냄비를 풍로에 올려놓다

≪씌우다≫

カバーをかける(カバーを掛ける) = 커버를 씌우다
めっきをかける(鍍金を掛ける) = 도금을 하다

≪두르다≫

はこにリボンをかける(箱にリボンを掛ける) = 상자에 리본을 두르다
にもつにひもをかける(荷物に紐を掛ける) = 짐에 끈을 두르다
どろぼうになわをかける(泥棒に縄を掛ける) = 도둑을 포승으로 묶다

≪걸쳐서≫

とうきょうからふくしまにかけて(東京から福島に掛けて)
= 도쿄에서 후쿠시마에 걸쳐서
はるからなつにかけて(春から夏に掛けて) = 봄에서 여름에 걸쳐서

≪걸터앉다≫

こしをかける(腰を掛ける) = 걸터앉다
いすにかける(椅子に掛ける) = 의자에 걸터앉다
どうぞおかけください(どうぞお掛け下さい) = 어서 앉으십시오

≪치다≫

こやをかける(小屋を掛ける) = 가설 막사를 치다
くもがすをかける(蜘蛛が巣を掛ける) = 거미가 거미줄을 치다

すみなわをかける(墨縄を掛ける) = 먹줄을 치다

ふるいにかける(篩に掛ける) = 체에 치다

≪끼치다≫

めいわくをかける(迷惑を掛ける) = 폐를 끼치다

くろうをかける(苦労を掛ける) = 수고를 끼치다

しんぱいをかける(心配を掛ける) = 걱정을 끼치다

≪뿌리다 ; 끼얹다≫

みずをかける(水を掛ける) = 물을 뿌리다

しおをかける(塩を掛ける) = 소금을 뿌리다

しょうゆをかける(醬油を掛ける) = 간장을 치다

やをいかける(矢を射掛ける) = 활을 막 쏘아대다

≪공을 들이다≫

にまんえんをかけてつくったもけい(二万円を掛けて作った模型)
= 이만엔 들여 만든 모형

ひとでをかける(人手を掛ける) = 품을 들이다

じかんをかけてしあげる(時間を掛けて仕上げる)
= 시간을 들여 완성하다

≪계약을 맺다≫

ほけんをかける(保険を掛ける) = 보험에 들다
ほけんきんをかける(保険金を掛ける) = 보험금을 내다

≪거치다 ; 받다≫

けんさをかける(検査を掛ける) = 검사를 받다
いしゃにかける(医者に掛ける) = 의사에게 진찰을 받다
さいばんにかける(裁判に掛ける) = 재판에 회부하다

≪매기다≫

ぜいきんをかける(税金を掛ける) = 세금을 부과하다
ばっきんをかける(罰金を掛ける) = 벌금을 매기다

≪내다≫

なぞをかける(謎を掛ける) = 수수께끼를 내다

といをかける(問を掛ける) = 질의하다

≪덧붙이다 ; 곱하다≫

げんかににわりかけてうる(原価に二割掛けて売る)
= 원가에 2할 덧붙여 팔다
さんにごをかける(三に五を掛ける) = 3에 5를 곱하다

≪무게를 달다≫

はかりにかける(秤に掛ける) = 저울에 달다
てんびんにかける(天秤に掛ける) = 천칭으로 달다

≪기계나 도구를 사용하다≫

かんなをかける(鉋を掛ける) = 대패질하다
ブラシをかける(ブラシを掛ける) = 솔질하다
ぞうきんをかける(雑巾を掛ける) = 걸레질하다
アイロンをかける(アイロンを掛ける) = 다리미질하다
ラジオをかける(ラジオを掛ける) = 라디오를 틀다

≪마음을 쓰다≫

こころにかける(心に掛ける) = 유념하다 ; 괘념하다
こどものことをきにかける(子供の事を気に掛ける)
= 아이의 일을 걱정하다
しがにかけない(歯牙に掛けない) = 완전히 무시하다

≪시선・마음이 머물러 있게 하다≫

めをかける(目を掛ける) = 귀여워하다
おめにかける(お目に掛ける) = 보여 드리다
きにかける(気に掛ける) = 마음에 두다
しりめにかける(尻目に掛ける) = 곁눈질로 흘끗 보다

≪올리다 ; 뽐내다≫

ぶたいにかける(舞台に掛ける) = 무대에 올리다
くちにかける(口に掛ける) = 입에 올리다

≪~하기 시작하다≫

はしりかける(走り掛ける) = 달리기 시작하다

いいかける(言い掛ける) = 말하기 시작하다

きえかける(消え掛ける) = 꺼져 가다

≪아직 못 끝내다≫

よみかけたほん(読み掛けた本) = 아직 다 못 읽은 책

たてかけたいえ(建て掛けた家) = 짓다 만 집

やりかけたしごと(やり掛けた仕事) = 하다 만 일

≪~할 뻔하다≫

かれはしにかけた(彼は死に掛けた) = 그는 죽을 뻔했다

わすれかける(忘れ掛ける) = 잊을 뻔하다

≪관용구 ; 합성어≫

かけどけい(掛時計) = 벽시계

かけね(掛値) = 에누리

かけはし(掛橋) = 사다리 ; 기교

かけぶとん(掛布団) = 이불

かけめ(掛目) = 저울에 단 무게

かけじく(掛軸) = 족자

おもいをかける(思いを掛ける) = 사모하다
かまをかける(鎌を掛ける) = 남의 속셈을 떠보다
しきんをかける(資金を掛ける) = 상금을 걸다
ひをかける(火を掛ける) = 불을 지르다
てをかける(手を掛ける) = 손을 대다
てにかける(手に掛ける) = 제 손으로 직접 다루다
てしおにかける(手塩に掛ける) = 손수 잘 돌보다
はなにかける(鼻に掛ける) = 뽐내다
ばていにかける(馬蹄に掛ける) = 말굽으로 짓밟다

❷ 자동사 くだる(下る)는 '내려가다' '내려오다'는 뜻입니다. '내려가다'에서 '물러나다'라는 뜻이 나왔습니다. 한국어와 거의 같은 감각으로 쓰입니다.

≪내려가다≫

やまみちをくだる(山道を下る) = 산길을 내려가다
さかをくだる(坂を下る) = 언덕을 내려가다
きおんがくだる(気温が下る) = 기온이 내리다

≪내려오다≫

てんからくだる(天から下る) = 하늘에서 내려오다
めいれいがくだる(命令が下る) = 명령이 내리다
けつろんがくだる(結論が下る) = 결론이 내려지다
しんぱんがくだる(審判が下る) = 심판이 내리다
どういんれいがくだる(動員令が下る) = 동원령이 내리다

≪내려가다 ; 뒤지다≫

かわをくだる(川を下る) = 강을 내려가다
よがくだる(世が下る) = 후세가 되다
はらがくだる(腹が下る) = 설사가 나다
しながくだる(品が下る) = 품질이 뒤지다

≪물러나다≫

こきょうにくだる(故郷に下る) = 고향에 내려가다
ふくしまへくだる(福島へ下る) = 후쿠시마로 내려가다
やにくだる(野に下る) = 하야하다

❸ 타동사 くだす(下す)는 '내리다' '내려보내다'는 뜻입니다. '내리다'에서 '하사하다' '설사하다'는 말이 나왔습니다.

≪내리다≫

ちいをくだす(地位を下す) = 지위를 내리다
めいれいをくだす(命令を下す) = 명령을 내리다

はんけつをくだす(判決を下す) = 판결을 내리다
かいしゃくをくだす(解釈を下す) = 해석을 내리다

≪하사하다 ; 오게 하다≫

くだしたまわるしな(下し賜る品) = 하사하신 물건
あめをくだす(雨を下す) = 비를 내리게 하다

≪내려 보내다≫

ししゃをくだす(使者を下す) = 사자를 보내다
いかだをくだす(筏を下す) = 뗏목을 띄워 내려 보내다
のみくだす(飲み下す) = 삼키다

≪설사하다≫

はらをくだす(腹を下す) = 설사하다
むしをくだす(虫を下す) = 구충하다

### ✵ 감각 돋보기

일본인은 적을 '항복시키다', 어떤 일에 '손을 쓰다', '술술 해 내리다' 등의 표현에도 くだす(下す)라는 말을 사용합니다.

≪항복시키다≫

てきをくだす(敵を下す) = 적을 항복시키다
てっついをくだす(鉄槌を下す) = 철퇴를 내리다

≪손을 쓰다≫

みずからてをくだす(自ら手を下す) = 직접 손을 쓰다
ふでをくだす(筆を下す) = 집필하다

≪술술 해 내리다≫

よみくだす(読み下だす) = 술술 읽어 내리다

かきくだす(書き下す) = 술술 써 내리다

 kotoba

すだれ(簾) = 발

じゅず(数珠) = 염주

かんぬき(門) = 빗장

ごくもん(獄門) = 효수

てかぎ(手鉤) = 갈고리

ぎだい(議題) = 의제

のぞみ(望み) = 희망

きたい(期待) = 기대

ねがい(願い) = 발원

さそい(誘い) = 권유

こうげき(攻撃) = 공격

あつりょく(圧力) = 압력

はくしゃ(拍車) = 박차

きあい(気合) = 기합

ごうれい(号令) = 호령

わな(罠) = 덫

はしご(梯子) = 사다리

たすき(襷) = 어깨띠

 *kotoba*

かめん(仮面) = 가면
くびかざり(首飾り) = 목걸이
おおい(覆い) = 덮개
こんろ(焜炉) = 풍로
めっき(鍍金) = 도금
こや(小屋) = 오두막집
すみなわ(墨縄) = 먹줄
ふるい(篩) = 체
めいわく(迷惑) = 성가심 ; 폐
くろう(苦労) = 수고
しんぱい(心配) = 걱정
もけい(模型) = 모형
ひとで(人手) = 품
ほけん(保険) = 보험
さいばん(裁判) = 재판
ばっきん(罰金) = 벌금

はかり(秤) = 저울
てんびん(天秤) = 천칭
かんな(鉋) = 대패
ぞうきん(雑巾) = 걸레
しが(歯牙) = 치아
しりめ(尻目) = 곁눈질
かけどけい(掛時計) = 벽시계
かま(鎌) = 낫
ばてい(馬蹄) = 말굽
はんけつ(判決) = 판결
かいしゃく(解釈) = 해석
ししゃ(使者) = 사자
いかだ(筏) = 뗏목
てっつい(鉄槌) = 철퇴
けつろん(結論) = 결론
しんぱん(審判) = 심판

はしる(走る) = 달리다
きえる(消える) = 꺼지다

## CHAPTER 20

# 치고, 뽑고, 접고

❶ うつ(打つ)는 '치다'는 뜻입니다. うつ는 못을 '박다', 바둑을 '두다', 목을 '베다', 주사를 '놓다', 노름을 '하다', '~을 자극하다' '감동을 주다', '표시하다' 등 실로 다양한 한국어로 옮길 수 있는 말입니다.

≪치다 ; 때리다≫

たいこをうつ(太鼓を打つ) = 북을 치다
こぶしでうつ(拳で打つ) = 주먹으로 치다

ほおをうつ(頬を打つ) = 뺨을 때리다
むちでうつ(鞭で打つ) = 채찍으로 때리다

あんだをうつ(安打を打つ) = 안타를 치다
てきじだをうつ(適時打を打つ) = 적시타를 치다
ホームランをうつ(ホームランを打つ) = 홈런을 치다

≪펴서 벌여놓다≫

まくをうつ(幕を打つ) = 장막을 치다
あみをうつ(網を打つ) = 그물을 치다

≪손뼉을 치다≫

てびょうしをうつ(手拍子を打つ) = 손뼉을 쳐 대다
よこでをうってかんたんする(横手を打って感嘆する)
= 손뼉을 치며 감탄하다

≪손을 쓰다≫

せんてをうつ(先手を打つ) = 선수를 치다
しんてをうつ(新手を打つ) = 새로운 수를 쓰다

てのうちようがない(手の打ち様がない) = 손을 쓸 방법이 없다

≪박다 ; 박아넣다≫

くぎをうつ(釘を打つ) = 못을 박다
くいをうつ(杭を打つ) = 말뚝을 박다

≪치다≫

でんぽうをうつ(電報を打つ) = 전보를 치다
タイプをうつ(タイプを打つ) = 타이프를 치다

≪공격하다 ; 지적하다≫

ふいをうつ(不意を打つ) = 기습하다
ひをうつ(非を打つ) = 비리를 지적하다

≪부딪다 ; 내걸다≫

たおれてあたまをうつ(倒れて頭を打つ) = 넘어져서 머리를 부딪치다
こうさつをうつ(高札を打つ) = 방을 내걸다

≪바둑을 두다≫

ごをうつ(碁を打つ) = 바둑을 두다
さんもくおいてうつ(三目置いて打つ) = 석 점 놓고 두다
あくしゅをうつ(悪手を打つ) = 악수를 두다

≪노름을 하다≫

ばくちをうつ(博打を打つ) = 도박을 하다
はなふだをうつ(花札を打つ) = 화투를 치다

≪베다≫

くびをうつ(首を打つ) = 목을 치다
かたなでうつ(刀で打つ) = 칼로 치다

≪놓다 ; 찌르다≫

はりをうつ(針を打つ) = 침을 놓다
ちゅうしゃをうつ(注射を打つ) = 주사를 놓다

≪자극하다≫

みみをうつ(耳を打つ) = 귀청을 찌르다
はなをうつ(鼻を打つ) = 코를 찌르다

≪감동을 주다≫

こころをうつ(心を打つ) = 마음을 찌르다
むねをうつ(胸を打つ) = 가슴을 찌르다

≪표시하다≫

てんをうつ(点を打つ) = 점을 찍다
しゅうしふをうつ(終止符を打つ) = 종지부를 찍다

ばんごうをうつ(番号を打つ) = 번호를 매기다
めいをうつ(銘を打つ) = (작품에) 제작자의 이름을 새기다

≪관용구 ; 합성어≫

うちおとす(打ち落とす) = 쳐서 떨어뜨리다
うちかえす(打ち返す) = 반격하다

うちきる(打ち切る) = 중단하다

うちくずす(打ち崩す) = 쳐부수다

うちくび(打ち首) = 참수

うちけす(打ち消す) = 부정하다

うちこむ(打ち込む) = 박아넣다

うちころす(打ち殺す) = 때려죽이다

うちこわす(打ち壊す) = 때려부수다

うちしずむ(打ち沈む) = 풀이 죽다

うちすえる(打ち据える) = 때려눕히다

うちすてる(打ち捨てる) = 내버려두다

うちたてる(打ち立てる) = 수립하다

うちつける(打ち付ける) = 부딪치다

うちつづく(打ち続く) = 죽 계속되다

うちつれる(打ち連れる) = 동반하다

うちとける(打ち解ける) = 마음을 터놓다

うちはらう(打ち払う) = 털다

うちみる(打ち見る) = 얼핏 보다

うちやぶる(打ち破る) = 타파하다

## ✦ 감각 돋보기

일본인은 끈을 '꼬다', 물을 '뿌리다', 파업을 '하다', 국수를 '뽑다', 헌 솜을 '타다' 등의 표현에도 うつ(打つ)를 사용합니다. 한국어와 감각이 다르다는 것을 알 수 있습니다.

≪꼬다≫

おをうつ(緒を打つ) = 끈을 꼬다
ひもをうつ(紐を打つ) = 끈으로 엮다

≪뿌리듯이 던지다≫

にわにみずをうつ(庭に水を打つ) = 뜰에 물을 뿌리다
みずをうったようなしずかさ(水を打ったような静かさ)
= 물을 끼얹은 듯한 고요함

≪어떤 행위를 하다≫

にげをうつ(逃げを打つ) = 도망치다
ストをうつ(ストを打つ) = 파업을 하다
しばいをうつ(芝居を打つ) = 흥행하다

≪뽑다 ; 펴다≫

そばをうつ(蕎麦を打つ) = 메밀국수를 뽑다
ふるわたをうつ(古綿を打つ) = 헌 솜을 타다
きんぱくをうつ(金箔を打つ) = 금박을 얇게 두드려 펴다


❷ ぬく(抜く)는 '뽑다' '빼다'는 뜻입니다. '선발하다' '제거하다' '줄이다' '앞지르다' '제치다' '끝까지 해내다' '몹시 ~ 하다' 등의 한국어로 옮길 수 있는 말입니다.


≪뽑아내다≫

かたなをぬく(刀を抜く) = 칼을 빼다
くぎをぬく(釘を抜く) = 못을 빼다

かたにぬく(型に抜く) = 형틀에 끼워서 뽑아내다
ようしをぬく(要旨を抜く) = 요지를 뽑아내다
あしをぬく(足を抜く) = 발을 빼다(나쁜 일에서 손을 떼다)

かたのちからをぬく(肩の力を抜く) = 어깨의 힘을 빼다

しなものをぬく(品物を抜く) = 물건을 훔치다
ひとのさいふをぬく(人の財布を抜く) = 남의 지갑을 훔치다

≪선발하다 ; 골라 뽑다≫

せんしゅをぬく(選手を抜く) = 선수를 선발하다
よさそうなのをぬく(良さそうなのを抜く) = 좋을 듯한 것을 골라 뽑다
わるいせいひんをぬく(悪い製品を抜く) = 나쁜 제품을 골라내다

≪제거하다≫

ざっそうをぬく(雑草を抜く) = 잡초를 뽑다
はをぬく(歯を抜く) = 이빨을 뽑다

しみをぬく(染みを抜く) = 얼룩을 빼다
どくけをぬく(毒気を抜く) = 독기를 빼다

ほねをぬく(骨を抜く) = 뼈를 바르다 (핵심 부분을 빼버리다)
めいぼからぬく(名簿から抜く) = 명부에서 빼다

≪덜다 ; 줄이다≫

しごとのてをぬく(仕事の手を抜く) = 일손을 덜다

ちょうしょくをぬく(朝食を抜く) = 아침밥을 거르다

せつめいをぬく(説明を抜く) = 설명을 생략하다

≪관용구 ; 합성어≫

ぬきがき(抜き書き) = 초록

ぬきさる(抜き去る) = 앞지르다

ぬきだす(抜き出す) = 골라내다

ぬきとる(抜き取る) = 뽑아내다

ぬきんでる(抜きん出る) = 뛰어나다

ぬけあな(抜け穴) = 빠져나갈 수 있는 구멍

ぬけおち(抜け落ち) = 누락

ぬけがら(抜け殻) = 빈껍질

ぬけみち(抜け道) = 샛길

ぬけめ(抜け目) = 빈 틈

## 감각 돋보기

일본인은 적진을 '공략하다', 상대방을 '앞지르다', 누구를 '제치다' '끝까지 해내다', '몹시 ~ 하다' 등의 표현에도 ぬく(抜く)라는 말을 사용합니다.

≪공략하다≫

しろをぬく(城を抜く) = 성을 함락시키다
てきじんをぬく(敵陣を抜く) = 적진을 공략하다

≪앞지르다 ; 넘다≫

あいてをぬく(相手を抜く) = 상대방을 앞지르다
まえのくるまをぬく(前の車を抜く) = 앞차를 앞지르다
せんしんこくをぬく(先進国を抜く) = 선진국을 앞지르다

せんぱいをぬいてしょうしんする(先輩を抜いて昇進する)
= 선배를 제치고 승진하다
すいじゅんをぬく(水準を抜く) = 수준을 넘다

≪끝까지 해내다≫

よみぬく(読み抜く) = 독파하다
はしりぬく(走り抜く) = 끝까지 달리다
いきぬく(生き抜く) = 끝까지 살아가다

≪몹시 ~하다≫

こまりぬく(困り抜く) = 몹시 난처하다
くろうしぬく(苦労し抜く) = 몹시 고생하다
しりぬく(知り抜く) = 속속들이 알다

❸ たたむ(畳む)는 '접다' '개다'는 뜻입니다. 한국어와 거의 같은 감각으로 쓰입니다.

≪접다≫

かさをたたむ(傘を畳む) = 우산을 접다
せんすをたたむ(扇子を畳む) = 부채를 접다

かみをよっつにたたむ(紙を四つに畳む) = 종이를 넷으로 접다

とりがはねをたたむ(鳥が羽を畳む) = 새가 날개를 접다

≪개다≫

ふとんをたたむ(布団を畳む) = 이불을 개다

きものをたたむ(着物を畳む) = 옷을 개다

やぐをたたむ(夜具を畳む) = 침구를 개다

≪걷어치우다≫

みせをたたむ(店を畳む) = 가게를 걷어치우다(폐업하다)

しょたいをたたむ(所帯を畳む) = 살림을 걷어치우다

≪속에 간직하다≫

むねにたたむ(胸に畳む) = 가슴속에 간직하다

ひみつをむねにたたんでおく(秘密を胸に畳んで置く)
= 비밀을 마음속에 간직해 두다

 **kotoba**

とあみ(投網) = 투망
しんて(新手) = 새로운 수
せんて(先手) = 선수
くい(杭) = 말뚝
ふい(不意) = 불의
ご(碁) = 바둑
はなふだ(花札) = 화투
しばい(芝居) = 연극
わた(綿) = 솜
きんぱく(金箔) = 금박
ちゅうしゃ(注射) = 주사
しゅうしふ(終止符) = 종지부
ばんごう(番号) = 번호

しなもの(品物) = 물건
かた(型) = 형틀
ようし(要旨) = 요지
せいひん(製品) = 제품
しみ(染み) = 얼룩
どくけ(毒気) = 독기
めいぼ(名簿) = 명부
せんしんこく(先進国) = 선진국
しょうしん(昇進) = 승진
すいじゅん(水準) = 수준
くろう(苦労) = 고생
やぐ(夜具) = 침구
しょたい(所帯) = 살림

くずす(崩す) = 부수다
たてる(立てる) = 세우다
つける(付ける) = 붙이다
つづく(続く) = 계속되다

つれる(連れる) = 동반하다
とける(解ける) = 풀다
はらう(払う) = 지불하다
こまる(困る) = 난처하다

# CHAPTER 21

## 떨어뜨리고, 줍고, 놀고, 끄고

❶ おとす(落とす)는 '떨어뜨리다'는 뜻입니다. '놓치다' '잃다' '잃어버리다' '줄이다' '낮추다' '실추하다' '빠뜨리다' '실망하다' 등의 한국어로 옮길 수 있는 말입니다.

《떨어뜨리다》

にかいからいしをおとす(二階から石を落とす)
= 이층에서 돌을 떨어뜨리다
じめんにおとす(地面に落とす) = 땅에 떨어뜨리다

とぶとりをおとすいきおい(飛ぶ鳥を落とす勢い)
= 나는 새를 떨어뜨릴 기세
なみだをおとす(涙を落とす) = 눈물을 떨어뜨리다(흘리다)

≪놓치다≫

おもちゃをおとす(玩具をを落とす) = 장난감을 놓치다
だいぎょをつりおとす(大漁を釣り落とす) = 대어를 낚다 놓치다

≪잃어버리다≫

まんねんひつをおとす(万年筆を落とす) = 만년필을 잃어버리다
さいふをおとす(財布を落とす) = 지갑을 잃어버리다

≪떨다 ; 내리다≫

かぜがはなをおとす(風が花を落とす) = 바람이 꽃을 떨어뜨리다
ぶっかをおとす(物価を落とす) = 물가를 떨어뜨리다
せいせきがわるいのでおとす(成績が悪いので落とす)
= 성적이 나빠서 떨어뜨리다

≪낮추다 ; 줄이다 ; 끄다≫

ひをおとす(火を落とす) = 불을 줄이다(끄다)
せいさんをおとす(生産を落とす) = 생산을 줄이다
そくりょくをおとす(速力を落とす) = 속력을 줄이다

こえをおとす(声を落とす) = 목소리를 낮추다
おんていをおとす(音程を落とす) = 음정을 낮추다

≪실추하다 ; 낮추다≫

いしんをおとす(威信を落とす) = 위신이 깎이다
ひょうばんをおとす(評判を落とす) = 평판을 떨어뜨리다

しつをおとす(質を落とす) = 질을 떨어뜨리다
くらいをおとす(位を落とす) = 지위를 떨어뜨리다

≪잃다≫

じこでいのちをおとす(事故で命を落とす) = 사고로 목숨을 잃다
にんきをおとす(人気を落とす) = 인기를 잃다

しんようをおとす(信用を落とす) = 신용을 잃다
ちからをおとす(力を落とす) = 힘을 잃다

≪빠뜨리다≫

めいぼからなまえをおとす(名簿から名前を落とす)
= 명부에서 이름을 빠뜨리다
さいもくをおとす(細目を落とす) = 세목을 빠뜨리다

いいおとす(言い落とす) = 할 말을 빼먹다
みおとす(見落とす) = 못보다

≪나쁜 데에 빠지게 하다≫

わなにおとす(罠に落とす) = 함정에 빠뜨리다
くきょうにおとす(苦境に落とす) = 곤경에 빠뜨리다
つみにおとす(罪に落とす) = 죄를 씌우다

≪실망하다≫

きをおとす(気を落とす) = 낙심하다
げんきをおとす(元気を落とす) = 풀이 죽다

かたをおとす(肩を落とす) = 어깨가 쳐지다

≪관용구 ; 합성어≫

おとしあな(落とし穴) = 함정
おとしがみ(落とし紙) = 화장지
おとしもの(落とし物) = 분실물

### ✱ 감각 돋보기

일본인은 쥐나 닭을 '잡다', 때를 '씻다', 얼룩을 '빼다', 손톱이나 수염을 '깎다' 등의 표현에도 おとす(落とす)라는 말을 씁니다.

≪잡다 ; 죽이다≫

にわとりをおとす(鶏を落とす) = 닭을 잡다
ねずみをおとしにかける(鼠を落としに掛ける) = 쥐를 덫으로 잡다

≪씻다 ; 깎다≫

あかをおとす(垢を落とす) = 때를 씻다
しみをおとす(染みを落とす) = 얼룩을 빼다

つめをおとす(爪を落とす) = 손톱을 깎다
あごひげをおとす(顎髭を落とす) = 턱수염을 깎다


❷ ひろう(拾う)는 '줍다'는 뜻입니다. '골라내다' '취하다'라는 뜻으로 쓰이기도 합니다. 택시를 '잡아타다'라고 할 때의 감각은 한국어와 전혀 다릅니다.


≪줍다≫

さいふをひろう(財布を拾う) = 돈지갑을 줍다
みちばたでかねをひろう(道端で金を拾う) = 길바닥에서 돈을 줍다
おとしものをひろう(落し物を拾う) = 흘린 물건을 줍다

おちぼをひろう(落ち穂を拾う) = 이삭을 줍다

とりがえさをひろう(鳥が餌を拾う) = 새가 모이를 주워 먹다

≪골라내다 ; 취하다≫

かつじをひろう(活字を拾う) = 활자를 뽑다
じんざいをひろう(人材を拾う) = 인재를 발탁하다

かさくをひろう(佳作を拾う) = 가작을 골라내다
ちょうしょをひろう(長所を拾う) = 장점을 취하다

### ❈ 감각 돋보기

일본인은 목숨을 '건지다', 승리를 '거두다' 택시를 '잡아타다' 등의 표현에도 ひろう(拾う)라는 말을 씁니다. 목숨을 '줍다', 택시를 '줍다'라고 번역하면 안 되겠지요?

≪건지다 ; 얻다≫

いのちをひろう(命を拾う) = (위험에서) 목숨을 건지다
かちをひろう(勝ちを拾う) = (뜻밖의) 승리를 거두다

≪차를 타거나 태우다≫

タクシーをひろう(タクシーを拾う) = 택시를 잡아타다
きゃくをひろう(客を拾う) = 손님을 태우다

❸ あそぶ(遊ぶ)는 '놀다'라는 뜻입니다. あそぶ에는 '특별한 일 없이 쉬다', '쓰이지 않고 있다', '노닐다', '유람하다', 심지어 '유학하다' 등의 뜻이 포함되어 있습니다.

≪놀다 ; 놀이를 하다≫

ともとあそぶ(友と遊ぶ) = 친구와 놀다
そとであそぶ(外で遊ぶ) = 밖에서 놀다
おもてであそぶ(表で遊ぶ) = 집 앞에서 놀다
やきゅうをしてあそぶ(野球をして遊ぶ) = 야구를 하고 놀다
よくあそび、よくまなべ(良く遊び、良く学べ)
= 열심히 놀고, 열심히 공부해라
どうろであそんではいけない(道路で遊んではいけない)
= 도로에서 놀면 안 된다

≪일없이 쉬다≫

こうじょうをやめてあそんでいる(工場を止めて遊んでいる)
= 공장을 그만두고 놀고 있다
にねんあそんでしんがくした(二年遊んで進学した)
= 2년 놀다가 진학했다

≪쓰이지 않고 있다≫

ひろいとちがあそんでいる(広い土地が遊んでいる)
= 넓은 땅이 놀고 있다

ふきょうできかいがあそんでいる(不況で機械が遊んでいる)
= 불황으로 기계가 놀고 있다
あそんでいるかね(遊んでいる金) = 놀고 있는 돈(안 쓰고 있는 돈)


≪노닐다 ; 유람하다≫

しぜんをともとしてあそぶ(自然を友として遊ぶ)
= 자연을 벗 삼아 노닐다
しぜんのきょうにあそぶ(自然の境に遊ぶ)
= 자연의 경지에서 노닐다


きょうとであそぶ(京都で遊ぶ) = 교토를 유람하다
ならであそぶ(奈良で遊ぶ) = 나라를 유람하다

≪유학하다≫

ロンドンにあそぶ(ロンドンに遊ぶ) = 런던에 유학하다
ふくざわせんせいのもんにあそぶ(福沢先生の門に遊ぶ)
= 후쿠자와 선생의 문하에서 공부하다

❹ けす(消す) '끄다'는 뜻입니다. '끄다'에서 '없애다', '지우다', '제거하다'의 뜻이 나왔습니다.

≪끄다≫

かじをけす(火事を消す) = 불을 끄다
でんとうをけす(電灯を消す) = 전등을 끄다
テレビをけす(テレビを消す) = 텔레비전을 끄다

≪없애다 ; 지우다≫

つやをけす(艶を消す) = 광택을 지워 없애다
ろくおんをけす(録音を消す) = 녹음을 지우다
こくばんのじをけす(黒板の字を消す) = 칠판의 글씨를 지우다

≪제거하다≫

どくをけす(毒を消す) = 독을 제거하다
あくしゅうをけす(悪臭を消す) = 악취를 제거하다
じゃまものをけす(邪魔者を消す) = 방해자를 없애다
うわさをけす(噂を消す) = 소문을 없애다

 **kotoba**

おもちゃ(玩具) = 장난감
だいぎょ(大漁) = 대어
ぶっか(物価) = 물가
せいせき(成績) = 성적
そくりょく(速力) = 속력
ひんしつ(品質) = 품질
いしん(威信) = 위신
ひょうばん(評判) = 평판
くらい(位) = 지위
さいもく(細目) = 세목
わな(罠) = 함정
くきょう(苦境) = 곤경
あごひげ(顎髭) = 턱수염

みちばた(道端) = 길바닥
おちぼ(落ち穂) = 이삭
かさく(佳作) = 가작
ちょうしょ(長所) = 장점
こうじょう(工場) = 공장
ふきょう(不況) = 불황
きかい(機械) = 기계
でんとう(電灯) = 전등
つや(艶) = 광택
ろくおん(録音) = 녹음
こくばん(黒板) = 칠판
あくしゅう(悪臭) = 악취
じゃまもの(邪魔者) = 방해자

# CHAPTER 22

# 일하고, 힘쓰고, 벌고, 이루고, 끝맺고

❶ はたらく(働く)는 '일하다' '활동하다'는 뜻입니다. '활동하다'에서 '작용하다' '효과를 내다'는 말이 나왔습니다.

≪일하다≫

　よくはたらくひと(良く働く人) = 일 잘하는 사람
　こうじょうではたらく(工場で働く) = 공장에서 일하다
　たのしくはたらく(楽しく働く) = 즐겁게 일하다

≪활동하다 ; 움직이다≫

あたまがはたらく(頭が働く) = 머리가 잘 움직이다(센스가 빠르다)
ちえがはたらく(知恵が働く) = 지혜가 작용하다

≪작용하다≫

いんりょくがはたらく(引力が働く) = 인력이 작용하다
りせいがはたらく(理性が働く) = 이성이 작용하다

≪효과를 내다≫

くすりがはたらく(薬が働く) = 약이 효력을 내다
だんぼうそうちがはたらく(暖房装置が働く) = 난방장치가 작동하다

### ✵ 감각 돋보기

일본인은 '나쁜 짓을 하다'라는 표현에도 はたらく(働く)를 씁니다.

ぬすみをはたらく(盗みを働く) = 도둑질을 하다
あくじをはたらく(悪事を働く) = 못된 짓을 하다
さぎをはたらく(詐欺を働く) = 사기를 치다
らんぼうをはたらく(乱暴を働く) = 난폭하게 굴다


❷ はげむ(励む)는 '힘쓰다'는 뜻입니다. 한국어와 같은 감각으로 쓰입니다.


しごとにはげむ(仕事に励む) = 일에 힘쓰다
けんきゅうにはげむ(研究に励む) = 연구에 힘쓰다
せっせとちょきんにはげむ(せっせと貯金に励む)
= 부지런히 저금에 힘쓰다

❸ かせぐ(稼ぐ)는 '벌다'는 뜻입니다. 한국어와 거의 같은 감각으로 쓰입니다.

がくひをかせぐ(学費を稼ぐ) = 학비를 벌다
あらしごとをしてかせぐ(荒仕事をして稼ぐ) = 막일을 해서 돈을 벌다
ちとあせをながしてかせぐ(血と汗を流して稼ぐ)
= 피와 땀을 흘려 벌다

じかんをかせぐ(時間を稼ぐ) = 시간을 벌다
てんすうをかせぐ(点数を稼ぐ) = 점수를 따다
うわやくのてんをかせぐ(上役の点を稼ぐ)
= 상사의 점수를 따다(눈에 들다)

❹ なす(成す)는 '이루다'는 뜻입니다. '이루다'에서 '달성하다', '변화시키다'라는 말이 나왔습니다. 한국어와 같은 감각으로 쓰입니다.

≪만들다≫

えんをなす(円を成す) = 원을 이루다

しゃかいをなす(社会を成す) = 사회를 이루다

むれをなす(群れをなす) = 무리를 이루다

かたちをなす(形を成す) = 형체를 이루다

さんをなす(産を成す) = 재산을 이루다

たいをなす(体を成す) = 체제를 이루다

≪달성하다≫

なをなす(名を成す) = 이름을 이루다

こころざしをなす(志を成す) = 뜻을 이루다

だいをなしたひと(大を成した人) = 크게 성공한 사람

なせばなす(成せば成す) = 하면 된다

≪변화시키다≫

わざわいをてんじてふくとなす(災いを転じて福と成す)
= 전화위복하다

けいみょうにいいなす(軽妙に言い成す) = 재치 있게 말하다

いろをなす(色を成す) = 성내서 안색이 변하다(정색하다)

❺ とげる(遂げる)는 '성취하다'는 뜻입니다. とげる에는 '마치다' '죽다'라는 뜻도 내포되어 있습니다.


≪얻다 ; 성취하다≫

ゆうしょうをとげる(優勝を遂げる) = 우승을 하다
なをとげる(名を遂げる) = 이름을 얻다

もくてきをとげる(目的を遂げる) = 목적을 이루다
ほんもうをとげる(本望を遂げる) = 소망을 이루다
おもいをとげる(思いを遂げる) = 뜻을 이루다


≪마치다 ; 죽다≫

ひそうなさいごをとげる(悲壮な最期を遂げる) = 비장한 최후를 마치다
せんしをとげる(戦死を遂げる) = 전사하다


❻ しあげる(仕上げる)는 '일을 끝내다' '마무르다' '성취하다'는 뜻입니다.

≪일을 끝내다≫

にじまでにしあげる(二時までに仕上げる) = 2시까지 일을 끝내다
たんじじつでしあげる(短時日で仕上げる) = 단시일에 마무리하다
ひといきでしあげる(一息で仕上げる) = 단숨에 마무리하다

≪성취하다≫

くろうしてしあげる(苦労して仕上げる) = 고생하여 완성하다
ようようしあげる(漸う仕上げる) = 가까스로 완성하다
どくりょくでしあげたひと(独力で仕上げた人) = 자수성가한 사람

❼ きめる(決める)는 '정하다' '매듭짓다'는 뜻입니다. 한국어와 같은 감각으로 쓰입니다.

≪결정하다≫

ほうしんをきめる(方針を決める) = 방침을 정하다
たいどをきめる(態度を決める) = 태도를 정하다
とうばんをきめる(当番を決める) = 당번을 정하다

じゃんけんでおにをきめる(じゃん拳で鬼を決める)
= 가위바위보로 술래를 정하다

≪작정하다 ; 약속하다≫

かのじょとけっこんすることにきめた(彼女と結婚することに決めた)
= 그녀와 결혼하기로 작정했다
よるじゅうじにねることにきめた(夜十時に寝ることに決めた)
= 밤 열시에 자기로 정했다
あしたくることにきめる(明日来ることに決める)
= 내일 오기로 약속하다

≪~하는 것으로 생각하고 있다≫

かつときめている(勝つと決めている) = 이기는 것으로 생각하고 있다
あそぶものときめている(遊ぶものと決めている)
= 노는 것으로 생각하고 있다

≪끝맺다≫

はなしをきめる(話を決める) = 이야기를 매듭짓다
いっきょにしょうぶをきめる(一挙に勝負を決める)

= 일거에 승부를 결판내다

うでをきめるわざ(腕を決める技) = (유도) 팔을 꺾어 누르는 기술

 **kotoba**

ちえ(知恵) = 지혜
いんりょく(引力) = 인력
だんぼう(暖房) = 난방
さぎ(詐欺) = 사기
らんぼう(乱暴) = 난폭
ちょきん(貯金) = 저금
がくひ(学費) = 학비
てんすう(点数) = 점수
うわやく(上役) = 상사
こころざし(志) = 뜻
わざわい(災い) = 재앙

けいみょう(軽妙) = 경묘
ゆうしょう(優勝) = 우승
ほんもう(本望) = 소망
ひそう(悲壮) = 비장
さいご(最期) = 최후
たんじじつ(短時日) = 단시일
ひといき(一息) = 단숨
どくりょく(独力) = 혼자 힘
とうばん(当番) = 당번
いっきょ(一挙) = 일거
しょうぶ(勝負) = 승부

たのしい(楽しい) = 즐겁다
ねる(寝る) = 자다

# CHAPTER 23

# 기다리고, 다가가고, 맡고, 떠나고, 되돌리고

❶ まつ(待つ)는 '기다리다'는 뜻입니다. 한국어와 같은 감각으로 쓰입니다.

≪기다리다 ; 바라다≫

はるをまつ(春を待つ) = 봄을 기다리다
きかいをまつ(機会を待つ) = 기회를 기다리다
はっぴょうをまつ(発表を待つ) = 발표를 기다리다
ちちのかえりをまつ(父の帰りを待つ)

= 아버지가 돌아오기를 기다리다

≪맞이하다 ; 연기하다≫

きゃくをまつ(客を待つ) = 손님을 기다리다
でんしゃをまつ(電車を待つ) = 전철을 기다리다
あといちにちまつ(後一日待つ) = 하루 더 기다리다

≪관용구 ; 합성어≫

まちあう(待ち合う) = 서로 기다리다
まちあかす(待ち明かす) = 밤새 기다림
まちあぐむ(待ち倦む) = 기다림에 지치다
まちあわせる(待ち合わせる) = 만나기로 하다
まちうける(待ち受ける) = 오기를 기다리다
まちかねる(待ち兼ねる) = 더 기다릴 수 없다
まちこがれる(待ち焦がれる) = 애타게 기다리다
まちどおしい(待ち遠しい) = 오래 기다리다
まちぶせる(待ち伏せる) = 매복해 기다리다
まちわびる(待ち侘びる) = 고대하다

### ✦ 감각 돋보기

일본인은 '기대하다'라는 말에도 まつ(待つ)를 씁니다. 한국어 감각과 묘하게 다릅니다.

きみのどりょくにまつ(君の努力に待つ) = 그대의 노력에 기대하다
こんごのけんきゅうにまつ(今後の研究に待つ)
= 금후의 연구에 기대하다
きみのりょうしきにまつ(君の良識に待つ) = 그대의 양식에 기대하다


❷ よる(寄る)는 '다가가다'는 뜻입니다. 잠깐 '들르다', 파도가 '밀리다', 한쪽으로 '치우치다', 벽에 '기대다', 옆으로 '비키다' 등의 한국어로 옮길 수 있는 말입니다.


≪접근하다≫

ふねがきしによる(船が岸に寄る) = 배가 해안에 접근하다
ひとのそばによる(人の側に寄る) = 남의 곁에 다가가다

ちかくよる(近く寄る) = 가까이 다가가다

≪들르다≫

かえりによる(帰りに寄る) = 돌아오는 길에 들르다
とおりがけによる(通り掛けに寄る) = 지나는 길에 들르다
さんぽのついでにふらっとよる(散歩の序でにふらっと寄る)
= 산책하는 길에 불쑥 들르다

≪밀리다 ; 치우치다≫

なみによる(波に寄る) = 파도가 밀리다
しそうがみぎによっている(思想が右に寄っている)
= 사상이 우경화되어 있다

≪의지하다 ; 비키다≫

かべによる(壁に寄る) = 벽에 기대다
わきによってください(脇に寄って下さい) = 옆으로 비켜주세요
どうろのみぎがわによる(道路の右側に寄る)
= 도로의 우측으로 비키다

### ✡ 감각 돋보기

일본인은 주름이 '많아지다' 나이가 '들다'라고 할 때도 よる(寄る)라는 단어를 씁니다.

しわがよる(皺が寄る) = 구김살이 지다
めじりにこじわがよる(目尻に小皺が寄る) = 눈가에 잔주름이 잡히다

としがよる(年が寄る) = 나이가 들다
よるとしなみにはかてない(寄る年波には勝てない)
= 드는 나이는 어쩔 수 없다


❸ あずかる(預かる)는 '맡다'는 뜻입니다. 한국어와 거의 같은 감각으로 쓰입니다.


≪보관하다≫

にもつをあずかる(荷物を預かる) = 짐을 맡다
きちょうひんをあずかる(貴重品を預かる) = 귀중품을 맡다

ぎんこうにおかねをあずかっておく(銀行にお金を預かっておく)
= 은행에 돈을 보관해 둔다

≪책임을 맡다≫

ちょうぼをあずかる(帳簿を預かる) = 회계 일을 맡다
だいどころをあずかる(台所を預かる) = 부엌살림을 맡다
こどもをあずかる(子供を預かる) = 아이를 맡다
ごねんせいをあずかる(5年生を預かる) = 5학년 담임을 맡다
へいしのせいめいをあずかる(兵士の生命を預かる)
= 병사의 생명을 책임지다

≪보류하다≫

しょうぶをあずかる(勝負を預かる) = 승부의 판정을 보류하다
ひひょうはしばらくあずかる(批評は暫く預かる)
= 비평은 잠시 보류한다
じひょうはあずかっておく(辞表は預かって置く)
= 사표는 맡아 두겠다

❹ さる(去る)는 '떠나다'는 뜻입니다. '지나가다' '끝나다' '떨어져

있다' '멀리하다' '완전히 ~ 하다'라는 한국어로 표현할 수 있는 단어입니다.

≪떠나다≫

こきょうをさる(故郷を去る) = 고향을 떠나다
ぶたいをさる(舞台を去る) = 무대를 떠나다
しょくをさる(職を去る) = 직장을 그만두다
よをさる(世を去る) = 세상을 떠나다

≪지나가다 ; 끝나다≫

なつがさる(夏が去る) = 여름이 지나가다
ききがさる(危機が去る) = 위기가 지나다
さむさがさる(寒さが去る) = 추위가 끝나다
いたみがさる(痛みが去る) = 아픔이 가시다

≪떨어져 있다≫

きたにさるごキロのち(北に去る五キロの地)
= 북쪽으로 5킬로 떨어진 땅

いまをさることじゅうねん(今を去る事十年) = 지금으로부터 10년 전
さるついたちのよる(去る一日の夜) = 지난 초하룻날 밤

≪멀리하다≫

あくゆうをさる(悪友を去る) = 나쁜 친구를 멀리하다
つまをさる(妻を去る) = 아내를 멀리하다(이혼하다)
おごりのこころをさる(傲りの心を去る) = 오만한 마음을 없애다

≪완전히 ~ 하다≫

ぬきさる(抜き去る) = 뽑아버리다
すてさる(捨て去る) = 버려버리다
きえさる(消え去る) = 사라져버리다
ほうむりさる(葬り去る) = 묻어버리다

❺ もどる(戻る)는 '되돌아가다'는 뜻입니다. 한국어와 같은 감각으로 쓰입니다.

せきにもどる(席に戻る) = 자리로 되돌아오다

いぜんにもどる(以前に戻る) = 이전 상태로 되돌아가다
じっかにもどる(実家に戻る) = 친정으로 돌아가다
よりがもどる(縒りが戻る) = 본래의 관계로 되돌아가다

❻ もどす(戻す)는 '되돌리다' '갚다'는 뜻입니다.

かりたかねをもどす(借りた金を戻す) = 꾼 돈을 갚다
はくしにもどす(白紙に戻す) = 백지로 돌리다
くるまをすこしもどす(車を少し戻す) = 차를 조금 뒤로 물리다
とけいをいちじかんもどす(時計を一時間戻す)
= 시계를 1시간 뒤로 돌리다
くすりをもどす(薬を戻す) = 약을 토하다

 **kotoba**

きかい(機会) = 기회
はっぴょう(発表) = 발표
こんご(今後) = 금후
りょうしき(良識) = 양식
しわ(皺) = 주름
きちょうひん(貴重品) = 귀중품
だいどころ(台所) = 부엌
ひひょう(批評) = 비평

しばらく(暫く) = 잠시
じひょう(辞表) = 사표
きき(危機) = 위기
いたみ(痛み) = 아픔
あくゆう(悪友) = 악우
じっか(実家) = 친정
はくし(白紙) = 백지
くすり(薬) = 약

あぐむ(倦む) = ~하다 지치다
こがれる(焦がれる) = 애태우다
ふせる(伏せる) = 엎드리다

ぬく(抜く) = 뽑다
きえる(消える) = 사라지다
ほうむる(葬る) = 묻다

# CHAPTER 24

# 달아나고, 좇고, 막고, 비난하고, 공격하고

❶ にげる(逃げる)는 '달아나다'는 뜻입니다. '달아나다'에서 '회피하다'라는 뜻이 파생되었습니다.

≪도망치다≫

あわててにげる(慌てて逃げる) = 당황해서 달아나다
ほうほうのていでにげる(這々の体で逃げる) = 허둥지둥 달아나다
けいむしょからにげる(刑務所から逃げる) = 교도소에서 도망하다

≪회피하다≫

せきにんからにげる(責任から逃げる) = 책임을 회피하다
いやなしごとをにげる(嫌な仕事を逃げる) = 싫은 일을 피하다
にげるてはひとつしかない(逃げる手は一つしかない)
= 빠져나갈 방법은 하나밖에 없다

≪관용구 ; 합성어≫

にげおくれる(逃げ遅れる) = 도망칠 기회를 잃다
にげおちる(逃げ落ちる) = 무사히 도망치다
にげぐち(逃げ口) = 도망갈 구멍
にげごし(逃げ腰) = 도망치려는 태도
にげだす(逃げ出す) = 도망가다
にげのびる(逃げ延びる) = 도망쳐 피하다
にげまわる(逃げ回る) = 여기저기 도망쳐 다니다

❷ のがれる(逃れる)는 '도망하다' '벗어나다'는 뜻입니다. 한국어와 같은 감각으로 쓰입니다.

≪도망하다≫

こくがいにのがれる(国外に逃れる) = 국외로 도망하다
てきのてをのがれる(敵の手を逃れる) = 적으로부터 도망하다

≪면하다 ; 벗어나다≫

なんをのがれる(難を逃れる) = 어려움을 벗어나다
ここうをのがれる(虎口を逃れる) = 호구를 벗어나다
わざわいをのがれる(災いを逃れる) = 재난을 벗어나다
せきにんをのがれる(責任を逃れる) = 책임을 면하다

❸ おう(追う)는 '좇다'는 뜻입니다. '뒤따르다', 전례를 '따르다', '추구하다', '물리치다', 말을 '몰다' 등의 한국어 표현이 가능한 말입니다.

≪뒤따르다≫

ちちのあとをおう(父の後を追う) = 아버지의 뒤를 좇다
ながれをおう(流れを追う) = 흐름을 좇다
りゅうこうをおう(流行を追う) = 유행을 따르다

≪순서・전례를 따르다≫

じゅんをおう(順を追う) = 차례를 따르다
せんれいをおう(先例を追う) = 전례를 따르다
にっていをおう(日程を追う) = 일정에 따르다
ひをおってあっかする(日を追って悪化する) = 나날이 악화하다

≪추구하다≫

せんじんのあとをおう(先人の跡を追う) = 선인의 발자취를 좇다
りそうをおう(理想を追う) = 이상을 추구하다

≪물리치다≫

はえをおう(蠅を追う) = 파리를 쫓다
ちいをおう(地位を追う) = 지위에서 내쫓다
こうしょくをおわれる(公職を追われる) = 공직에서 쫓겨나다

≪뒤쫓다≫

どろぼうをおう(泥棒を追う) = 도둑을 뒤쫓다
かんこくをおうにほん(韓国を追う日本)

= (축구에서) 한국을 뒤쫓는 일본

≪몰다 ; 몰아치다≫

こえをかけてうしをおう(声を掛けて牛を追う)
= 소리를 질러 소를 몰다
まいにちのしごとにおわれる(毎日の仕事に追われる)
= 매일 하는 일에 쫓기다

≪관용구 ; 합성어≫

おいうつ(追い討つ) = 추격하다
おいおとす(追い落とす) = 쫓아버리다
おいかえす(追い返す) = 물리치다
おいかける(追い掛ける) = 뒤쫓아가다
おいかぜ(追い風) = 순풍
おいかわ(追川) = 피라미
おいこし(追い越し) = 추월
おいだす(追い出す) = 몰아내다
おいつかう(追い使う) = 혹사하다
おいつく(追い付く) = 따라잡다
おいて(追い手) = 추격자

おいはらう(追い払う) = 내쫓다

❹ ふせぐ(防ぐ)는 '막다'는 뜻입니다. 한국어와 같은 감각으로 쓰입니다.

≪방어하다≫

こうげきをふせぐ(攻撃を防ぐ) = 공격을 막다
しんりゃくをふせぐ(侵略を防ぐ) = 침략을 막다

≪미리 저지하다≫

すいがいをふせぐ(水害を防ぐ) = 수해를 막다
でんせんをふせぐ(伝染を防ぐ) = 전염을 막다
あめかぜをふせぐ(雨風を防ぐ) = 비바람을 막다
にしびをふせぐ(西日を防ぐ) = 석양볕을 가리다

❺ ふさぐ(塞ぐ)는 '막다' '가리다'는 뜻입니다. '틀어막다', '가리다', '닫다', '메우다', '가로막다', '차지하다' 등의 한국어로 옮길 수 있는 말입니다.

≪틀어막다 ; 가리다≫

かみですきまをふさぐ(紙で隙間を塞ぐ) = 종이로 틈을 막다
かぜをふさぐ(風を塞ぐ) = 바람을 막다
みみをふさぐ(耳を塞ぐ) = 귀를 막다

≪닫다 ; 가리다≫

めをふさぐ(目を塞ぐ) = 눈을 가리다
くちをふさぐ(口を塞ぐ) = 입을 다물다
もんをふさぐ(門を塞ぐ) = 문을 닫다

≪가로막다 ; 메우다≫

みちをふさぐ(道を塞ぐ) = 길을 막다
じかんをふさぐ(時間を塞ぐ) = 시간을 채우다
あなをふさぐ(穴を塞ぐ) = 구멍을 메우다

でいりぐちをふさぐ(出入口を塞ぐ) = 출입구를 막다

≪차지하다≫

ばをふさぐ(場を塞ぐ) = 자리를 차지하다
せきをふさぐ(席を塞ぐ) = 자리를 잡다

❻ ふさがる(塞がる)는 '막히다' '닫히다' '차다' 등 다양한 뜻으로 쓰입니다.

≪메다≫

いきがふさがる(息が塞がる) = 숨이 막히다
むねがふさがる(胸が塞がる) = 가슴이 메다
どろでくだがふさがる(泥で管が塞がる) = 진흙으로 관이 막히다

≪닫히다≫

とがふさがる(戸が塞がる) = 문이 닫히다
あいたくちがふさがらない(開いた口が塞がらない)

= 열린 입이 다물어지지 않다

ねむくてめがふさがる(眠くて目が塞がる) = 졸려서 눈이 감기다

≪차다≫

へやがふさがる(部屋が塞がる) = 방이 차다(비어있지 않다)
てがふさがる(手が塞がる) = 손이 나지 않다(일손이 바쁘다)
せんやくでふさがっている(先約で塞がっている) = 선약으로 차 있다
でんわがふさがっている(電話が塞がっている) = 통화중이다

❼ せめる(責める)는 '나무라다'는 뜻입니다. '시달리다' '길들이다' '조르다'는 뜻의 한국어로 옮길 수 있습니다.

≪비난하다≫

みずからをせめる(自らを責める) = 자신을 나무라다
ひこうをせめる(非行を責める) = 비행을 나무라다
あやまちをせめる(過ちを責める) = 잘못을 책망하다

≪괴롭히다 ; 길들이다≫

さいきにせめられる(債鬼に責められる) = 빚쟁이에게 시달리다
はんにんをせめてじはくさせる(犯人を責めて自白させる)
= 범인을 고문해 자백시키다
あばれうまをせめる(暴れ馬を責める) = 사나운 말을 길들이다

≪조르다≫

はやくいこうとちちをせめる(早く行こうと父を責める)
= 빨리 가자고 아버지를 조르다
こどもにせめられてかう(子供に責められて買う)
= 아이에게 졸려서 사다

## kotoba

ほうほう(這々) = 허둥지둥
せきにん(責任) = 책임
ここう(虎口) = 호구
りゅうこう(流行) = 유행
せんれい(先例) = 전례
にってい(日程) = 일정
せんじん(先人) = 선인
こうしょく(公職) = 공직
こうげき(攻撃) = 공격
しんりゃく(侵略) = 침략

すいがい(水害) = 수해
でんせん(伝染) = 전염
あめかぜ(雨風) = 비바람
にしび(西日) = 석양
すきま(隙間) = 틈
せんやく(先約) = 선약
ひこう(非行) = 비행
あやまち(過ち) = 잘못
さいき(債鬼) = 빚쟁이
じはく(自白) = 자백

あわてる(慌てる) = 당황하다
おちる(落ちる) = 떨어지다
のびる(延びる) = 길어지다

ながれる(流れる) = 흐르다
つかう(使う) = 사용하다
はやい(早い) = 빠르다

# CHAPTER 25

## 늘리고, 줄이고, 받고, 나누고, 보내고

❶ ふやす(増やす)는 '늘리다'는 뜻입니다. 한국어와 같은 감각으로 쓰입니다.

にんずうをふやす(人数を増やす) = 인원수를 늘리다

ちょきんをふやす(貯金を増やす) = 저금을 늘리다

ざいさんをふやす(財産を増やす) = 재산을 늘리다

きんぎょをふやす(金魚を増やす) = 금붕어를 번식시키다

ごいをふやしていく(語彙を増やして行く) = 어휘를 늘려 나가다

❷ ます(増す)는 '늘다' '늘리다'는 뜻입니다. '늘리다'에서 '보태다' '더하다'라는 뜻이 파생되었습니다.


≪커지다 ; 많아지다≫


みずがます(水が増す) = 물이 불어나다
じんこうがます(人口が増す) = 인구가 늘다
じつりょくがます(実力が増す) = 실력이 늘다
しょくよくがます(食欲が増す) = 식욕이 늘다
ふたんがます(負担が増す) = 부담이 늘다


≪보태다 ; 늘리다≫


ひとでをます(人手を増す) = 일손을 늘리다
にんずうをます(人数を増す) = 인원수를 늘리다
とみをます(富を増す) = 부를 늘리다


≪더하다≫


いげんをます(威厳を増す) = 위엄을 더하다
きんちょうのどをます(緊張の度を増す) = 긴장의 도를 높이다

はやさをます(速さを増す) = 속력을 더하다
しんせんみをます(新鮮味を増す) = 신선미를 더하다


❸ へらす(減らす)는 '줄이다'는 뜻입니다.


ぶんりょうをへらす(分量を減らす) = 분량을 줄이다
ひとをへらす(人を減らす) = 감원하다
よさんをへらす(予算を減らす) = 예산을 줄이다
にくをへらしてやさいをたべる(肉を減らして野菜を食べる)
= 육류를 줄이고 채소를 먹다


❹ へる(減る)는 '줄다'는 뜻입니다.


≪적어지다≫

すうりょうがへる(数量が減る) = 수량이 줄다
めかたがへる(目方が減る) = 무게가 줄다
はらがへる(腹が減る) = 배가 고프다

くちのへらないやつ(口の減らない奴) = 수다스러운 놈

≪닳다≫

くつのかかとがへる(靴の踵が減る) = 구두의 뒤축이 닳다
といしがへる(砥石が減る) = 숫돌이 닳다

❺ もらう(貰う)는 '받다'는 뜻입니다. '얻다' '옮기다' '맞아들이다' '인수하다' '맡다' ' ~을 해 받다' 등의 한국어 표현이 가능한 단어입니다.

≪받다 ; 얻다≫

ねんきんをもらう(年金を貰う) = 연금을 받다
てがみをもらう(手紙を貰う) = 편지를 받다
くんしょうをもらう(勲章を貰う) = 훈장을 받다

≪옮기다≫

かぜをもらう(風邪を貰う) = 감기가 전염되다
ひをもらってかざいをなくす(火を貰って家財を無くす)
= 불이 옮겨 붙어 가재를 잃다

≪맞아들이다≫

よめをもらう(嫁を貰う) = 며느리를 맞아들이다
ようしをもらう(養子を貰う) = 양자를 맞아들이다

≪인수하다 ; 맡다≫

このしょうりはもらった(この勝利は貰った) = 이 승리는 내것이다
にかいせんはかならずもらう(二回戦は必ず貰う)
= 2회전은 반드시 이긴다
みがらをもらいうける(身柄を貰い受ける) = 신병을 인수하다

≪～을 해 받다≫

おしえてもらう(教えて貰う) = 가르쳐 받다
たすけてもらう(助けて貰う) = 도움을 받다

❻ わける(分ける)는 '나누다'는 뜻입니다. '구분하다' '헤치고 나아가다'는 뜻으로 쓰이기도 합니다.

≪구분하다≫

おおきさによってわける(大きさによって分ける) = 크기에 따라 나누다
すうくいきにわける(数区域に分ける) = 몇 구역으로 나누다
ごだんかいにわける(五段階に分ける) = 5단계로 나누다
かぶをわけてうえる(株を分けて植える) = 포기를 나누어 심다

≪분배하다≫

りえきをわける(利益を分ける) = 이익을 나누다
かねをとうぶんにわける(金を等分に分ける) = 돈을 똑같이 나누다
いさんをわける(遺産を分ける) = 유산을 나누다
くさばなをきんじょにわける(草花を近所に分ける)
= 화초를 이웃에 나눠주다

≪비긴 것으로 하다≫

しょうぶをわける(勝負を分ける) = 승부를 무승부로 하다

ほしをわける(星を分ける) = 승패가 무승부가 되다

≪헤치다≫

くさをわけてすすむ(草を分けて進む) = 풀을 헤치고 나아가다
ひとごみのなかをわけてゆく(人混みのなかを分けて行く)
= 군중 속을 헤치고 나아가다

❼ やる(遣る)는 '주다' '보내다'는 뜻입니다. '돌리다', ' ~ 하다', '직업으로 삼다', '기분을 풀다', '살아가다' 등의 한국어로 옮길 수 있는 말입니다.

≪보내다≫

こどもをだいがくへやる(子供を大学へ遣る) = 자식을 대학에 보내다
やりすごす(遣り過ごす) = 뒤엣것을 먼저 보내다
つかいをやる(使いを遣る) = 심부름꾼을 보내다
てがみをやる(手紙を遣る) = 편지를 보내다
むすめをよめにやる(娘を嫁に遣る) = 딸을 시집 보내다

≪주다≫

こづかいをやる(小遣いを遣る) = 용돈을 주다
いぬにえさをやる(犬に餌を遣る) = 개에게 먹이를 주다
はなにみずをやる(花に水を遣る) = 꽃에 물을 주다


≪향하다 ; 돌리다≫

しゃがいにめをやる(車外に目を遣る) = 차 밖으로 눈을 돌리다
かれのほうにかおをやった(彼の方に顔を遣った)
= 그에게로 얼굴을 돌렸다


≪ ~ 하다≫

へまをやる(へまを遣る) = 실수를 하다
よしゅうをやる(予習を遣る) = 예습을 하다
べんきょうをよくやる(勉強を良く遣る) = 공부를 잘하다
やるだけやってみる(遣るだけ遣って見る) = 할 수 있는 데까지 해보다
いっぱいやる(一杯遣る) = 한 잔 하다

《직업으로 삼다》

そばやをやる(蕎麦屋を遣る) = 메밀국숫집을 하다
ちちはいしゃをやっている(父は医者を遣っている)
= 아버지는 의사를 하고 있다

《기분을 풀다》

こころをやる(心を遣る) = 마음을 달래다
せつないこころをやる(切ない心を遣る) = 안타까운 심정을 풀다
うさをさけにやる(憂さを酒に遣る) = 시름을 술로 풀다

《살다》

ぶっかがたかくてやっていけない(物価が高くて遣っていけない)
= 물가가 비싸서 살 수 없다
どうにかやっていく(どうにか遣って行く) = 그럭저럭 살아가다

《관용구 ; 합성어》

やられる(遣られる) = 당하다(속다)
やりがい(遣り甲斐) = 하는 보람

やりかた(遣り方) = 하는 방식

やりかたない(遣り方無い) = 마음을 풀 길이 없다

やりきれない(遣り切れない) = 해낼 수 없다

やりくち(遣り口) = 하는 방식

やりくり(遣り繰り) = 둘러댐

やりそこなう(遣り損なう) = 실패하다

やりとげる(遣り遂げる) = 완수하다

やりなおす(遣り直す) = 다시 하다


❽ くれる(呉れる)는 상대방이 나에게 '주다'는 뜻입니다.


≪상대방이 나에게 주다≫

かねをくれる(金を呉れる) = 돈을 주다

ともだちがくれたほん(友達が呉れた本) = 친구가 준 돈

きみがくれたえ(君が呉れた絵) = 자네가 준 그림


≪동작을 하다≫

めもくれない(目も呉れない) = 거들떠보지도 않다

げんこつをくれる(拳骨を呉れる) = 주먹으로 때리다

≪ ~ 해주다≫

ほんをかってくれる(本を買って呉れる) = 책을 사 주다
おしえてくれる(教えて呉れる) = 가르쳐 주다
こらしめてくれる(懲らしめて呉れる) = 혼을 내주다
めにものみせてくれる(目に物見せて呉れる) = 뜨끔한 맛을 보여주다

 *kotoba*

にんずう(人数) = 인원수
ちょきん(貯金) = 저금
きんぎょ(金魚) = 금붕어
ごい(語彙) = 어휘
ふたん(負担) = 부담
ひとで(人手) = 일손
いげん(威厳) = 위엄
きんちょう(緊張) = 긴장
しんせんみ(新鮮味) = 신선미
ぶんりょう(分量) = 분량
すうりょう(数量) = 수량
めかた(目方) = 무게
かかと(踵) = 발뒤꿈치
といし(砥石) = 숫돌

ねんきん(年金) = 연금
くんしょう(勲章) = 훈장
かざい(家財) = 가재
ようし(養子) = 양자
しょうり(勝利) = 승리
みがら(身柄) = 신병
くいき(区域) = 구역
いさん(遺産) = 유산
くさばな(草花) = 화초
ひとごみ(人混み) = 군중
こづかい(小遣い) = 용돈
うさ(憂さ) = 시름
かい(甲斐) = 보람
げんこつ(拳骨) = 주먹

# CHAPTER 26

# 맞고, 빗나가고

❶ あたる(当たる)는 '맞다' '들어맞다'는 뜻입니다. '부딪히다', '성공하다', 이슬을 '맞다', 바람을 '쐬다', '해당하다', 임무를 '맡다', 볕이 '들다', 불을 '쬐다' 등의 한국어로 옮길 수 있는 말입니다.

≪맞다 ; 부딪히다≫

　　たまにあたる(弾に当たる) = 총알에 맞다
　　ふねがいわにあたる(船が岩に当たる) = 배가 바위에 부딪히다
　　ばちがあたる(罰が当たる) = 벌을 받다

きゅうしょにあたる(急所に当たる) = 급소에 맞다

≪들어맞다 ; 성공하다≫

よそうがあたる(予想が当たる) = 예상이 맞다
しばいがあたる(芝居が当たる) = 연극이 성공하다
てんきよほうがあたる(天気予報が当たる) = 일기예보가 맞다

≪부딪다≫

あめがまどにあたる(雨が窓に当たる) = 비가 창문에 들이치다
なみがいわにあたる(波が岩に当たる) = 물결이 바위에 부딪히다

≪받다 ; 쐬다≫

よつゆにあたる(夜露に当たる) = 밤이슬을 맞다
れいきにあたる(冷気に当たる) = 찬바람을 쐬다
あめにあたる(雨に当たる) = 비를 맞다

≪당하다≫

きょうてきにあたる(強敵に当たる) = 강적과 맞서다

ばちがあたる(罰が当たる) = 벌을 당하다

そのときにあたって(その時に当たって) = 그 때를 당하여

≪ ~이 되다 ; 해당하다 ≫

しつれいにあたる(失礼に当たる) = 실례가 되다

とうばんにあたる(当番に当たる) = 당번이 되다

わたしのおいにあたる(私の甥に当たる) = 내 조카가 되다

≪ 임무를 맡다 ≫

じゅうせきにあたる(重責に当たる) = 중책을 맡다

かいちょうのにんにあたる(会長の任に当たる) = 회장의 임무를 맡다

こうしょうのにんにあたる(交渉の任に当たる) = 교섭의 임무를 맡다

そうじとうばんにあたる(掃除当番に当たる) = 청소 당번에 배정되다

≪ 관용구 ; 합성어 ≫

あたりどし(当たり年) = 수확이 많은 해

あたりまえ(当たり前) = 당연함

あたりや(当り屋) = 재수 좋은 사람

あたってくだける(当たって砕ける) = 좌우간 부딪쳐보다

あたりをさいわいに(当りを幸に) = 닥치는 대로

### 🟊 감각 돋보기

별이 '들다', 불을 '쬐다', 과일이 '상했다', 탈이 '나다' 등의 표현에도 あたる(当たる)라는 단어를 씁니다.

≪들다 ; 쬐다≫

ひがあたるにわ(日が当たる庭) = 별이 드는 정원
ひにあたる(火に当たる) = 불을 쬐다

≪상하다 ; 탈이 나다≫

このりんごはあったている(この林檎は当たっている) = 이 사과는 상했다
しょきにあたる(暑気に当たる) = 더위 먹다
たべたものがあたった(食べた物が当たった) = 먹은 것이 체했다
なつのさかなはあたりやすい(夏の魚は当たりやすい)
= 여름 생선은 탈이 나기 쉽다

❷ 타동사 あてる(当てる)는 '맞히다' '명중시키다'는 뜻입니다. 무엇을 '알아맞히다', 어디에 무엇을 '대다' '얹다', 햇볕에 '쪼이다', 모닥불을 '쬐다', 비를 '맞히다', 편지를 '부치다' 등의 한국어로 옮길 수 있는 어휘입니다.


≪명중시키다≫

やをまとにあてる(矢を的に当てる) = 화살을 과녁에 맞히다
クイズをあてる(クイズを当てる) = 퀴즈를 맞히다


≪알아맞히다≫

いいあてる(言い当てる) = 알아맞히다
なぞのこたえをあてる(謎の答えを当てる) = 수수께끼의 답을 맞히다


≪대다 ; 얹다≫

たいおんけいをあてる(体温計を当てる) = 체온계를 대다
てをむねにあてる(手を胸に当てる) = 손을 가슴에 대다
あたまをまくらにあてる(頭を枕に当てる) = 머리를 베개에 대다
ざぶとんをあてる(座布団を当てる) = 방석을 깔다

≪쬐다 ; 맞게 하다≫

ひにあてる(日に当てる) = 햇볕에 쬐이다
かぜにあてる(風に当てる) = 바람에 쐬다
たきびにあててかわかす(焚火に当てて乾かす) = 모닥불에 쬐어 말리다
あめにあてる(雨に当てる) = 비를 맞히다

≪붙이다 ; 달다≫

かんじにくんをあてる(漢字に訓を当てる) = 한자에 훈을 달다
がいこくごににほんごをあてる(外国語に日本語を当てる)
= 외국어에 일본어를 붙이다

≪보다 ; 보내다≫

めもあてられない(目も当てられない) = 눈 뜨고 볼 수 없다
せんせいにあてたてがみ(先生に当てた手紙) = 선생님에게 부친 편지

≪관용구 ; 합성어≫

あてこする(当て擦る) = 비꼬다
あてこと(当て事) = 기대하고 있는 일

あてこむ(当て込む) = 기대하다

あてじ(宛字) = 차자(借字)

あてずいりょう(当て推量) = 어림짐작

あてはまる(当て嵌まる) = 들어맞다

## 감각 돋보기

'할당하다', '배당하다', '탈나다', '당첨하다' '한밑천 잡다' 등에도 あてる(当てる)라는 표현을 씁니다.

≪할당하다≫

ひとりににこずつあてる(一人に二個ずつ当てる)
= 한 사람에 두 개씩 할당하다
やくをあてる(役を当てる) = 역할을 배당하다

≪먹다≫

あつさにあてられた(暑さに当てられた) = 더위를 먹었다

なまみずにあてられた(生水に当てられた)
= 끓이지 않은 물에 배탈이 나다

≪당첨하다 ; 한몫 보다≫

くじをあてる(籤を当てる) = 당첨하다
かぶであてる(株で当てる) = 주식으로 한밑천 잡다
やまをあてる(山を当てる) = 노다지를 만나다
しょじょさくであてる(処女作で当てる) = 처녀작으로 성공하다

❸ はずれる(外れる)는 '빠지다' '빗나가다'는 뜻입니다. '벗겨지다', '빠지다', '벗어나다' 등의 뜻으로도 쓰입니다.

≪벗겨지다 ; 떨어지다≫

ボタンがはずれる(ボタンが外れる) = 단추가 끌러지다
いればがはずれる(入歯が外れる) = 틀니가 빠지다
たががはずれてみずがながれる(箍が外れて水が流れる)
= 테가 빠져 물이 흐르다

せんからはずれる(選から外れる) = 선발에서 빠지다

≪빗나가다≫

コースがはずれる(コースが外れる) = 코스가 빗나가다
たまがはずれる(弾が外れる) = 탄환이 빗나가다
くじにはずれる(籤に外れる) = 추첨에 떨어지다

≪벗어나다≫

しがいをはずれる(市街を外れる) = 시내를 벗어나다
きどうをはずれる(軌道を外れる) = 궤도를 벗어나다
きかくをはずれる(規格を外れる) = 규격에서 어긋나다
あてがはずれる(当てが外れる) = 기대가 어긋나다
よそうがはずれる(予想が外れる) = 예상이 어긋나다
どうりにはずれる(道理に外れる) = 도리에 벗어나다

❹ たがう(違う)는 '어긋나다'는 뜻입니다.

やくそくにたがう(約束に違う) = 약속에 어긋나다

すんぶんたがわぬ(寸分違わぬ) = 조금도 틀리지 않다
ほうにたがうこうい(法に違う行為) = 법에 어긋나는 행위

 **kotoba**

きゅうしょ(急所) = 급소
よそう(予想) = 예상
しばい(芝居) = 연극
よつゆ(夜露) = 밤이슬
れいき(冷気) = 찬바람
きょうてき(強敵) = 강적
しつれい(失礼) = 실례
おい(甥) = 조카
じゅうせき(重責) = 중책
こうしょう(交渉) = 교섭
そうじ(掃除) = 청소
しょき(暑気) = 더위

たいおんけい(体温計) = 체온계
まくら(枕) = 베개
ざぶとん(座布団) = 방석
たきび(焚火) = 모닥불
かんじ(漢字) = 한자
くじ(籤) = 추첨
しょじょ(処女) = 처녀
いれば(入歯) = 틀니
たが(箍) = 테
きどう(軌道) = 궤도
きかく(規格) = 규격
こうい(行為) = 행위

# CHAPTER 27

## 향하고, 맞이하고, 보내고, 흩뜨리고

❶ むかう(向かう)는 '향하다' '면하다'는 뜻입니다. '마주하다' ' ~ 로 가다', '다가오다', '맞서다' 등의 뜻으로도 쓰입니다.

≪면하다≫

うみにむかう(海に向かう) = 바다에 면하다
しょうめんにむかってすわる(正面に向かって座る) = 정면을 향해 앉다

≪대하다≫

めんとむかう(面と向かう) = 얼굴을 마주 대하다

かがみにむかう(鏡に向かう) = 거울 앞에 서다

つくえにむかう(机に向かう) = 책상 앞에 앉다

おやにむかってくちごたえする(親に向かって口答えする)
= 부모에게 말대꾸하다

てんにむかってつばする(天に向かって唾する)
= 하늘을 보고 침을 뱉다

≪가다 ; 떠나다≫

とうきょうへむかう(東京へ向かう) = 도쿄로 가다

べいこくにむかう(米国に向かう) = 미국으로 떠나다

げんばにむかう(現場に向かう) = 현장으로 가다

かぜにむかう(風に向かう) = 바람을 안고 가다

≪다가오다≫

そろそろはるにむかう(そろそろ春に向かう)
= 서서히 봄이 다가오다

ねんまつにむかう(年末に向かう) = 연말이 다가오다

≪맞서다≫

てきにむかう(敵に向かう) = 적과 맞서다
すででむかう(素手で向かう) = 맨손으로 맞서다
むかってくるものをきる(向かって来る者を切る)
= 대항해 오는 자를 베다


❷ むかえる(迎える)는 '맞이하다'는 뜻입니다. 적을 '맞이하여 싸우다' '요격하다'는 뜻으로도 쓰입니다.


≪맞다 ; 마중하다≫

きゃくをむかえる(客を迎える) = 손님을 맞다
えがおでむかえる(笑顔で迎える) = 웃는 얼굴로 맞다
しんねんをむかえる(新年を迎える) = 신년을 맞이하다
おいをむかえる(老いを迎える) = 노년을 맞다
さいだいのやまばをむかえる(最大の山場を迎える)
= 최대의 고비를 맞이하다
せんしゅうらくをむかえる(千秋楽を迎える)
= (연극・씨름) 흥행의 마지막 날을 맞다

≪맞아들이다≫

しんにゅうせいをむかえる(新入生を迎える) = 신입생을 맞다
よめをむかえる(嫁を迎える) = 며느리를 맞아들이다
ようしをむかえる(養子を迎える) = 양자를 맞아들이다

≪불러오다 ; 추대하다≫

いしゃをむかえる(医者を迎える) = 의사를 불러오다
せんもんかをむかえる(専門家を迎える) = 전문가를 초청하다
かれをかいちょうにむかえる(彼を会長に迎える)
= 그를 회장으로 추대하다

≪맞아 싸우다≫

てきぐんをとうげにむかえる(敵軍を峠に迎える)
= 적군을 고개에서 맞다
てきのかんたいをむかえうつ(敵の艦隊を迎え撃つ)
= 적의 함대를 요격하다

❸ おくる(送る)는 '보내다'는 뜻입니다. '배웅하다' '파견하다' '떠나 보내다' '지내다' 등의 뜻으로도 쓰입니다.


≪부치다 ; 송금하다≫

こづつみをおくる(小包を送る) = 소포를 부치다
にもつをおくる(荷物を送る) = 짐을 부치다
てであいずをおくる(手で合図を送る) = 손으로 신호를 보내다
まいつきさんまんえんをおくる(毎月三万円を送る)
= 매달 3만원을 보내다


≪배웅하다 ; 파견하다≫

くるまでおくる(車で送る) = 차로 보내다
きゃくをえきまでおくる(客を駅まで送る) = 손님을 역까지 배웅하다
ぐんたいをおくる(軍隊を送る) = 군대를 보내다


≪떠나보내다≫

ともをおくる(友を送る) = 친구를 떠나보내다
そつぎょうせいをよにおくる(卒業生を世に送る)

= 졸업생을 세상에 내보내다

なきながらはかにおくる(泣きながら墓に送る) = 울면서 장송하다

≪지내다≫

せいしゅんをおくる(青春を送る) = 청춘을 보내다
まんぜんとひをおくる(漫然と日を送る) = 할 일 없이 날을 보내다
ひさんなせいかつをおくる(悲惨な生活を送る) = 비참한 생활을 하다

❹ ちらす(散らす)는 '흩뜨리다'는 뜻입니다. '어지르다', '어수선하게 하다', '퍼뜨리다', '가라앉히다' 등의 뜻으로도 쓰입니다.

≪어지르다≫

へやをちらす(部屋を散らす) = 방을 어질러 놓다
きをちらす(気を散らす) = 마음을 어수선하게 하다

≪흩뿌리다 ; 퍼뜨리다≫

びらをちらす(びらを散らす) = 전단을 뿌리다

かるたのふだをちらす(歌留多の札を散らす) = 화투장을 흩뿌리다

かみをちらす(髪を散らす) = 머리를 흩뜨리다

うわさをまきちらす(噂を撒き散らす) = 소문을 퍼뜨리다

## ❈ 감각 돋보기

부기나 상처를 '가라앉히다', '마구 ~ 해대다' 등의 표현에도 ちらす(散らす)라는 단어를 씁니다.

≪사그라뜨리다≫

うみをちらす(膿を散らす) = 고름을 사그라뜨리다

もうちょうをちらす(盲腸を散らす) = 맹장을 가라앉히다

≪함부로 ~ 하다≫

わるぐちをいいちらす(悪口を言い散らす) = 욕을 마구 해대다

よみちらす(読み散らす) = 닥치는 대로 읽다

くいちらす(食い散らす) = 막 먹어대다

 *kotoba*

しょうめん(正面) = 정면
くちごたえ(口答え) = 말대꾸
げんば(現場) = 현장
ねんまつ(年末) = 연말
すで(素手) = 맨손
おい(老い) = 노년
さいだい(最大) = 최대
やまば(山場) = 고비
しんにゅう(新入) = 신입
てきぐん(敵軍) = 적군

とうげ(峠) = 고개
かんたい(艦隊) = 함대
こづつみ(小包) = 소포
あいず(合図) = 신호
はか(墓) = 묘
せいしゅん(青春) = 청춘
まんぜん(漫然) = 만연
ひさん(悲惨) = 비참
かるた(歌留多) = 화투
うみ(膿) = 고름

すわる(座る) = 앉다
つばする(唾する) = 침을 뱉다

うつ(撃つ) = 쏘다
まく(撒く) = 뿌리다

# CHAPTER 28

## 이기고, 지고, 가르치고, 배우고, 유행하고, 잊고, 흐르고

❶ かつ(勝つ)는 '이기다'는 뜻입니다. '더 ~ 하다' '드세다' '버겁다' 등의 뜻은 한국어 감각과 다른 표현입니다. 기억해 두시기 바랍니다.

≪승리하다 ; 극복하다≫

せんそうにかつ(戦争に勝つ) = 전쟁에 이기다
ゆうわくにかつ(誘惑に勝つ) = 유혹을 이기다
おのれにかつ(己に勝つ) = 자기에게 이기다

びょうきにはかってない(病気には勝ってない)
= 병에는 이길 재간이 없다

≪더 ~ 하다≫

あかみのかったかお(赤みの勝った顔) = 붉은 기가 많은 얼굴
りせいのかったひと(理性の勝った人) = 이성이 강한 사람
むぎのかったためし(麦の勝った飯) = 보리가 많이 섞인 밥

≪드세다 ; 버겁다≫

きがかつ(気が勝つ) = 성질이 드세다
にがかつ(荷が勝つ) = 짐이 너무 무겁다

≪관용구 ; 합성어≫

かちいくさ(勝ち戦) = 승전
かちとる(勝ち取る) = 쟁취하다
かちき(勝ち気) = 지기 싫어하는 성질 ; 오기
かちっぱなし(勝ちっ放し) = 연전연승
かちどき(勝鬨) = 승리의 함성
かちぬく(勝ち抜く) = 이겨내다

かちほこる(勝ち誇る) = 우쭐하다

かちまけ(勝ち負け) = 승부

かちめ(勝ち目) = 승산


❷ まける(負ける)는 '지다'는 뜻입니다. '봐 주다', 독이 '오르다', 옻을 '타다', '압도되다' '넘어가다', 값을 '깎아주다' 등의 뜻으로도 쓰입니다.


≪지다≫

たたかいにまける(戦いに負ける) = 전쟁에 지다

せんきょにまける(選挙に負ける) = 선거에 지다

あつりょくにまける(圧力に負ける) = 압력에 지다

まけがかち(負けが勝ち) = 지는 것이 이기는 것


≪봐주다≫

こどもだからまけてやる(子供だから負けてやる) = 어린이라 봐 준다

きょうのところはまけておく(今日の所は負けて置く)
= 오늘만은 양보한다

そのていどでまけておく(その程度で負けて置く) = 그 정도로 참는다

≪~에 약하다≫

かみそりにまける(剃刀に負ける) = 면도 독이 오르다
うるしにまける(漆に負ける) = 옻을 타다

≪약해지다 ; 압도되다≫

あつさにまける(暑さに負ける) = 더위 먹다
ふんいきにまける(雰囲気に負ける) = 분위기에 압도당하다
ゆうわくにまける(誘惑に負ける) = 유혹에 넘어가다

≪값을 깎아주다≫

100えんまけてもらう(100円負けて貰う) = 100원 에누리해 받다
まけてくれませんか(負けて呉れませんか) = 싸게 해 주지 않겠습니까?

❸ おしえる(教える)는 '가르치다'는 뜻입니다. '일러주다' '훈계하다'의 뜻도 내포되어 있습니다. 한국어와 같은 감각으로 쓰입니다.

≪배워 익히게 하다≫

えいごをおしえる(英語を教える) = 영어를 가르치다
さるにげいをおしえる(猿に芸を教える)
= 원숭이에게 재주를 가르치다
ちゅうがくせいをおしえる(中学生を教える) = 중학생을 가르치다
わるいことをおしえる(悪い事を教える) = 나쁜 짓을 가르치다

≪일러주다 ; 알리다≫

みちをおしえる(道を教える) = 길을 가르쳐 주다
なまえをおしえる(名前を教える) = 이름을 알려주다
ひみつをおしえる(秘密を教える) = 비밀을 가르쳐 주다

≪훈계하다≫

いきかたをおしえる(生き方を教える) = 사는 법을 가르쳐 주다
みをもっておしえる(身を以て教える) = 솔선수범하다

❹ まなぶ(学ぶ)는 '배우다'는 뜻입니다. '익히다' '공부하다' '체득하다' 등의 한국어로 옮길 수 있습니다.

≪익히다≫

うんてんをまなぶ(運転を学ぶ) = 운전을 배우다
ぎほうをまなぶ(技法を学ぶ) = 기법을 배우다

≪공부하다≫

れきしをまなぶ(歴史を学ぶ) = 역사를 배우다
Aだいがくにまなぶ(A大学に学ぶ) = A대학에서 공부하다
よくまなび, よくあそべ(良く学び, 良く遊べ)
= 열심히 공부하고, 마음껏 놀아라

≪체득하다≫

じんせいをまなぶ(人生を学ぶ) = 인생을 배우다
しっぱいからまなぶ(失敗から学ぶ) = 실패에서 배우다
せんじんのげんこうにまなぶ(先人の言行に学ぶ)
= 선인의 언행에서 배우다

❺ はやる(流行る)는 '유행하다'는 뜻입니다. '인기가 있다', '만연하다', '번성하다' 등의 한국어로 옮길 수 있습니다.

≪한창 인기가 있다≫

いまはやっているスタイル(今流行っているスタイル)
= 지금 유행하고 있는 스타일
むかしはやったうた(昔流行った歌) = 옛날 유행한 노래

≪만연하다≫

かぜがはやる(風邪が流行る) = 감기가 유행하다
あらてのさぎがはやる(新手の詐欺が流行る) = 신종 사기가 만연하다

≪번성하다≫

はやるみせ(流行る店) = 번창하는 가게
あのべんごしははやっている(あの弁護士は流行っている)
= 저 변호사는 (영업이) 잘 된다

≪관용구 ; 합성어≫

はやらす(流行らす) = 유행시키다
はやりかぜ(流行風邪) = 유행성 감기
はやりめ(流行目) = 유행성 결막염

はやりことば(流行り言葉) = 유행어

はやりすたり(流行り廃り) = 유행의 성쇠

❻ わすれる(忘れる)는 '잊다' '잊어버리다'는 뜻입니다. 한국어와 거의 같은 감각으로 쓰입니다.

≪잊어버리다≫

えいごのたんごをわすれる(英語の単語を忘れる) = 영어 단어를 잊다

おんをわすれる(恩を忘れる) = 은혜를 잊다

うれいをわすれる(憂いを忘れる) = 시름을 잊다

かたときもわすれない(片時も忘れない) = 한시도 잊지 않다

わすれられないひと(忘れられない人) = 잊을 수 없는 사람

かきわすれる(書き忘れる) = 쓰는 것을 잊다

いいわすれる(言い忘れる) = 말하는 것을 잊다

しょしんをわすれる(初心を忘れる) = 초심을 잊다

≪열중하여 깨닫지 못하다≫

しんしょくをわすれる(寝食を忘れる) = 침식을 잊다

わをわすれる(我を忘れる) = (일에 열중해) 자기를 잊다

ときがたつのをわすれる(時が経つのを忘れる) = 시간 가는 줄 모르다

≪잊고 두고 오다≫

べんとうをわすれてくる(弁当を忘れて来る) = 도시락을 잊고 오다

かさをしょくどうにおきわすれる(傘を食堂に置き忘れる)
= 우산을 식당에 놓고 오다

≪할 일을 하지 않고 있다≫

でんごんをわすれる(伝言を忘れる) = 전언을 잊다

しゅくだいをわすれる(宿題を忘れる) = 숙제를 잊다

≪관용구 ; 합성어≫

わすれがたい(忘れ難い) = 잊을 수 없다

わすれがたみ(忘れ形見) = 잊지 않기 위한 기념물

わすれがち(忘れ勝ち) = 곧잘 잊음

わすれぐさ(忘れ草) = 원추리

わすれなぐさ(忘れな草) = 물망초

わすれもの(忘れ物) = 잊은 물건

❼ ながれる(流れる)는 '흐르다'는 뜻입니다. '쏠리다', '떠돌다', '감돌다', '성립되지 않다', '빗나가다', '순조롭게 진행되다' 음악이 '흘러나오다' 등의 한국어로 옮길 수 있는 말입니다.


≪흘러내리다≫

あせがながれる(汗が流れる) = 땀이 흐르다

げすいがながれない(下水が流れない) = 하수가 흐르지 않다

ちがだらだらながれる(血がだらだら流れる) = 피가 줄줄 흐르다


≪흘러가다≫

くもがながれる(雲が流れる) = 구름이 흐르다

うみにながれてゆく(海に流れて行く) = 바다로 흘러가다

さいげつがながれる(歳月が流れる) = 세월이 흐르다


≪쏠리다≫

たいだにながれる(怠惰に流れる) = 나태에 흐르다

そぼうにながれる(粗暴に流れる) = 난폭해지다

かんじょうにながれる(感情に流れる) = 감정에 흐르다

≪떠내려가다(오다)≫

ひょうざんがながれてくる(氷山が流れて来る) = 빙산이 떠내려오다
おおみずではしがながれる(大水で橋が流れる)
= 홍수로 다리가 떠내려가다

≪떠돌다 ; 감돌다≫

うわさがながれる(噂が流れる) = 소문이 퍼지다
ふおんなくうきがながれる(不穏な空気が流れる)
= 불온한 공기가 감돌다
はなのにおいがながれてくる(花の匂いが流れて来る)
= 꽃향기가 풍겨오다
ほっきょくまでながれる(北極まで流れる) = 북극까지 유랑하다
しょこくをながれあるく(諸国を流れ歩く) = 여러 지방을 떠돌다

≪성립되지 않다≫

そうかいがながれる(総会が流れる) = 총회가 유회되다
けいかくがながれる(計画が流れる) = 계획이 유산되다
うんどうかいがながれる(運動会が流れる) = 운동회가 중지되다

≪빗나가다 ; 헛딛다≫

たまがながれる(弾が流れる) = 탄환이 빗나가다
ひだりあしがながれた(左足が流れた) = 왼발을 헛디딛다

≪순조롭게 진행되다≫

さぎょうがえんかつにながれる(作業が円滑に流れる)
= 작업이 원활하게 진행되다
ながれるようなべんぜつ(流れるような弁舌) = 유창한 말솜씨

≪흘러나오다≫

けいおんがくがながれる(軽音楽が流れる) = 경음악이 흐르다
ふえのおとがながれてくる(笛の音が流れて来る)
= 피리 소리가 들려오다

≪관용구 ; 합성어≫

ながれあるく(流れ歩く) = 떠돌아다니다
ながれおちる(流れ落ちる) = 흘러 떨어지다
ながれこむ(流れ込む) = 흘러 들어가다

ながれだす(流れ出す) = 흘러나오다

ながれだま(流れ弾) = 유탄

ながれぼし(流れ星) = 유성

ながれもの(流れ者) = 떠돌이

 *kotoba*

ゆうわく(誘惑) = 유혹
せんきょ(選挙) = 선거
あつりょく(圧力) = 압력
ていど(程度) = 정도
かみそり(剃刀) = 면도칼
うるし(漆) = 옻
ふんいき(雰囲気) = 분위기
ぎほう(技法) = 기법
げんこう(言行) = 언행
あらて(新手) = 신종
べんごし(弁護士) = 변호사
うれい(憂い) = 시름
しょしん(初心) = 초심
しんしょく(寝食) = 침식

ほこる(誇る) = 자랑하다

しょくどう(食堂) = 식당
でんごん(伝言) = 전언
かたみ(形見) = 기념물
げすい(下水) = 하수
たいだ(怠惰) = 나태
そぼう(粗暴) = 난폭
ひょうざん(氷山) = 빙산
おおみず(大水) = 홍수
ふおん(不穏) = 불온
ほっきょく(北極) = 북극
そうかい(総会) = 총회
さぎょう(作業) = 작업
えんかつ(円滑) = 원활
べんぜつ(弁舌) = 말솜씨

あるく(歩く) = 걷다

# CHAPTER 29

## 만나고, 우러르고, 따르고, 주고, 헤어지고, 뺏고

❶ あう(会う)는 '만나다'는 뜻입니다. '우연히 겪다'는 뜻도 있습니다. 한국어와 거의 같은 감각으로 쓰입니다.

≪대면하다≫

ともだちにあう(友達に会う) = 친구를 만나다
おうせつまできゃくにあう(応接間で客に会う)
= 응접실에서 손님을 만나다

かれとあうやくそくがある(彼と会う約束がある)
= 그와 만날 약속이 있다

≪우연히 만나다≫

みちであう(道で会う) = 길에서 마주치다
いがいなところであう(意外な所で会う) = 뜻밖의 장소에서 만나다

≪우연히 겪다≫

どろぼうにあう(泥棒に会う) = 도둑을 만나다
あめにあう(雨に会う) = 비를 만나다
えらいめにあう(偉い目に会う) = 혼쭐나다


❷ あおぐ(仰ぐ)는 '우러러보다'는 뜻입니다. 재가나 도움을 '청하다'의 뜻도 있습니다. 한국어와 거의 같은 감각으로 쓰입니다.


≪위를 보다≫

てんをあおぐ(天を仰ぐ) = 하늘을 우러러보다

ほしかげをあおぐ(星影を仰ぐ) = 별빛을 바라보다

≪추앙하다≫

しどうしゃをあおぐ(指導者を仰ぐ) = 지도자를 우러러보다
しとしてあおぐ(師として仰ぐ) = 스승으로 우러러보다
ぶじんのかがみとあおがれる(武人の鑑と仰がれる)
= 무인의 귀감으로 추앙되다
せいじんのとくをあおぐ(聖人の徳を仰ぐ) = 성인의 덕을 추앙하다

≪받들다 ; 존경하다≫

そうさいにあおぐ(総裁に仰ぐ) = 총재로 모시다
しゆうとあおぐ(師友と仰ぐ) = 사우로서 존경하다

≪바라다≫

さいかをあおぐ(裁可を仰ぐ) = 재가를 청하다
おしえをあおぐ(教えを仰ぐ) = 가르침을 청하다
じょりょくをあおぐ(助力を仰ぐ) = 도움을 청하다

❸ したがう(従う)는 '따르다'는 뜻입니다. 한국어와 같은 감각으로 쓰입니다.

≪따르다≫

したがうものわずかさんにん(従う者僅か三人) = 따르는 자 겨우 3명
しどうしゃにしたがう(指導者に従う) = 지도자에 따르다
せんだつをしたがう(先達を従う) = 선도자를 따르다
ぎょうれつにしたがう(行列に従う) = 행렬에 뒤따르다

≪순종하다≫

ちゅうこくにしたがう(忠告に従う) = 충고에 따르다
めいれいにしたがう(命令に従う) = 명령에 따르다

≪기준대로 하다≫

こうそくにしたがう(校則に従う) = 교칙에 따르다
かんしゅうにしたがう(慣習に従う) = 관습에 따르다
ていせつにしたがう(定説に従う) = 정설에 따르다

≪내맡겨지다≫

たいせいにしたがう(大勢に従う) = 대세에 따르다

じだいのながれにしたがう(時代の流れに従う)
= 시대의 흐름에 따르다

くさがかぜにしたがう(草が風に従う) = 풀이 바람에 쏠리다

≪~에 따라서≫

じじょうにしたがって(事情に従って) = 사정에 따라서

しごとがすすむにしたがって(仕事が進むに従って)
= 일이 진척됨에 따라

としをとるにしたがって(年を取るに従って) = 나이가 많아짐에 따라

❹ あたえる(与える)는 '주다'는 뜻입니다. 한국어와 거의 같은 감각으로 쓰입니다.

≪주다 ; 수여하다≫

とりにえさをあたえる(鳥に餌を与える) = 새에게 먹이를 주다

げんちをあたえる(言質を与える) = 언질을 주다

きかいをあたえる(機会を与える) = 기회를 주다

しょうをあたえる(賞を与える) = 상을 주다

はくしごうをあたえる(博士号を与える) = 박사 학위를 수여하다

≪내주다≫

あたえられたじかん(与えられた時間) = 주어진 시간

しょくをあたえる(職を与える) = 일자리를 주다

かだいをあたえる(課題を与える) = 과제를 주다

≪입히다 ; 제공하다≫

そんがいをあたえる(損害を与える) = 손해를 입히다

べんぎをあたえる(便宜を与える) = 편의를 제공하다

ちじょくをあたえられる(恥辱を与えられる) = 치욕을 당하다

❺ わかれる(別れる)는 '헤어지다'는 뜻입니다. 한국어와 같은 감각으로 쓰입니다.

ふうふがわかれる(夫婦が別れる) = 부부가 갈라서다

さいかいをきしてわかれる(再会を期して別れる)
= 재회를 기약하고 헤어지다

おとうととはいきわかれた(弟は生き別れた)
= 남동생과는 생이별했다

おさないときははにわかれた(幼い時母に別れた)
= 어릴 때 어머니와 사별했다

❻ わかれる(分れる)는 '갈라지다'는 뜻입니다. 한국어와 거의 같은 감각으로 쓰입니다.

≪나뉘다≫

いけんがわかれる(意見が分れる) = 의견이 갈리다

とうはふたつにわかれる(党が二つに分れる) = 당이 둘로 갈라지다

がくねんがごくみにわかれる(学年が五組に分れる)
= 학년이 5반으로 나뉘다

≪갈라지다≫

ほんせんからわかれる(本線から分れる) = 본선에서 갈라지다
みちがふたまたにわかれる(道が二股に分れる)
= 길이 두 갈래로 갈라지다
ほんてんからわかれたみせ(本店から分れた店)
= 본점에서 갈라진 가게

≪판가름 나다≫

しょうぶがわかれる(勝負が分れる) = 승부가 판가름 나다
ここでことのせいひがわかれる(ここで事の成否が分れる)
= 여기서 일의 성사가 판가름 난다

❼ うばう(奪う)는 '빼앗다'는 뜻입니다. 한국어와 같은 감각으로 쓰입니다.

≪빼앗다≫

しょじひんをうばう(所持品を奪う) = 소지품을 빼앗다

さいふをうばう(財布を奪う) = 지갑을 빼앗다
たのしみをうばう(楽しみを奪う) = 즐거움을 빼앗다
ゆきであしをうばわれる(雪で足を奪われる) = 눈으로 발이 묶였다
ねつをうばう(熱を奪う) = 열을 없애다

≪사로잡다≫

めをうばう(目を奪う) = 눈을 사로잡다
こころをうばう(心を奪う) = 마음을 사로잡다

 *kotoba*

ほしかげ(星影) = 별빛
しどうしゃ(指導者) = 지도자
ぶじん(武人) = 무인
せいじん(聖人) = 성인
そうさい(総裁) = 총재
しゆう(師友) = 사우
さいか(裁可) = 재가
じょりょく(助力) = 도움
せんだつ(先達) = 선도자
ぎょうれつ(行列) = 행렬
ちゅうこく(忠告) = 충고
こうそく(校則) = 교칙

ていせつ(定説) = 정설
たいせい(大勢) = 대세
げんち(言質) = 언질
はくし(博士) = 박사
そんがい(損害) = 손해
べんぎ(便宜) = 편의
ちじょく(恥辱) = 치욕
ふうふ(夫婦) = 부부
さいかい(再会) = 재회
ほんせん(本線) = 본선
しょうぶ(勝負) = 승부
しょじひん(所持品) = 소지품

## CHAPTER 30

# 맑고, 흐려지고, 뜨고, 가라앉고, 합쳐지고, 막히고, 흔들고, 짜고

❶ すむ(澄む)는 '맑다'는 뜻입니다. '맑다'에서 '밝아지다', '소리가 선명하다', '잡념이 없어지다', '깨끗하다' 등의 말이 나왔습니다. 한국어와 같은 감각으로 쓰입니다.

≪투명하다≫

すんでさわやかなくうき(澄んで爽やかな空気) = 맑고 상쾌한 공기
みずがそこまですんでいる(水が底まで澄んでいる)

= 물이 바닥까지 투명하다

≪밝아지다≫

つきがすむ(月が澄む) = 달이 맑다
すんだほし(澄んだ星) = 밝은 별

≪소리가 선명하다≫

すんだねいろ(澄んだ音色) = 맑은 음색
こえがすんでいる(声が澄んでいる) = 목소리가 맑다
すんだはつおんをする(澄んだ発音をする) = 청음으로 발음하다

≪잡념이 없어지다≫

こころがすむ(心が澄む) = 마음이 맑아지다
すみきったしんきょう(澄み切った心境) = 맑디맑은 심경

≪깨끗하다≫

すんだいろ(澄んだ色) = 깨끗한 빛깔
よくすんだめ(良く澄んだ目) = 아주 맑은 눈

❷ にごる(濁る)는 '흐려지다'는 뜻입니다. 한국어와 같은 감각으로 쓰입니다.

≪탁해지다≫

みずがにごる(水が濁る) = 물이 흐려지다
くうきがにごる(空気が濁る) = 공기가 탁해지다
おおあめでかわがにごる(大雨で川が濁る) = 홍수로 강물이 흐리다
にごったよのなか(濁った世の中) = 혼탁한 세상
こころがにごる(心が濁る) = 마음이 흐려지다
めがにごる(目が濁る) = 눈이 흐려지다

≪빛깔・소리 등이 흐려지다≫

いろがにごる(色が濁る) = 빛깔이 흐려지다
こえがにごる(声が濁る) = 목소리가 탁해지다


❸ うかぶ(浮ぶ)는 '뜨다'는 뜻입니다. 한국어와 같은 감각으로 쓰입니다.

≪뜨다≫

くもがうかぶ(雲が浮ぶ) = 구름이 뜨다
ふねがうみにうかぶ(船が海に浮ぶ) = 배가 바다에 뜨다

≪표면에 드러나다≫

なみだがめにうかぶ(涙が目に浮ぶ) = 눈에 눈물이 어리다
かおにほほえみがうかぶ(顔に微笑みが浮ぶ)
= 얼굴에 미소가 떠오르다
ようぎしゃがうかんだらしい(容疑者が浮んだらしい)
= 용의자가 드러난 것 같다

≪떠오르다≫

むかしのようすがこころにうかぶ(昔の様子が心に浮ぶ)
= 옛 일이 생각나다
めいあんがうかぶ(名案が浮ぶ) = 명안이 떠오르다
ぎもんがうかぶ(疑問が浮ぶ) = 의문이 생기다

❹ しずむ(沈む)는 '가라앉다'는 뜻입니다. 달이 '지다', 분위기가 '차분하다', 슬픔에 '잠기다', 힘이 '약해지다', 불운에 '빠지다' 등의 한국어로 옮길 수 있는 말입니다.

≪가라앉다≫

ふねがしずむ(船が沈む) = 배가 가라앉다
うみにしずむ(海に沈む) = 바다에 가라앉다
じばんがしずむ(地盤が沈む) = 지반이 가라앉다

≪해・달이 지다≫

つきがしずむ(月が沈む) = 달이 지다
たいようがちへいせんかにしずむ(太陽が地平線下に沈む)
= 태양이 지평선 밑으로 지다

≪차분하다≫

しずんだいろのきもの(沈んだ色の着物) = 차분한 빛깔의 옷
しずんだかねのね(沈んだ鐘の音) = 가라앉은 종소리

≪침울해지다 ; 잠기다≫

しずんだきもち(沈んだ気持) = 침울한 기분
かなしみにしずむ(悲しみに沈む) = 슬픔에 잠기다
なみだにしずむ(涙に沈む) = 눈물에 잠기다
ものおもいにしずむ(物思いに沈む) = 생각에 잠기다

≪약해지다≫

しずんだこえ(沈んだ声) = 가라진 목소리
みゃくがしずむ(脈が沈む) = 맥이 약해지다

≪전락하다≫

ふうんにしずむ(不運に沈む) = 불운에 빠지다
ふこうのどんぞこにしずむ(不幸のどん底に沈む)
= 불행의 구렁텅이에 빠지다

❺ あう(合う)는 '합쳐지다' '맞다'는 뜻입니다. 한국어와 거의 같은 감각으로 쓰입니다.

≪합쳐지다 ; 맞다≫

おちあう(落ち合う) = (지정한 곳에서) 만나다
ふくがからだにあう(服が体に合う) = 옷이 몸에 맞다
くつがあしにあう(靴が足に合う) = 구두가 발에 맞다
いけんがあう(意見が合う) = 의견이 맞다

≪서로 ~ 하다≫

はなしあう(話し合う) = 서로 이야기하다
なぐりあう(殴り合う) = 서로 때리다
ほめあう(誉め合う) = 서로 칭찬하다

≪어울리다 ; 걸맞다≫

うわぎにあうネクタイ(上着に合うネクタイ) = 웃옷에 어울리는 넥타이
じぶんのみにあったくらしかた(自分の身に合った暮し方)
= 자기 분수에 맞는 생활방식
てにあうてき(手に合う敵) = 호적수

≪기준·이치에 맞다≫

とけいがあっていない(時計が合っていない) = 시계가 맞지 않다
こたえがあう(答えが合う) = 답이 맞다

≪채산이 맞다≫

ひゃくえんにみきってもあう(百円に見切っても合う)
= 100엔으로 에누리해도 남는다
ひゃくえんではあわない(百円では合わない) = 100엔으로는 밑진다
わりにあわないしごと(割りに合わない仕事) = 수지맞지 않는 일

❻ つかえる(支える)는 '막히다'는 뜻입니다. 한국어와 거의 같은 감각으로 쓰입니다.

≪막히다≫

ことばがつかえる(言葉が支える) = 말이 막히다
へんじがつかえる(返事が支える) = 대답이 막히다
みぞにどろがつかえる(溝に泥が支える) = 도랑에 진흙이 막히다

どぶがつかえる(溝が支える) = 하수구가 막히다

≪밀리다≫

くるまがつかえる(車が支える) = 차가 막히다
しごとがつかえている(仕事が支えている) = 일이 밀려 있다
でんわがつかえている(電話が支えている) = 전화가 통화중이다

≪받히다 ; 더듬거리다 ; 결리다≫

あたまがてんじょうにつかえる(頭が天井に支える)
= 머리가 천장에 받히다
つかえつかえものをいう(支え支え物を言う) = 더듬더듬 말하다
かたがつかえる(肩が支える) = 어깨가 결리다


❼ ふる(振る)는 '흔들다'는 뜻입니다. '움직이다', '휘두르다', '뿌리다', '뿌리치다' 등의 뜻으로도 쓰입니다.

≪흔들다 ; 움직이다≫

てでふる(手で振る) = 손으로 흔들다
はたをふる(旗を振る) = 깃발을 흔들다
しっぽをふる(尻尾を振る) = 꼬리를 흔들다
わきめもふらず(脇目振らず) = 한눈도 팔지 않고
おもてもふらず(面も振らず) = 옆도 돌아보지 않고

≪휘두르다≫

むちをふる(鞭を振る) = 채찍을 휘두르다
しきぼうをふる(指揮棒を振る) = 지휘를 하다

≪뿌리다 ; 흔들어 던지다≫

さかなにしおをふる(魚に塩を振る) = 생선에 소금을 뿌리다
さいころをふる(賽子を振る) = 주사위를 흔들어 던지다

≪뿌리치다≫

おんなにふられる(女に振られる) = 여자에게 채이다
おとこをふる(男を振る) = 남자를 퇴짜 놓다

≪관용구 ; 합성어≫

ふりあい(振り合い) = 균형
ふりあう(振り合う) = 서로 흔들다
ふりあげる(振り上げる) = 치켜들다
ふりあてる(振り当てる) = 할당하다
ふりかえる(振り替える) = 대체하다
ふりかける(振り掛ける) = 뿌리다
ふりこむ(振り込む) = (계좌) 불입하다
ふりまわす(振り回す) = 휘두르다

## 🔷 감각 돋보기

'흔들다', '뿌리치다', '뿌리다' 등은 한국어와 같은 감각으로 쓰이지만, '우려내다', '잃다', '버리다', '나누다' 등으로 쓰이는 말은 한국인에게 낯설게 느껴집니다.

≪우려내다≫

ちゃをふる(茶を振る) = 차를 우려내다
くすりをふりだす(薬を振り出す) = 약을 달여 내다

≪잃다 ; 버리다≫

ひゃくまんえんをぼうにふる(百万円を棒に振る) = 백만 엔을 날리다
だいじんのちいをふる(大臣の地位を振る) = 대신의 지위를 잃다

しけんをふる(試験を振る) = 시험을 포기하다
しょくをふる(職を振る) = 실직하다

≪나누다≫

やくをふる(役を振る) = 역할을 나누다
ばんごうをふる(番号を振る) = 번호를 매기다

❽ しぼる(絞る)는 '짜다'는 뜻입니다. 한국어와 거의 같은 감각으로 쓰입니다.

≪물기를 빼다≫

しぼってからほす(絞ってから干す) = 잘 짜서 말리다
ぞうきんをしぼる(雑巾を絞る) = 걸레를 짜다

≪짜다≫

りんごのしるをしぼる(林檎の汁を絞る) = 사과즙을 짜다
あぶらをしぼる(油を絞る) = 기름을 짜다

≪짜내다 ; 착취하다≫

あたまをしぼる(頭を絞る) = 머리를 짜내다
こえをしぼる(声を絞る) = 목소리를 짜내다
かねをしぼる(金を絞る) = 돈을 착취하다

≪좁히다≫

ふくろのくちをしぼる(袋の口を絞る) = 주머니 아가리를 조르다
ボリュームをしぼる(ボリュームを絞る) = 볼륨을 낮추다
もんだいをしぼる(問題を絞る) = 문제의 초점을 한정하다
そうさはんいをしぼる(捜査範囲を絞る) = 조사범위를 좁히다

### 감각 돋보기

물수건을 '짜다', 과일즙을 '짜다', 머리를 '짜내다'는 뜻의 **しぼる**(絞る)는 한국인에게 익숙한 단어이지만, '야단치다'는 뜻은 한국인에게 낯설게 느껴집니다.

≪야단치다≫

せんせいにしぼられる(先生に絞られる) = 선생님에게 혼났다
こってりしぼられる(こってり絞られる) = 몹시 야단 맞다

 **kotoba**

ねいろ(音色) = 음색
しんきょう(心境) = 심경
ほほえみ(微笑) = 미소
めいあん(名案) = 명안
じばん(地盤) = 지반
ちへいせん(地平線) = 지평선
かなしみ(悲しみ) = 슬픔
くらしかた(暮し方) = 생활방식
みぞ(溝) = 도랑

どぶ(溝) = 하수구
てんじょう(天井) = 천장
しっぽ(尻尾) = 꼬리
わきめ(脇目) = 한눈
さいころ(賽子) = 주사위
ぞうきん(雑巾) = 걸레
ふくろ(袋) = 주머니
そうさ(捜査) = 조사
はんい(範囲) = 범위

さわやか(爽やか) = 상쾌하다
ほめる(誉める) = 칭찬하다
なぐる(殴る) = 때리다

あてる(当てる) = 맞히다
かえる(替える) = 교환하다
ほす(干す) = 말리다

# 제2부 형용사

**CHAPTER 1**

# 가깝고, 멀고

❶ ちかい(近い)는 '가깝다'는 뜻입니다. '가깝다'에서 '친하다'라는 말이 나왔습니다. 한국어와 거의 같은 감각으로 쓰입니다.

≪공간적으로 가깝다≫

えきにちかい(駅に近い) = 역에 가깝다
かいしゃにちかいところ(会社に近い所) = 회사에 가까운 곳

≪시간적으로 가깝다≫

ちかいうちに(近い内に) = 조만간
ちかいしょうらい(近い将来) = 가까운 장래
よんじゅうにちかい(四十に近い) = 40에 가깝다

≪친하다≫

ごくちかいあいだがら(ごく近い間柄) = 매우 가까운 사이
ちかくてとおいかんけい(近くて遠い関係) = 가깝고도 먼 관계
てんさいにちかいひと(天才に近い人) = 천재에 가까운 사람

❷ とおい(遠い)는 '멀다'는 뜻입니다. '닮지 않다', 의식이나 감각이 '흐릿하다'는 뜻으로도 쓰입니다. 한국어와 같은 감각으로 쓰입니다.

≪거리가 멀다≫

みちがとおい(道が遠い) = 길이 멀다
はるかとおくのこきょうのそら(遥か遠くの故郷の空)
= 머나먼 고향 하늘

とおくのしんるいよりちかくのたにん(遠くの親類より近くの他人)
= 이웃사촌

≪시간이 멀다≫

とおいむかし(遠い昔) = 먼 옛날
かんせいにはとおい(完成には遠い) = 완성되기는 멀었다
とおいしんるい(遠い親類) = 먼 친척

≪친하지 않다 ; 닮지 않다≫

とおくてちかいだんじょのなか(遠くて近い男女の仲)
= 멀고도 가까운 남녀 사이
えいさいというにはとおい(英才と言うには遠い)
= 영재라고 하기에는 거리가 멀다

≪의식·감각이 흐릿하다≫

みみがとおい(耳が遠い) = 귀가 멀다
きがとおくなる(気が遠くなる) = 정신이 멍해지다

❸ ちかづく(近付く)는 '접근하다' '가까워지다'는 뜻입니다.

くるまがちかづく(車が近付く) = 자동차가 접근하다

ふゆがちかづく(冬が近付く) = 겨울이 다가오다

わるいともだちにはちかづくな(悪い友達には近付くな)
= 나쁜 친구는 가까이하지 마라


❹ とおのく(遠退く)는 '멀어지다' '물러나다'는 뜻입니다.

すがたがだんだんとおのく(姿がだんだん遠退く)
= 모습이 점점 멀어지다

あしおとがしだいにとおのく(足音が次第に遠退く)
= 발소리가 점점 멀어지다

かのうせいがとおのく(可能性が遠退く) = 가능성이 멀어지다

れんらくがとおのく(連絡が遠退く) = 연락이 뜸해지다

あらそいからとおのく(争いから遠退く) = 다툼에서 물러나다

## kotoba

しょうらい(将来) = 장래
あいだがら(間柄) = 인간관계
かんけい(関係) = 관계
てんさい(天才) = 천재
はるか(遥か) = 아득히
こきょう(故郷) = 고향
しんるい(親類) = 친척
たにん(他人) = 다른 사람
むかし(昔) = 옛날

ちかづく(近付く) = 접근하다

かんせい(完成) = 완성
だんじょ(男女) = 남녀
えいさい(英才) = 영재
ともだち(友達) = 친구
あしおと(足音) = 발소리
しだいに(次第に) = 점점
かのうせい(可能性) = 가능성
れんらく(連絡) = 연락
あらそい(争い) = 다툼

わるい(悪い) = 나쁘다

**CHAPTER 2**

# 높고, 낮고

❶ たかい(高い)는 '높다'는 뜻입니다. 한국어와 같은 감각으로 쓰입니다.

≪높다≫

たかいやまにのぼる(高い山に登る) = 높은 산에 오르다
たかいところにおく(高い所に置く) = 높은 곳에 두다
ひこうきがたかくとぶ(飛行機が高く飛ぶ) = 비행기가 높이 날다

≪크다 ; 강하다≫

せがたかい(背が高い) = 키가 크다

きぐらいがたかい(気位が高い) = 자존심이 강하다

あたまがたかい(頭が高い) = 거만하다(건방지다)

≪위에 있다≫

くらいがたかい(位が高い) = 지위가 높다

みぶんがたかい(身分が高い) = 신분이 높다

めがたかい(目が高い) = 안목이 높다

≪인기·명성이 높다≫

ひょうばんがたかい(評判が高い) = 평판이 높다

うわさがたかい(噂が高い) = 소문이 자자하다

≪눈금·숫자 따위가 크다≫

しぼうりつがたかい(死亡率が高い) = 사망률이 높다

いどがたかい(緯度が高い) = 위도가 높다

けつあつがたかい(血圧が高い) = 혈압이 높다

《정도가 높다》

ぶんかのすいじゅんがたかい(文化の水準が高い)
= 문화의 수준이 높다
はんにんのけんきょりつがたかい(犯人の検挙率が高い)
= 범인의 검거율이 높다
せいこうのかくりつがたかい(成功の確率が高い) = 성공 확률이 높다

《값이 비싸다》

アパートのかかくがたかい(アパートの価格が高い)
= 아파트 가격이 비싸다
せいかつひがたかくつく(生活費が高く付く)
= 생활비가 비싸게 먹히다

❷ ひくい(低い)는 '낮다'는 뜻입니다. '작다', '얕다', '지위가 낮다' 등의 뜻으로도 쓰입니다.

≪작다 ; 적다≫

せがひくい(背が低い) = 키가 작다
ひくいこえではなす(低い声で話す) = 작은 소리로 이야기하다
こえをひくくする(声を低くする) = 목소리를 낮추다
ひょうばんがひくい(評判が低い) = 인기가 썩 좋지 않다

≪낮다≫

おんどがひくい(温度が低い) = 온도가 낮다
かちがひくい(価値が低い) = 가치가 낮다
ぶんかのすいじゅんがひくい(文化の水準が低い)
= 문화의 수준이 낮다

≪위치·지위가 낮다≫

ひくいやま(低い山) = 낮은 산
ひくいはな(低い鼻) = 낮은 코
いどがひくい(緯度が低い) = 위도가 낮다
こしがひくい(腰が低い) = 저자세이다

## kotoba

きぐらい(気位) = 우월감; 자존심
みぶん(身分) = 신분
ひょうばん(評判) = 평판
しぼうりつ(死亡率) = 사망률
いど(緯度) = 위도
けつあつ(血圧) = 혈압

のぼる(登る) = 오르다
たかい(高い) = 높다

すいじゅん(水準) = 수준
けんきょ(検挙) = 검거
かくりつ(確率) = 확률
かかく(価格) = 가격
おんど(温度) = 온도
こし(腰) = 허리

おく(置く) = 두다
とぶ(飛ぶ) = 날다

**CHAPTER 3**

# 길고, 짧고

❶ ながい(長い)는 '길다'는 뜻입니다. 한국어와 거의 같은 감각으로 쓰입니다.

≪길이가 길다≫

きりんのあしはながい(麒麟の足は長い) = 기린의 다리는 길다
あなたのゆびはながい(貴方の指は長い) = 당신의 손가락은 길다
ながくのびたみち(長く伸びた道) = 길게 이어진 길

≪시간이 오래다≫

ながいあいだのわるいかんしゅう(長い間の悪い慣習)
= 오랜 동안의 나쁜 관습

ながいねんげつがへる(長い年月が経る) = 오랜 세월이 지나다

げいじゅつはながい(芸術は長い) = 예술은 길다

ながいわかれ(長い別れ) = 영원한 이별


≪길이 멀다≫

みちのりはながい(道程は長い) = 갈 길이 멀다

ながいたびじにつく(長い旅路に付く) = 머나먼 여행길에 오르다


≪관용구≫

ながいめでみる(長い目で見る) = 긴 안목으로 보다

くびをながくしてまつ(首を長くして待つ) = 학수고대하다

ながいものにはまかれろ(長い物には巻かれろ)
= 긴 것에는 감겨라(힘 앞에는 복종하라)

ながいねむりにつく(長い眠りに就く) = 긴 잠에 들다(영면하다)

### ✵ 감각 돋보기

일본인은 마음이 '느긋하다', 궁둥이가 '무겁다' 등의 표현에도 ながい(長い)라는 단어를 사용합니다.

きがながい(気が長い) = 마음이 늘쩡하다
しりがながいひと(尻が長い人) = 밑질긴 사람


❷ みじかい(短い)는 '짧다'는 뜻입니다. 한국어와 같은 감각으로 쓰입니다.


≪길이가 짧다≫

きょりがみじかい(距離が短い) = 거리가 짧다
みじかいはなし(短い話) = 짧은 이야기
かみをみじかくきる(髪を短く切る) = 머리를 짧게 깎다

≪시간적으로 짧다≫

みじかいきかん(短い期間) = 짧은 기간
ふゆにはひがみじかくなる(冬には日が短くなる)
= 겨울에는 해가 짧아진다
みじかいあいだのしんぼうだ(短い間の辛抱だ)
= 잠깐 동안만 참으면 된다

≪작다 ; 모자라다 ; 급하다≫

せたけがみじかい(背丈が短い) = 키가 작다
さいがみじかい(才が短い) = 재주가 모자라다
きのみじかいひと(気の短い人) = 성급한 사람

 **kotoba**

きりん(麒麟) = 기린
あなた(貴方) = 당신
かんしゅう(慣習) = 관습
げいじゅつ(芸術) = 예술
みちのり(道程) = 갈 길
たびじ(旅路) = 여행길

しり(尻) = 엉덩이
きょり(距離) = 거리
かみ(髪) = 머리
きかん(期間) = 기간
しんぼう(辛抱) = 참음
せたけ(背丈) = 키

のびる(伸びる) = 펴다
へる(経る) = 지나다
わかれる(別れる) = 헤어지다

ねむる(眠る) = 자다
つく(就く) = 들다
きる(切る) = 자르다

# CHAPTER 4

# 넓고, 좁고

❶ ひろい(広い)는 '넓다'는 뜻입니다. 한국어와 같은 감각으로 쓰입니다.

≪넓이가 넓다≫

にわがひろい(庭が広い) = 마당이 넓다
ひろいとおり(広い通り) = 넓은 길
ひろいしきち(広い敷地) = 넓은 대지
かたはばがひろい(肩幅が広い) = 어깨통이 넓다

≪범위가 넓다 ; 트여있다≫

しやがひろい(視野が広い) = 시야가 넓다
けんぶんがひろい(見聞が広い) = 견문이 넓다
かおがひろい(顔が広い) = 얼굴이 넓다(안면이 많다)

≪마음이 넓다 ; 너그럽다≫

こころのひろいひと(心の広い人) = 마음이 넓은 사람
どりょうがひろい(度量が広い) = 도량이 넓다

≪관용구 ; 합성어≫

ひろこうじ(広小路) = 넓은 길
ひろっぱ(広っぱ) = 넓은 공터
ひろの(広野) = 광야
ひろば(広場) = 광장
ひろびろ(広広) = 넓직한 모양
ひろま(広間) = 큰 방

❷ せまい(狭い)는 '좁다'는 뜻입니다. 한국어와 같은 감각으로 쓰입니다.

≪넓이가 좁다≫

せまいにわ(狭い庭) = 좁은 뜰
くちがせまい(口が狭い) = 입구가 좁다
みちがもっとせまくなった(道がもっと狭くなった)
= 길이 더욱 좁아졌다

≪범위가 좁다≫

せけんがせまい(世間が狭い) = 교제 범위가 좁다
けんしきがせまい(見識が狭い) = 견식이 좁다
かたみがせまい(肩身が狭い) = 열등감을 느끼다

≪마음이 좁다≫

こころがせまい(心が狭い) = 마음이 좁다
りょうけんがせまい(了見が狭い) = 소견이 좁다
どりょうがせまい(度量が狭い) = 도량이 좁다

≪관용구 ; 합성어≫

せまきもん(狭き門) = 좁은 문
せまくるしい(狭苦しい) = 옹색하다

 **kotoba**

しきち(敷地) = 대지
かたはば(肩幅) = 어깨통
しや(視野) = 시야
けんぶん(見聞) = 견문
どりょう(度量) = 도량
こうじ(小路) = 소로

ひろば(広場) = 광장
せけん(世間) = 세상
けんしき(見識) = 견식
かたみ(肩身) = 면목
りょうけん(了見) = 소견
どりょう(度量) = 도량

**CHAPTER 5**

# 깊고, 얕고

❶ ふかい(深い)는 '깊다'는 뜻입니다. 한국어와 거의 같은 감각으로 쓰입니다.

≪깊이가 깊다≫

ふかいうみ(深い海) = 깊은 바다
ふかいもり(深い森) = 깊은 숲
きずぐちがふかくない(傷口が深くない) = 상처가 깊지 않다

≪생각이 깊다≫

しりょがふかい(思慮が深い) = 사려가 깊다
ふかいきょうみをもつ(深い興味を持つ) = 깊은 흥미를 갖다
こころのおくふかくひめる(心の奥深く秘める)
= 마음속에 깊이 간직하다

≪정도가 깊다≫

ふかいねむり(深い眠り) = 깊은 잠
ふかいあじわい(深い味わい) = 깊은 맛
ふかいせいじゃく(深い静寂) = 깊은 정적

≪관계가 깊다≫

ふかいえん(深い縁) = 깊은 인연
ふかいなか(深い仲) = 깊은 사이
ふかくかんけいをむすぶ(深く関係を結ぶ) = 깊은 관계를 맺다

≪계절이 깊다 ; 한창이다≫

はるもふかい(春も深い) = 봄도 한창이다

あきがふかい(秋が深い) = 가을이 깊다

よるもだいぶふかくなった(夜もだいぶ深くなった) = 밤도 꽤 깊어졌다

≪초목 등이 우거지다≫

ざっそうがふかい(雑草が深い) = 잡초가 무성하다

ふかいもりのなか(深い森の中) = 깊은 숲 속

≪관용구 ; 합성어≫

ふかいり(深入り) = 깊이 들어감

ふかぐつ(深靴) = 목이 긴 신 ; 부츠

ふかざけ(深酒) = 과음

ふかで(深手) = 깊은 상처

ふかま(深間) = (물이) 깊은 곳 ; 남녀의 정분이 깊음

ふかみどり(深緑) = 짙은 초록

## 🔯 감각 돋보기

일본인은 색깔이나 농도가 '짙다', 정도가 '심하다', 욕심이나 정이 '많다' 등의 표현에도 ふかい(深い)라는 단어를 씁니다.

≪색깔·농도가 짙다≫

みどりがふかい(緑が深い) = 녹색이 짙다
あじがふかい(味が深い) = 맛이 짙다
きりがふかくたちこめる(霧が深く立ち込める) = 안개가 자욱이 끼다

≪심하다≫

さびがふかい(錆が深い) = 녹이 많이 슬다
よくふかいひと(欲深い人) = 욕심이 많은 사람
なさけふかいおんな(情け深い女) = 인정이 많은 여자

❷ あさい(浅い)는 '얕다'는 뜻입니다. 한국어와 거의 같은 감각으로 쓰입니다.

≪깊이가 얕다≫

あさいみずうみ(浅い湖) = 얕은 호수
かわがあさい(川が浅い) = 강이 얕다
ねがあさい(根が浅い) = 뿌리가 얕다

≪정도가 덜하다≫

あさいねむり(浅い眠り) = 얕은 잠
あさいりかい(浅い理解) = 얕은 이해
かんけいがあさい(関係が浅い) = 관계가 깊지 못하다

≪오래지 않다≫

ひがあさい(日が浅い) = 일천하다
れきしがあさい(歴史が浅い) = 역사가 짧다

≪색이 연하다≫

いろがあさい(色が浅い) = 색이 엷다
あさいみどりいろ(浅い緑色) = 엷은 녹색

≪관용구 ; 합성어≫

あさぐろい(浅黒い) = 거무스름하다
あさせ(浅瀬) = 얕은 여울
あさぢえ(浅知恵) = 잔꾀
あさづけ(浅漬け) = 겉절이 채소
あさで(浅手) = 가벼운 상처
あさり(浅蜊) = 모시조개

 **kotoba**

きずぐち(傷口) = 상처
しりょ(思慮) = 사려
せいじゃく(静寂) = 정적
えん(縁) = 인연

あじわう(味わう) = 맛보다

さび(錆) = 녹
なさけ(情け) = 인정
みずうみ(湖) = 호수
みどりいろ(緑色) = 녹색

むすぶ(結ぶ) = 맺다

**CHAPTER 6**

# 크고, 작고

❶ おおきい(大きい)는 '크다'는 뜻입니다. 한국어와 같은 감각으로 쓰입니다.

≪형상이 크다≫

おおきいぞう(大きい象) = 큰 코끼리
せたけがおおきい(背丈が大きい) = 키가 크다

≪수량 등이 많다≫

ごはさんよりおおきい(五は三より大きい) = 5는 3보다 크다
おおきくなったらいしになりたい(大きくなったら医師になりたい)
= 크면 의사가 되고 싶다
ラジオのおとがおおきい(ラジオの音が大きい) = 라디오 소리가 크다

≪정도가 심하다≫

ひがいがおおきい(被害が大きい) = 피해가 심하다
おおきくまける(大きく負ける) = 크게 지다
さわぎがおおきくなった(騒ぎが大きくなった) = 소동이 크게 벌어졌다

≪규모가 크다≫

おおきいじぎょう(大きい事業) = 큰 사업
かくさがおおきい(格差が大きい) = 격차가 크다
もののかんがえかたがおおきい(物の考え方が大きい)
= 생각의 스케일이 크다

≪허세부리다≫

はなしがおおきい(話が大きい) = 말이 거창하다
おおきいことをいう(大きいことを言う) = 큰소리치다
おおきくでる(大きく出る) = 잘난 체하고 크게 나오다

≪중요하다≫

おおきいもんだい(大きい問題) = 큰 문제
せきにんがおおきい(責任が大きい) = 책임이 크다

❷ ちいさい(小さい)는 '작다'는 뜻입니다. 한국어와 같은 감각으로 쓰입니다.

≪크기가 작다≫

ちいさいべっそう(小さい別荘) = 작은 별장
ちいさくみえる(小さく見える) = 작게 보이다
ちいさくきる(小さく切る) = 작게 자르다

≪규모가 작다≫

きぼうがちいさい(規模が小さい) = 규모가 작다
ちいさくはじめる(小さく始める) = 작게 시작하다
にんげんがちいさい(人間が小さい) = 인물이 작다(사람됨이 변변치 않다)

≪정도가 적다≫

えいきょうがちいさい(影響が小さい) = 영향이 적다
ひがいがちいさい(被害が小さい) = 피해가 적다

≪좁다 ; 작다 ; 작아지다≫

きがちいさい(気が小さい) = 마음이 좁다
きもったまがちいさい(肝っ玉が小さい) = 간덩이가 작다
きがちいさくなる(気が小さくなる) = 마음이 움츠러들다

 *kotoba*

ひがい(被害) = 피해   せきにん(責任) = 책임

さわぎ(騒ぎ) = 소동   べっそう(別荘) = 별장

じぎょう(事業) = 사업   きぼう(規模) = 규모

かくさ(格差) = 격차   きもったま(肝っ玉) = 간덩이

まける(負ける) = 지다   はじめる(始める) = 시작하다

**CHAPTER 7**

# 무겁고, 가볍고

❶ おもい(重い)는 '무겁다'는 뜻입니다. 한국어와 같은 감각으로 쓰입니다.

≪무게가 나가다≫

おもいにもつ(重い荷物) = 무거운 짐
めかたがおもい(目方が重い) = 무게가 무겁다
ふとっておもくなった(太って重くなった) = 살이 쪄서 무거워졌다

≪언동이 가볍지 않다≫

くちがおもい(口が重い) = 입이 무겁다
おもいたいど(重い態度) = 침착한 태도

≪동작이 굼뜨다≫

こしがおもい(腰が重い) = 행동이 느리다
おもいあしどり(重い足取り) = 무거운 발걸음
まぶたがおもい(瞼が重い) = 눈이 개개풀어지다

≪개운치 않다≫

あたまがおもい(頭が重い) = 머리가 무겁다
きがおもい(気が重い) = 마음이 무겁다(우울하다)
いのあたりがおもい(胃の辺りが重い) = 위 언저리가 무지근하다

≪중대하다≫

せきにんがおもい(責任が重い) = 책임이 무겁다
やくわりがたいへんおもい(役割が大変重い) = 역할이 매우 중하다
じたいをおもくみる(事態を重く見る) = 사태를 중시하다

≪정도가 심하다≫

おもいつみ(重い罪) = 무거운 죄

おもいふたんをおう(重い負担を負う) = 무거운 부담을 지다

ははのびょうきがおもい(母の病気が重い) = 어머니 병이 위중하다

❷ かるい(軽い)는 '가볍다'는 뜻입니다. 한국어와 같은 감각으로 쓰입니다.

≪무게가 가볍다≫

かるいくつ(軽い靴) = 가벼운 신발

にもつがかるい(荷物が軽い) = 짐이 가볍다

やせてかるくなる(痩せて軽くなる) = 말라서 가벼워지다

≪홀가분하다≫

みがかるい(身が軽い) = 몸이 가볍다(자유롭다)

こしがかるい(腰が軽い) = 날렵하게 움직이다

みもこころもかるい(身も心も軽い) = 몸도 마음도 가볍다

≪경솔하다≫

くちがかるい(口が軽い) = 입이 가볍다

しりがかるい(尻が軽い) = 엉덩이가 가볍다(진득하지 못하다, 헤프다)

≪대수롭지 않다≫

かるいしょくじ(軽い食事) = 가벼운 식사

かるいぶんしょう(軽い文章) = 가벼운 문장

かるいつみ(軽い罪) = 가벼운 죄

せきにんがかるい(責任が軽い) = 책임이 가볍다

かれをかるくみる(彼を軽く見る) = 그를 대수롭지 않게 보다

≪손쉽다≫

かるくかたづける(軽く片付ける) = 손쉽게 처리하다

しつもんをかるくいなす(質問を軽く往なす)
= 질문을 가볍게 받아 넘기다

かるくさんメートルをとんだ(軽く三メートルを跳んだ)
= 가볍게 3미터를 뛰었다

≪관용구 ; 합성어≫

かるがる(軽軽) = 아주 가볍게
かるくち(軽口) = 익살 ; 가벼운 농담
軽(かる)はずみ = 경솔함
かるめ(軽目) = 약간 가벼움
かるわざ(軽業) = 곡예

## kotoba

めかた(目方) = 무게   やくわり(役割) = 역할
たいど(態度) = 태도   じたい(事態) = 사태
あしどり(足取り) = 발걸음   ふたん(負担) = 부담
まぶた(瞼) = 눈꺼풀   ぶんしょう(文章) = 문장
あたり(辺り) = 언저리   せきにん(責任) = 책임
せきにん(責任) = 책임   しつもん(質問) = 질문

## CHAPTER 8

# 굵고, 가늘고, 잘고

❶ ふとい(太い)는 '굵다'는 뜻입니다. '강하다'는 뜻으로도 쓰입니다.

≪굵다≫

ふといつな(太い綱) = 굵은 밧줄

ふといあし(太い足) = 굵은 다리

ふといみき(太い幹) = 굵은 나무줄기

せんがふとい(線が太い) = 선이 굵다

≪강하다≫

きもったまがふとい(肝っ玉が太い) = 대담하다(배짱이 좋다)
おしのふといこうしょう(押しの太い交渉) = 강하게 밀어붙이는 교섭

### ✺ 감각 돋보기

일본인은 ふとい(太い)를 '넉살좋다' '뻔뻔스럽다'는 뜻으로 사용합니다.

ふといことをする(太い事をする) = 뻔뻔한 짓을 하다
ふといやつだ(太い奴だ) = 뻔뻔스러운 놈이다
ふといりょうけんだ(太い了見だ) = 발칙한 생각이다

❷ ほそい(細い)는 '가늘다'는 뜻입니다. 한국어와 같은 감각으로 쓰입니다.

≪가늘다≫

ほそいいと(細い糸) = 가는 실
せんがほそい(線が細い) = 선이 가늘다

≪좁다≫

ほそいみち(細い道) = 좁은 길
ズボンが細(ほそ)くなった = 바지가 좁아졌다
めをほそくする(目を細くする) = 눈을 가늘게 뜨다

≪약하다 ; 작다≫

ほそいうで(細い腕) = 약한 팔
ランプのひがほそい(ランプの火が細い) = 램프의 불이 약하다
きえいりそうなほそいこえ(消え入りそうな細い声)
= 꺼져 들어가는 듯한 가는 소리

≪관용구 ; 합성어≫

ほそおび(細帯) = 폭이 좁은 띠
ほそおもて(細面) = 갸름한 얼굴

ほそくび(細首) = 가는 목

ほそごし(細腰) = 가는 허리

ほそじ(細字) = 가는 글씨

ほそぼそ(細細) = 아주 가느다란 모양

ほそめ(細目) = 실눈

ほそもとで(細元手) = 얼마 안 되는 밑천

### ✦ 감각 돋보기

일본인은 ほそい(細い)를 '양이 적다'는 뜻으로 사용합니다.

ちちのでがほそくなる(乳の出が細くなる) = 젖 나오는 양이 적다
なつにはしょくがほそくなる(夏には食が細くなる)
= 여름에는 먹는 양이 적다

❸ こまかい(細かい)는 '작다' '잘다'는 뜻입니다. '자세하다', '세심하다', '하찮다'는 뜻으로도 쓰입니다.

≪잘다≫

こまかいつぶ(細かい粒) = 작은 알갱이
こまかいかね(細かい金) = 잔돈
こまかいあめ(細かい雨) = 가랑비
こまかいゆきがふる(細かい雪が降る) = 싸락눈이 온다
こまかくくだく(細かく砕く) = 잘게 부수다

≪금액이 작다≫

こまかいかねがない(細かい金がない) = 잔돈이 없다
せんえんさつをこまかくする(千円札を細かくする)
= 천 엔권을 잔돈으로 바꾸다

≪자세하다≫

こまかいせつめい(細かい説明) = 자세한 설명
こまかいじじょう(細かい事情) = 자세한 사정
こまかいじょうほう(細かい情報) = 자세한 정보

≪세심하다≫

こまかいかんさつ(細かい観察) = 면밀한 관찰
こまかいこころづかい(細かい心遣い) = 세심한 배려
こまかくびょうしゃする(細かく描写する) = 상세히 묘사하다
こまかいちゅういをはらう(細かい注意を払う) = 세심한 주의를 하다
こまかいてんまできをくばる(細かい点まで気を配る)
= 세세한 데까지 신경을 쓰다

≪사소하다 ; 하찮다≫

こまかいことをきにかける(細かい事を気に掛ける)
= 하찮은 일을 걱정하다
こまかいことにまでくちをだす(細かい事にまで口を出す)
= 하찮은 일에까지 참견하다

## 감각 돋보기

일본인은 こまかい(細かい)를 '타산적이다', '인색하다'는 뜻으로 사용합니다.

きんせんにこまかいしょうにん(金銭に細かい商人)
= 금전에 타산적인 상인
しょうばいとなるとこまかい(商売となると細かい) = 장사에는 인색하다

## kotoba

つな(綱) = 밧줄
みき(幹) = 나무줄기
こうしょう(交渉) = 교섭
りょうけん(了見) = 생각
おび(帯) = 띠
おもて(面) = 얼굴
もとで(元手) = 밑천
つぶ(粒) = 알갱이

じょうほう(情報) = 정보
かんさつ(観察) = 관찰
こころづかい(心遣い) = 배려
びょうしゃ(描写) = 묘사
ちゅうい(注意) = 주의
きんせん(金銭) = 금전
しょうにん(商人) = 상인
しょうばい(商売) = 장사

きえる(消える) = 꺼지다
くだく(砕く) = 부수다

はらう(払う) = 없애다
くばる(配る) = 분배하다

# CHAPTER 9

## 딱딱하고, 부드럽고

❶ かたい(堅い)는 '단단하다' '딱딱하다'는 뜻입니다. 한국어와 거의 같은 감각으로 쓰입니다.

≪단단하다≫

いしはきよりかたい(石は木より堅い) = 돌은 나무보다 단단하다
かたくてわれない(堅くて割れない) = 단단해서 깨지지 않다

≪굳다≫

かたいやくそくをかわす(堅い約束を交わす) = 굳은 약속을 나누다
いしがかたい(意志が堅い) = 의지가 굳다
ぎりがかたい(義理が堅い) = 의리가 굳다

≪견고하다≫

しろのまもりがかたい(城の守りが堅い) = 성의 수비가 견고하다
かたくもんをとざす(堅く門を閉ざす) = 문을 굳게 닫다
くちがかたい(口が堅い) = 입이 무겁다

≪힘주어 ~ 하다≫

ぞうきんをかたくしぼる(雑巾を堅く絞る) = 걸레를 꼭 짜다
かたくだきしめる(堅く抱き締める) = 꼭 껴안다
ひもをかたくむすぶ(紐を堅く結ぶ) = 끈을 단단히 매다

≪융통성이 없다 ; 진지하다≫

あたまがかたい(頭が堅い) = 생각이 완고하다
かたいぎろん(堅い議論) = 진지한 의론

≪견실하다≫

かたいおとこ(堅い男) = 견실한 사내
かたいしょうばい(堅い商売) = 견실한 사업

≪딱딱하다 ; 재미없다≫

かたいぶんしょう(堅い文章) = 딱딱한 문장
かたいことをいう(堅い事を言う) = 딱딱한 소리를 하다
かたくこわばったひょうじょう(堅く強張った表情)
= 딱딱하게 굳어진 표정

### ❂ 감각 돋보기

일본인은 かたい(堅い)를 '엄하다', '긴장하다' '질기다' 등의 뜻으로 사용합니다.

≪엄하다≫

かたくきんずる(堅く禁ずる) = 엄하게 금하다
かたくいましめる(堅く戒める) = 단단히 타이르다

≪긴장하다≫

はつしゅつじょうでかたくなった(初出場で堅くなった)
= 첫출연으로 긴장했다
だいとうりょうのまえでかたくなった(大統領の前で堅くなった)
= 대통령 앞에서 긴장했다

≪질기다≫

かたいかわ(堅い皮) = 질긴 가죽
このぎゅうにくはかたい(この牛肉は堅い) = 이 쇠고기는 질기다

❷ やわらかい(柔らかい)는 '부드럽다'는 뜻입니다. 한국어와 같은 감각으로 쓰입니다.

やわらかいもち(柔らかい餅) = 몰랑한 떡
やわらかいつち(柔らかい土) = 부드러운 흙

やわらかいふとん(柔らかい布団) = 포근한 이불
やわらかいからだ(柔らかい体) = 유연한 몸

やわらかいみごなし(柔らかい身ごなし) = 부드러운 행동거지
あたまがやわらかいひと(頭が柔らかい人) = 두뇌 회전이 유연한 사람
ひとあたりがやわらかい(人当たりが柔らかい)
= 남에게 주는 인상이 부드럽다

 *kotoba*

いし(意志) = 의지
ぎり(義理) = 의리
しろ(城) = 성
ぎろん(議論) = 의론
ひょうじょう(表情) = 표정

しゅつじょう(出場) = 출연
かわ(皮) = 가죽
だいとうりょう(大統領)
= 대통령
ぎゅうにく(牛肉) = 쇠고기

われる(割れる) = 깨지다
かわす(交わす) = 교환하다
まもる(守る) = 지키다
とざす(閉ざす) = 닫다

いましめる(戒める) = 경계하다
だきしめる(抱き締める)
= 껴안다
こわばる(強張る) = 굳어지다

**CHAPTER 10**

# 좋고, 나쁘고

❶ よい(良い)는 '좋다'는 뜻입니다. 한국어와 같은 감각으로 쓰입니다.


≪뛰어나다≫

あたまがよい(頭が良い) = 머리가 좋다
はつおんがよい(発音が良い) = 발음이 좋다
きおくりょくがよい(記憶力が良い) = 기억력이 좋다

≪정도가 좋다≫

ひあたりのよいへや(日当たりの良い部屋) = 햇볕이 잘 드는 방
そだちがよい(育ちが良い) = 성장 과정이 좋다
きげんがよい(機嫌が良い) = 기분이 좋다

≪괜찮다≫

さけをのんでもよい(酒を飲んでも良い) = 술을 마셔도 좋다
しんじてもよい(信じても良い) = 믿어도 좋다
かえってもよい(帰っても良い) = 돌아가도 좋다

≪효과 있다≫

よくきくくすり(良く効く薬) = 잘 듣는 약
よくかいてある(良く書いてある) = 잘 써 있다
まにあってよかった(間に合って良かった)
= 시간에 댈 수 있어서 잘 됐다

≪신분 · 값이 높다≫

みぶんのよいひと(身分の良い人) = 신분이 높은 사람

なかなかよいねだ(なかなか良い値だ) = 꽤 비싼 값이다

≪아름답다≫

よいおんな(良い女) = 아름다운 여자

ようぼうもよい(容貌も良い) = 용모도 아름답다

よいけしき(良い景色) = 아름다운 경치

≪착하다≫

よいおこない(良い行い) = 착한 행위

よいひとがら(良い人柄) = 착한 성품

よいおしえご(良い教え子) = 좋은 제자

≪알맞다≫

よいところへきた(良い所へ来た) = 마침 잘 왔다

わたしにはよいあいてだ(私に良い相手だ) = 내게 좋은 상대다

よいひとをさがす(良い人を探す) = 좋은 사람을 찾는다

《이롭다》

よいほん(良い本) = 이로운 책
からだによい(体に良い) = 몸에 이롭다

《자주》

よくえいがをみにいく(良く映画を見に行く) = 자주 영화 보러 가다
としをとってよくころぶ(年を取って良く転ぶ)
= 나이를 먹어서 잘 넘어진다

❷ わるい(悪い)는 '나쁘다'는 뜻입니다. 한국어와 같은 감각으로 쓰입니다.

《바르지 않다》

わるいあそび(悪い遊び) = 못된 놀이
ぎょうぎのわるいこ(行儀の悪い子) = 예절이 바르지 못한 아이
わるいことはじきにおぼえる(悪い事は直に覚える)
= 못된 짓은 쉽게 배운다

≪해롭다≫

からだにわるい(体に悪い) = 몸에 해롭다
こどもにわるいえいが(子供に悪い映画) = 아이에게 해로운 영화
わるいかぜがはやる(悪い風邪が流行る) = 악성 감기가 유행하다
たばこはからだにわるい(煙草は体に悪い) = 담배는 몸에 나쁘다

≪언짢다≫

わるいよかん(悪い予感) = 불길한 예감
けいきがわるい(景気が悪い) = 경기가 나쁘다
あとあじがわるい(後味が悪い) = 뒷맛이 좋지 않다
ぐあいがわるい(具合いが悪い) = 형편이 나쁘다
えんぎがわるい(縁起が悪い) = 징조가 언짢다

≪좋지 않다≫

なかがわるい(仲が悪い) = 사이가 좋지 않다
がめんのうつりがわるい(画面の映りが悪い) = 화면이 선명치 않다
こうりつがわるい(効率が悪い) = 효율이 나쁘다

≪상하다≫

さかながわるくなる(魚が悪くなる) = 생선이 상하다
ぎゅうにゅうがわるくなる(牛乳が悪くなる) = 우유가 상하다

 **kotoba**

はつおん(発音) = 발음
きおく(記憶) = 기억
ひあたり(日当たり) = 햇볕
ようぼう(容貌) = 용모
けしき(景色) = 경치
ひとがら(人柄) = 성품
おしえご(教え子) = 제자
あいて(相手) = 상대
えいが(映画) = 영화

そだつ(育つ) = 자라다
きく(効く) = 듣다 ; 효과가 있다

ぎょうぎ(行儀) = 예절
じきに(直に) = 곧
よかん(予感) = 예감
けいき(景気) = 경기
あとあじ(後味) = 뒷맛
ぐあい(具合い) = 형편
えんぎ(縁起) = 유래 ; 재수
がめん(画面) = 화면
こうりつ(効率) = 효율

さがす(探す) = 찾다
ころぶ(転ぶ) = 넘어지다

# CHAPTER 11

# 새롭고, 오래되고, 강하고, 약하고

❶ あたらしい(新しい)는 '새롭다'는 뜻입니다. 한국어와 같은 감각으로 쓰입니다.

≪오래지 않다≫

あたらしいようふく(新しい洋服) = 새로운 양복
あたらしいはなし(新しい話) = 새로운 이야기
あたらしくにゅうがくしたせいと(新しく入学した生徒)
= 새로 입학한 학생

≪현대적 ; 진보적≫

あたらしいなみ(新しい波) = 새로운 물결
あたらしいしそう(新しい思想) = 새로운 사상
あたらしいかんかく(新しい感覚) = 새로운 감각

≪싱싱하다 ; 새롭다≫

あたらしいさかな(新しい魚) = 싱싱한 생선
きおくにあたらしい(記憶に新しい) = 기억에 새롭다

❷ ふるい(古い)는 '오래되다'는 뜻입니다. 한국어와 같은 감각으로 쓰입니다.

≪헐다≫

ふるいいす(古い椅子) = 헌 의자
ふるいゆうじん(古い友人) = 오래된 친구
このとちにふるいひとびと(この土地に古い人々)
= 이 고장에서 오래 산 사람들

≪낡다≫

ふるいかたのきかい(古い型の機械) = 구형의 기계
あたまがふるい(頭が古い) = 머리가 구식이다
かんがえかたがふるい(考え方が古い) = 사고방식이 고리타분하다
そのてはもうふるい(その手はもう古い) = 그 수는 이미 낡았다
ふるいからをやぶる(古い殻を破る) = 낡은 껍질을 깨뜨리다


❸ つよい(強い)는 '강하다'는 뜻입니다. '튼튼하다' '크다'는 뜻으로도 쓰입니다.


≪힘이 세다≫

けんかにつよい(喧嘩に強い) = 싸움에 강하다
つよいものがかつ(強い者が勝つ) = 강한 자가 이긴다

≪실력이 좋다≫

すうがくにつよい(数学に強い) = 수학에 강하다
さけにつよい(酒に強い) = 술이 세다

しょうぎがつよい(将棋が強い) = 장기를 잘 두다

≪튼튼하다 ; 강하다≫

つよいからだをつくる(強い体を作る) = 튼튼한 몸을 만들다
じしんにつよいたてもの(地震に強い建物) = 지진에 강한 건물
ふきょうにつよいかいしゃ(不況に強い会社) = 불황에 강한 회사
きがつよい(気が強い) = 마음이 강하다

≪세차다≫

つよいあめ(強い雨) = 세찬 비
かぜがつよくふく(風が強く吹く) = 바람이 세게 불다
つよいくちょうでせめる(強い口調で責める) = 강한 어조로 나무라다

≪크다≫

ふあんがつよい(不安が強い) = 불안이 크다
ふしんかんがつよい(不信感が強い) = 불신감이 크다
かのうせいがつよい(可能性が強い) = 가능성이 크다

《굳세다》

つよいしどうりょく(強い指導力) = 강한 지도력
つよいかんしん(強い関心) = 강한 관심
つよいていこう(強い抵抗) = 강한 저항

《관용구 ; 합성어》

つよがる(強がる) = 강한 체하다
つよき(強気) = 성미가 급함
つよごし(強腰) = 고자세
つよび(強火) = 화력이 센 불
つよまる(強まる) = 강해지다
つよめる(強める) = 강하게 하다

❹ よわい(弱い)는 '약하다'는 뜻입니다. '모자라다'는 뜻으로도 쓰입니다.

≪강하지 않다≫

しりょくがよわい(視力が弱い) = 시력이 약하다

きがよわい(気が弱い) = 기가 약하다

よわいものをいじめる(弱い者を虐める) = 약한 자를 괴롭히다


≪모자라다≫

よわいかぜ(弱い風) = 여린 바람

さけによわい(酒に弱い) = 술에 약하다

ちからがよわい(力が弱い) = 힘이 약하다

よわいかのこえ(弱い蚊の声) = 가냘픈 모기 소리

## kotoba

ようふく(洋服) = 양복
にゅうがく(入学) = 입학
かんかく(感覚) = 감각
きおく(記憶) = 기억
ゆうじん(友人) = 친구
から(殻) = 껍질
けんか(喧嘩) = 싸움

しょうぎ(将棋) = 장기
じしん(地震) = 지진
ふきょう(不況) = 불황
くちょう(口調) = 어조
ふしん(不信) = 불신
ていこう(抵抗) = 저항
しりょく(視力) = 시력

やぶる(破る) = 부수다
かつ(勝つ) = 이기다

せめる(責める) = 나무라다
いじめる(虐める) = 괴롭히다

# CHAPTER 12

## 밝고, 어둡고, 뜨겁고, 차고, 춥고, 덥고

❶ あかるい(明るい)는 '밝다'는 뜻입니다. 한국어와 같은 감각으로 쓰입니다.

≪밝다≫

あかるいへや(明るい部屋) = 밝은 방

つきがあかるい(月が明るい) = 달이 밝다

あかるいうちにかえりなさい(明るい内に帰りなさい)
= 어둡기 전에 돌아와요

≪명랑하다≫

あかるいかお (明るい顔) = 밝은 얼굴
あかるいしょくば (明るい職場) = 밝은 직장
あかるいいろのふく (明るい色の服) = 밝은 색깔의 옷
せいかくがあかるい (性格が明るい) = 성격이 밝다

≪공명하다≫

あかるいせいじ (明るい政治) = 밝은 정치
あかるいせんきょ (明るい選挙) = 공명한 선거

≪전망이 좋다≫

あかるいみとおし (明るい見通し) = 밝은 전망
かれのぜんとはあかるい (彼の前途は明るい) = 그의 전도는 밝다

≪~에 정통하다≫

きょうとのちりにあかるい (京都の地理に明るい) = 교토의 지리에 밝다
ほうりつにあかるい (法律に明るい) = 법률에 밝다

❷ くらい(暗い)는 '어둡다'는 뜻입니다. 한국어와 같은 감각으로 쓰입니다.

≪밝지 않다≫

くらいところ(暗い所) = 어두운 곳
ひがおちてくらくなる(日が落ちて暗くなる) = 해가 져서 어두워지다
このでんとうはくらい(この電灯は暗い) = 이 전등은 밝지 않다
くらくてほんがよめない(暗くて本が読めない)
= 어두워서 책을 읽을 수 없다

≪색깔이 칙칙하다≫

くらいいろ(暗い色) = 어두운 색깔
くらいみどりいろ(暗い緑色) = 어두운 녹색

≪떳떳하지 못하다≫

かれにはくらいかこがある(彼には暗い過去がある)
= 그에게는 어두운 과거가 있다
ねのくらいにんげん(根の暗い人間) = 본성이 떳떳하지 못한 사람

≪희망이 없다≫

くらいせいじ(暗い政治) = 어두운 정치
みとおしがくらい(見通しが暗い) = 전망이 어둡다

≪우울하다≫

くらいおんがく(暗い音楽) = 어두운 음악
くらいきんようび(暗い金曜日) = 어두운 금요일
くらいかおをしている(暗い顔をしている) = 어두운 얼굴을 하고 있다

≪물정에 어둡다≫

せじにくらい(世事に暗い) = 세상 물정에 어둡다
けいざいにくらい(経済に暗い) = 경제에 어둡다

❸ あつい(熱い)는 '뜨겁다'는 뜻입니다. 한국어와 같은 감각으로 쓰입니다.

≪온도가 높다≫

ゆがあつい(湯が熱い) = 물이 뜨겁다
からだがあつい(体が熱い) = 몸이 뜨겁다
てつはあついうちにきたえよ(鉄は熱い内に鍛えよ)
= 철은 뜨거울 때 단련하라

≪열렬하다 ; 열심이다≫

あついなみだ(熱い涙) = 뜨거운 눈물
ぶんがくへのあついおもい(文学への熱い思い)
= 문학에의 뜨거운 집념
ふたりはあつくなっている(二人は熱くなっている)
= 두 사람은 몸달아 있다


❹ つめたい(冷たい)는 '차다'는 뜻입니다. 한국어와 같은 감각으로 쓰입니다.

《차갑다》

つめたいのみもの(冷たい飮み物) = 찬 음료
かぜがつめたい(風が冷たい) = 바람이 차다
てあしがつめたい(手足が冷たい) = 손발이 차다

《냉정하다》

つめたいひと(冷たい人) = 냉정한 사람
つめたいたいど(冷たい態度) = 차가운 태도
つめたいめでみる(冷たい目で見る) = 차가운 눈으로 보다

❺ さむい(寒い)는 '춥다'는 뜻입니다. 한국어와 같은 감각으로 쓰입니다.

《춥다》

さむいふゆ(寒い冬) = 추운 겨울
さむいちほう(寒い地方) = 추운 지방
はだをさすようにさむい(肌を刺すように寒い) = 살을 에는 듯이 춥다

≪오싹하다≫

せすじがさむくなった(背筋が寒くなった) = 등골이 오싹해졌다
しんたんをさむからしめる(心胆を寒からしめる)
= 간담을 서늘하게 하다

### 감각 돋보기

일본인은 さむい(寒い)를 '부족하다' '빈약하다'는 표현으로 사용합니다.

ふところがさむい(懐が寒い) = 가진 돈이 얼마 되지 않는다
さむいせつび(寒い設備) = 빈약한 설비
さむいくらし(寒い暮らし) = 가난한 생활

❻ あつい(暑い)는 '덥다'는 뜻입니다. 한국어와 같은 감각으로 쓰입니다.

あついへや(暑い部屋) = 더운 방

きょうはたいへんあつい(今日は大変暑い) = 오늘은 매우 덥다

このなつはことにあつい(この夏は殊に暑い) = 이번 여름은 특히 덥다

あつくてかなわない(暑くて敵わない) = 더워서 견딜 수 없다

## kotoba

しょくば(職場) = 직장
みとおし(見通し) = 전망
ぜんと(前途) = 전도
ほうりつ(法律) = 법률
でんとう(電灯) = 전등
みどりいろ(緑色) = 녹색
かこ(過去) = 과거
せじ(世事) = 세상 물정
のみもの(飲み物) = 음료

おちる(落ちる) = 떨어지다
きたえる(鍛える) = 단련하다

てあし(手足) = 손발
たいど(態度) = 태도
ちほう(地方) = 지방
はだ(肌) = 피부
せすじ(背筋) = 등골
しんたん(心胆) = 간담
ふところ(懐) = 품 ; 호주머니
せつび(設備) = 설비
ことに(殊に) = 특히

さす(刺す) = 찌르다
かなう(敵う) = 대적하다

# CHAPTER 13

## 이르고, 빠르고, 늦고, 둔하고, 거칠고

❶ はやい(早い)는 '이르다'는 뜻입니다. 한국어와 같은 감각으로 쓰입니다.

≪시간이 이르다≫

あさはやくおきる(朝早く起きる) = 아침 일찍 일어나다
ぼくがきみよりはやくきた(僕が君より早く来た)
= 내가 너보다 일찍 왔다

≪아직 그 시각이 아니다≫

ねるにははやい(寝るには早い) = 자기에는 이르다
しつぼうするにははやい(失望するには早い) = 실망하기에는 이르다

≪빠르다 ; 손쉽다≫

あってはなすほうがはやい(会って話すほうが早い)
= 만나서 이야기하는 것이 빠르다
わかりがはやい(分かりが早い) = 이해가 빠르다

≪시간적으로 앞서다≫

いちじかんはやくおきる(一時間早く起きる) = 한 시간 빨리 일어나다
あさがはやい(朝が早い) = 일어나는 시각이 이르다

### ✡ 감각 돋보기

일본인은 はやい(早い)를 '예민하다' '총명하다'는 뜻으로도 사용합니다.

みみがはやい(耳が早い) = 귀가 밝다
りかいがはやい(理解が早い) = 이해가 빠르다


❷ はやい(速い)는 '빠르다'는 뜻입니다. '세차다' '거칠다'는 감각이 내포되어 있습니다.


≪동작·속도가 빠르다≫

はやいひこうき(速い飛行機) = 빠른 비행기
はやいかいふく(速い回復) = 빠른 회복
はやくはしる(速く走る) = 빨리 달리다
あしがはやい(足が速い) = 발이 빠르다
よむのがはやい(読むのが速い) = 읽는 것이 빠르다
あたまのかいてんがはやい(頭の回転が速い) = 머리의 회전이 빠르다

≪거칠다≫

ながれがはやい(流れが速い) = 물살이 세차다
こきゅうがはやい(呼吸が速い) = 호흡이 거칠다

❸ おそい(遅い)는 '늦다'는 뜻입니다. 한국어와 같은 감각으로 쓰입니다.

≪느리다≫

しごとがおそい(仕事が遅い) = 일이 느리다
あゆみがおそい(歩みが遅い) = 걸음이 느리다
りかいがおそい(理解が遅い) = 이해가 느리다
しんぽがおそい(進歩が遅い) = 진보가 느리다

≪시간이 늦다≫

おそくでるつき(遅く出る月) = 늦게 뜨는 달
かえりがおそい(帰りが遅い) = 귀가 시간이 늦다
よるおそくまであそぶ(夜遅くまで遊ぶ) = 밤늦게까지 놀다

うまれがおそい(生れが遅い) = 생일이 늦다

≪늦어지다≫

あさおそくおきる(朝遅く起きる) = 아침 늦게 일어나다
こうかいしてももうおそい(後悔してももう遅い)
= 후회해도 이미 늦었다
おそきにしっしたかんがある(遅きに失した感がある)
= 너무 늦은 감이 있다

❹ のろい(鈍い)는 '느리다'는 뜻입니다. '둔하다' '더디다'는 뜻으로도 쓰입니다.

≪둔하다 ; 무르다≫

あたまのはたらきがのろい(頭の働きが鈍い) = 머리가 둔하다
にょうぼうにのろい(女房に鈍い) = 마누라에게 무르다

≪더디다≫

でんしゃがのろい(電車が鈍い) = 전차가 느리다
あしがのろい(足が鈍い) = 걸음이 더디다

❺ あらい(荒い)는 '거칠다'는 뜻입니다. 한국어와 같은 감각으로 쓰입니다.

≪난폭하다≫

なみがあらい(波が荒い) = 파도가 거칠다
いきづかいがあらい(息遣いが荒い) = 숨결이 거칠다

はないきがあらい(鼻息が荒い) = 기세가 대단하다
きしょうがあらい(気性が荒い) = 성품이 거칠다

≪난폭하고 절도가 없다≫

かねづかいがあらい(金遣いが荒い) = 씀씀이가 헤프다
ひとづかいがあらい(人使いが荒い) = 사람을 거칠게 다루다

 **kotoba**

しつぼう(失望) = 실망
りかい(理解) = 이해
かいふく(回復) = 회복
かいてん(回転) = 회전
こきゅう(呼吸) = 호흡
あゆみ(歩み) = 걸음

しんぽ(進歩) = 진보
こうかい(後悔) = 후회
いきづかい(息遣い) = 숨결
はないき(鼻息) = 콧김
きしょう(気性) = 성품
かねづかい(金遣い) = 씀씀이

おきる(起きる) = 일어나다
ねる(寝る) = 자다
はしる(走る) = 달리다

あそぶ(遊ぶ) = 놀다
うまれる(生れる) = 태어나다
はたらく(働く) = 일하다

**CHAPTER 14**

# 달고, 쓰고, 맵고, 짜고, 시고, 맛있고, 맛없고

❶ あまい(甘い)는 '달다'는 뜻입니다. '무르다' '쉽게 보다'는 감각이 내포되어 있습니다.

≪달다≫

あまいおかし(甘いお菓子) = 맛있는 과자
あまいあじがする(甘い味がする) = 단맛이 나다

≪달콤하다≫

ばらのあまいかおり(薔薇の甘い香) = 장미의 달콤한 향기
あまいあいのささやき(甘い愛の囁き) = 달콤한 사랑의 속삭임
あまいことばでひとをさそう(甘い言葉で人を誘う)
= 달콤한 말로 남을 유혹하다

≪무르다≫

こにあまいおや(子に甘い親) = 자식에게 무른 부모
おんなにあまいおとこ(女に甘い男) = 여자에게 무른 사나이
あのおとこはにんげんがあまい(あの男は人間が甘い)
= 저 남자는 사람이 무르다
あまいてんすう(甘い点数) = 후한 점수
きりつがあまい(規律が甘い) = 규율이 엄하지 않다

≪쉽게 보다≫

あまいかんがえかた(甘い考え方) = 낙관적인 사고방식
あまくないもんだい(甘くない問題) = 쉽지 않은 문제
てきをあまくみる(敵を甘く見る) = 적을 만만하게 보다

≪관용구 ; 합성어≫

あまえ(甘え) = 어리광

あまがき(甘柿) = 단감

あまかわ(甘皮) = 속껍질

あまざけ(甘酒) = 감주

あまだい(甘鯛) = 옥돔

あまぼし(甘干し) = 곶감

あまみ(甘味) = 단맛

あまんじる(甘んじる) = 만족하다

### ✡ 감각 돋보기

あまい(甘い)는 한국어와 조금 다른 감각으로 쓰이는 경우가 있습니다. 일본인은 '싱겁다', '무디다', '헐겁다', '약하다', '모자라다' 등의 뜻으로도 사용합니다.


≪싱겁다≫

あまいみそしる(甘い味噌汁) = 싱거운 된장국
だしがあまい(出しが甘い) = 국물이 싱겁다


≪무디다≫

あまいのこぎり(甘い鋸) = 무딘 톱
かたなのきれあじがあまい(刀の切味が甘い) = 칼날이 무디다

≪헐겁다≫

ねじがあまい(螺子が甘い) = 나사가 헐겁다
せんがあまくてすぐぬける(栓が甘くてすぐ抜ける)
= 마개가 헐거워서 잘 빠진다
むすびめがあまくなった(結び目が甘くなった) = 매듭이 느슨해졌다

≪약하다 ; 모자라다≫

あまいさけ(甘い酒) = 약한 술
しゃりんのくうきがあまい(車輪の空気が甘い) = 바퀴의 바람이 적다

❷ にがい(苦い)는 '쓰다'는 뜻입니다. '싫다', '괴롭다'는 감각이 내포되어 있습니다.

≪쓰다≫

にがいくすり(苦い薬) = 쓴 약
にがくてたべられない(苦くて食べられない) = 써서 먹을 수가 없다
りょうやくはくちににがし(良薬は口に苦し) = 양약은 입에 쓰다

≪싫다 ; 괴롭다≫

にがいかおをする(苦い顔をする) = 언짢은 얼굴을 하다
にがいけいけん(苦い経験) = 쓰라린 경험
にがいめにあう(苦い目に会う) = 쓰라린 변을 당하다

❸ からい(辛い)는 '맵다' '짜다'는 뜻입니다. 일본인은 '맵다' '짜다'를 같은 감각으로 사용합니다. 하지만 한국인은 '맵다'와 '짜다'를 구별합니다.

≪맵다≫

さんしょうはからい(山椒は辛い) = 산초는 맵다
ぴりっとからい(ぴりっと辛い) = 얼얼하게 맵다
からいさけ(辛い酒) = 자극적인 술

≪짜다≫

おかずがからい(御数が辛い) = 반찬이 짜다
てんすうがからい(点数が辛い) = 점수가 짜다(박하다)

≪가혹하다 ; 엄격하다≫

せちがらいよのなか(世知辛い世の中) = 각박한 세상
からいめをみる(辛い目を見る) = 매운맛을 보다(어려운 일을 당하다)
じぶんにからい(自分に辛い) = 자신에게 엄격하다

❹ しおからい(塩辛い)는 맛이 '짜다'는 뜻입니다.

   しおからいあじ(塩辛い味) = 짠 맛

   しおからいみそしる(塩辛い味噌汁) = 짠 된장국

   しおからくにる(塩辛く煮る) = 짜게 조리다

❺ すっぱい(酸っぱい)는 맛이 '시다'는 뜻입니다.

   すっぱいあじ(酸っぱい味) = 신 맛

   ごはんがすっぱくなる(御飯が酸っぱくなる) = 밥이 쉬다

   くちがすっぱくなるほどいう(口が酸っぱくなる程言う)
   = 입에서 신물이 나도록 말하다

   くちをすっぱくしてすすめる(口を酸っぱくして勧める)
   = 입에 침이 마르도록 권하다

❻ おいしい(美味しい)는 '맛있다'는 뜻입니다.

ここのりょうりはおいしい(ここの料理は美味しい)
= 이 집 요리는 맛이 있다
とてもおいしくたべる(とても美味しく食べる) = 매우 맛있게 먹는다
おいしくいただきました(美味しく頂きました) = 맛있게 먹었습니다

❼ まずい(不味い)는 '맛없다'는 뜻입니다. '서투르다' '못생기다'는 뜻으로도 쓰입니다.

≪맛이 없다≫

このりょうりはまずい(この料理は不味い) = 이 요리는 맛이 없다
まずくてたべられない(不味くて食べられない)
= 맛이 없어서 먹을 수 없다

≪서투르다 ; 못생기다≫

まずいえんぎ(不味い演技) = 서투른 연기

まずいえをかく(不味い絵を描く) = 서투른 그림을 그리다

まずいつら(不味い面) = 못생긴 얼굴

### 감각 돋보기

일본인은 まずい(不味い)를 '난처하다' '거북하다'는 뜻으로 사용합니다.

ちちにしれるとまずい(父に知れると不味い)
= 아버지에게 알려지면 난처하다

まずいことになった(不味い事になった) = 참 거북하게 되었다

まずいところであった(不味い所で会った) = 거북한 곳에서 만나다

 *kotoba*

だし(出し) = 국물
ばら(薔薇) = 장미
かおり(香) = 향기
きりつ(規律) = 규율
のこぎり(鋸) = 톱
ねじ(螺子) = 나사
せん(栓) = 마개
むすびめ(結び目) = 매듭

しゃりん(車輪) = 바퀴
くうき(空気) = 공기
りょうやく(良薬) = 양약
けいけん(経験) = 경험
さんしょう(山椒) = 산초
おかず(御数) = 반찬
てんすう(点数) = 점수
えんぎ(演技) = 연기

ささやく(囁く) = 속삭이다
さそう(誘う) = 유혹하다
ぬける(抜ける) = 빠지다

にる(煮る) = 끓이다
すすめる(勧める) = 권하다
えがく(描く) = 그리다

# CHAPTER 15

## 기쁘고, 슬프고, 괴롭고, 쓸쓸하고, 다정하고, 매정하고

❶ うれしい(嬉しい)는 '기쁘다'는 뜻입니다. 한국어와 같은 감각으로 쓰입니다.

きみにあえてうれしい(君に会えて嬉しい)
= 자네를 만날 수 있어 기쁘다

うれしくてむちゅうになる(嬉しくて夢中になる)
= 기뻐서 어쩔 줄 몰라하다

うれしかなしいなみだ(嬉し悲しい涙) = 기쁨과 슬픔이 뒤섞인 눈물

うれしいひめいをあげる(嬉しい悲鳴をあげる) = 즐거운 비명을 지르다

なみだがでるほどうれしい(涙が出るほど嬉しい)
= 눈물이 날 정도로 고맙다


❷ かなしい(悲しい)는 '슬프다'입니다. 한국어와 같은 감각으로 쓰입니다.


かなしいものがたり(悲しい物語) = 슬픈 이야기
ちちにしなれてかなしい(父に死なれて悲しい)
= 아버지를 여의어 슬프다
かなしいわかれ(悲しい別れ) = 슬픈 이별
なんとなくかなしい(何となく悲しい) = 왜 그런지 슬프다
かなしいさだめになく(悲しい定めに泣く) = 슬픈 운명에 울다
かなしそうになく(悲しそうに泣く) = 서럽게 울다


❸ くるしい(苦しい)는 '괴롭다'는 뜻입니다. '고통스럽다' '답답하다' '어렵다' '궁색하다' '구차하다' 등 다양한 한국어로 표현할 수 있는 말입니다.

≪고통스럽다≫

くるしそうなあしどり(苦しそうな足取り) = 고통스러운 듯한 발걸음
くるしいきもち(苦しい気持) = 괴로운 기분

≪난처하다≫

くるしいたちば(苦しい立場) = 난처한 처지
くるしいおもいをする(苦しい思いをする) = 고초를 겪다
くるしいしんちゅうをさっする(苦しい心中を察する)
= 난감한 마음을 헤아리다

≪답답하다≫

いきがくるしい(息が苦しい) = 숨이 답답하다
くるしいむねのうち(苦しい胸の内) = 답답한 가슴 속

≪어렵다≫

くるしいくんれん(苦しい訓練) = 고된 훈련
くるしいしごと(苦しい仕事) = 힘겨운 일

≪곤란하다 ; 궁색하다≫

くるしいせいかつ(苦しい生活) = 어려운 생활
くにのざいせいがくるしい(国の財政が苦しい) = 나라 재정이 어렵다

≪구차하다≫

くるしいべんかい(苦しい弁解) = 구차한 변명
くるしいえがお(苦しい笑顔) = 구차하게 웃는 얼굴

❹ さびしい(寂しい)는 '쓸쓸하다'입니다. '허전하다' '적적하다' '외롭다' 등의 한국어로 옮길 수 있는 말입니다.

≪허전하다≫

ふところがさびしい(懐が寂しい)
= 주머니가 허전하다(돈이 떨어지다)
なんとなくくちがさびしい(なんとなく口が寂しい)
= 어쩐지 입이 좀 허전하다

≪적적하다≫

さびしいせいかつ(寂しい生活) = 쓸쓸한 생활
さびしいやまみち(寂しい山道) = 한적한 산길
ひとりでさびしくくらす(一人で寂しく暮らす) = 혼자서 적적하게 살다
ははにしなれてさびしい(母に死なれて寂しい)
= 어머니를 여의고 슬프고 외롭다

≪외롭다≫

ともとわかれてさびしい(友と別れて寂しい)
= 벗과 헤어져 섭섭하고 외롭다
あなたがいなくてさびしかった(貴方がいなくて寂しかった)
= 당신이 없어서 외로웠다

❺ やさしい(優しい)는 '다정하다'는 뜻입니다. '온화하다' '우아하다' 라는 뜻의 한국어로 옮길 수 있는 말입니다.

≪온화하다 ; 다정하다≫

きだてのやさしいむすめ(気立ての優しい娘) = 마음씨가 고운 처녀

やさしいひとがら(優しい人柄) = 온화한 인품

やさしいこえ(優しい声) = 다정한 목소리

やさしいこころづかい(優しい心遣い) = 고운 마음씨

おやにやさしくつかえる(親に優しく仕える)
= 부모를 다정하게 섬기다

あたまをやさしくなでてやる(頭を優しく撫でてやる)
= 머리를 다정하게 쓰다듬어 주다

≪우아하다≫

やさしいすがた(優しい姿) = 우아한 모습

やさしいえがお(優しい笑顔) = 우아하게 웃는 얼굴

かのじょのめがやさしい(彼女の目が優しい) = 그녀의 눈이 우아하다

❻ すげない는 '매정하다'는 뜻입니다. 한국어와 같은 감각으로 쓰입니다.

すげないようす(すげない様子) = 쌀쌀한 태도

すげないへんじ(すげない返事) = 쌀쌀한 대답

すげなくことわる(すげなく断わる) = 냉정하게 거절하다

❼ つれない(情無い)는 '무정하다'는 뜻입니다. 한국어와 같은 감각으로 쓰입니다.

つれないこころ(情無い心) = 무정한 마음
つれないしうち(情無い仕打ち) = 매정한 처사
つれないことをいう(情無い事を言う) = 야속한 말을 하다
つれなくとおりすぎる(情無い通り過ぎる) = 모른 체하고 지나치다

 **kotoba**

むちゅう(夢中) = 몰두함

ひめい(悲鳴) = 비명

ものがたり(物語) = 이야기

しぬ(死ぬ) = 죽다

わかれる(別れる) = 헤어지다

さだめ(定め) = 운명

なく(泣く) = 울다

あしどり(足取り) = 발걸음

きもち(気持) = 기분

たちば(立場) = 처지

しんちゅう(心中) = 마음속

くんれん(訓練) = 훈련

くらす(暮らす) = 살다

つかえる(仕える) = 섬기다

ざいせい(財政) = 재정

べんかい(弁解) = 변명

えがお(笑顔) = 웃는 얼굴

ふところ(懐) = 주머니

せいかつ(生活) = 생활

やまみち(山道) = 산길

あなた(貴方) = 당신

きだて(気立て) = 마음씨

ひとがら(人柄) = 인품

こころづかい(心遣い) = 마음씀

ようす(様子) = 모습

へんじ(返事) = 대답

なでる(撫でる) = 쓰다듬다

さっする(察する) = 헤아리다

# CHAPTER 16

## 둥글고, 우습고, 하찮고,
## 어렵고, 쉽고, 짙고, 연하고

❶ まるい(丸い)는 '둥글다'는 뜻입니다. 한국어와 같은 감각으로 쓰입니다.

≪둥글다≫

せなかがまるい(背中が丸い) = 등이 굽다

めをまるくする(目を丸くする) = 눈을 둥글게 뜨다

おぼんのようなまるいつき(お盆のような丸い月) = 쟁반같이 둥근 달

≪원만하다 ; 포동포동하다≫

まるいかんじのひとがら(丸い感じの人柄) = 모나지 않은 인품
まるいひと(丸い人) = 원만한 사람
なかにたってまるくおさめる(仲に立って丸く納める)
= 중간에 서서 원만하게 수습하다
まるいからだ(丸い体) = 포동포동 살찐 몸

❷ おもしろい(面白い)는 '우습다' '재미있다'는 뜻입니다.

≪우습다 ; 이상하다≫

おもしろいかおつき(面白い顔付き) = 우습게 생긴 얼굴
おもしろいことをいう(面白い事を言う) = 우스운 소리를 하다

≪재미있다≫

がっこうがおもしろい(学校が面白い) = 학교 가는 것이 재미있다
りょこうはとてもおもしろかった(旅行はとても面白かった)
= 여행은 매우 재미있었다

おもしろいしょうせつ(面白い小説) = 재미있는 소설

≪색다른 데가 있다≫

おもしろいおとこ(面白い男) = 재미있는 남자
おもしろいなまえをけんさくする(面白い名前を検索する)
= 재미있는 이름을 검색하다

≪흥미있다≫

おもしろいけいかく(面白い計画) = 흥미있는 계획
なかなかおもしろいろんぶん(なかなか面白い論文)
= 꽤 흥미있는 논문

> **감각 돋보기**
>
> 일본인은 おもしろい(面白い)를 '좋다'는 감각으로 사용합니다.
>
> おもしろいけっかをみる(面白い結果を見る) = 좋은 결과를 보다
> しょうばいがおもしろい(商売が面白い) = 장사가 잘 되다
> おもしろくないひょうばん(面白くない評判) = 좋지 않은 평판
> びょうじょうがおもしろくない(病状が面白くない)
> = 병의 상태가 좋지 않다

❸ つまらない(詰まらない)는 '하찮다'는 뜻입니다. '시시하다'는 뜻으로도 쓰입니다.

≪시시하다≫

つまらないしな(詰まらない品) = 하찮은 물건
つまらないはなし(詰まらない話) = 시시한 이야기
つまらないことをきにする(詰まらない事を気にする)

= 하찮은 일을 걱정하다

≪보람이 없다≫

はたらいてもつまらない(働いても詰まらない) = 일해도 보람이 없다
ちょきんしてもつまらない(貯金しても詰まらない)
= 저금해도 소용이 없다

≪재미가 없다≫

つまらないしあい(詰まらない試合) = 재미없는 경기
つまらないこうぎ(詰まらない講義) = 재미없는 강의
あのしょうせつはつまらない(あお小説は詰まらない)
= 그 소설은 재미없다


❹ むずかしい(難しい)는 '어렵다'는 뜻입니다. '까다롭다'는 뜻을 내포하고 있습니다.

≪어렵다 ; 곤란하다≫

むずかしいたちば(難しい立場) = 어려운 처지

むずかしいぶんしょう(難しい文章) = 어려운 문장

むずかしいしけん(難しい試験) = 어려운 시험

えんまんなかいけつはむずかしい(円満な解決は難しい)
= 원만한 해결은 어렵다

≪고치기 힘들다≫

むずかしいびょうき(難しい病気) = 어려운 병

ようたいがむずかしくなる(容態が難しくなる) = 병세가 악화되다

かいふくはむずかしい(回復は難しい) = 회복은 어렵다

≪까다롭다≫

むずかしいてつづき(難しい手続き) = 까다로운 수속

きむずかしいせいかく(気難しい性格) = 까다로운 성격

むずかしいことをいう(難しい事を言う) = 까다로운 말을 하다

としよりはたべものにむずかしい(年寄りは食物に難しい)
= 노인은 음식 투정이 많다

❺ やすい(易い)는 '쉽다'는 뜻입니다. 한국어와 같은 감각으로 쓰입니다.

ときやすいもんだい(解き易い問題) = 풀기 쉬운 문제
のみやすいくすり(呑み易い薬) = 먹기 쉬운 약
りかいしやすい(理解し易い) = 이해하기 쉽다
おやすいごようだ(お易い御用だ) = 쉬운 일이다
たにんをせめるのはやすい(他人を責めるのは易い)
= 다른 사람을 책망하기는 쉽다


❻ こい(濃い)는 '짙다'는 뜻입니다. 한국어와 같은 감각으로 쓰입니다.

こいきり(濃い霧) = 짙은 안개
こいあか(濃い赤) = 진홍색
こいかおり(濃い香) = 짙은 향기
ちはみずよりこい(血は水より濃い) = 피는 물보다 진하다
こいひげ(濃い髭) = 짙은 수염
はいしょくがこい(敗色が濃い) = 패색이 짙다

みつどのこいろんぶん(密度の濃い論文) = 내용이 충실한 논문

❼ うすい(薄い)는 '얇다' '연하다'는 뜻입니다. '적다'는 뜻으로도 쓰입니다.

≪얇다≫

うすいかみ(薄い紙) = 얇은 종이
うすいこおり(薄い氷) = 살얼음

≪연하다≫

うすいあかいろ(薄い赤色) = 연한 빨강
しおでうすくあじをつける(塩で薄く味を付ける)
= 소금으로 싱겁게 간을 하다
かげがうすい(影が薄い) = 존재가 두드러지지 않다

≪적다≫

きょうみがうすい(興味が薄い) = 흥미가 적다

にんじょうがうすい(人情が薄い) = 인정이 박하다
りがうすい(利が薄い) = 이윤이 박하다

≪멀다 ; 모자라다≫

えんがうすい(縁が薄い) = 인연이 멀다
ちえがややうすい(知恵がやや薄い) = 지혜가 다소 모자라다

 **kotoba**

おぼん(お盆) = 쟁반
ろんぶん(論文) = 논문
けっか(結果) = 결과
ひょうばん(評判) = 평판
びょうじょう(病状) = (병) 상태
ちょきん(貯金) = 저금
しあい(試合) = 경기
こうぎ(講義) = 강의
ぶんしょう(文章) = 문장
しけん(試験) = 시험
えんまん(円満) = 원만

おさめる(納める) = 수습하다

かいけつ(解決) = 해결
ようたい(容態) = 병세
かいふく(回復) = 회복
てつづき(手続き) = 수속
せいかく(性格) = 성격
としより(年寄り) = 노인
ひげ(髭) = 수염
はいしょく(敗色) = 패색
みつど(密度) = 밀도
きょうみ(興味) = 흥미
にんじょう(人情) = 인정

せめる(責める) = 책망하다

**CHAPTER 17**

# 더럽고, 아름답고, 추하고, 귀하고, 천하고, 날카롭고, 시끄럽고

❶ きたない(汚い)는 '더럽다'는 뜻입니다. '비열하다' '나쁘다'는 뜻으로도 쓰입니다.

≪불결하다 ; 지저분하다≫

きたないあし(汚い足) = 더러운 발
つくえのうえがきたない(机の上が汚い) = 책상 위가 지저분하다
きたないみなりのろうじん(汚い身なりの老人)

= 꾀죄죄한 몸차림의 노인

≪상스럽다≫

きたないはなし(汚い話) = 상스러운 이야기
きたないことば(汚い言葉) = 추잡한 말씨

≪비열하다≫

そのてはきたない(その手は汚い) = 그 수는 비열하다
きたないかちかた(汚い勝ち方) = 비열한 승리
きたないしょうぶをする(汚い勝負をする) = 비열한 경기를 하다

≪나쁘다≫

きたないやく(汚い役) = 악역
きたないこんじょう(汚い根性) = 못된 근성
きたないかんきょう(汚い環境) = 나쁜 환경

❷ うつくしい(美しい)는 '예쁘다'는 뜻입니다. '훌륭하다'는 뜻으로도 쓰입니다.

≪예쁘다≫

うつくしいおんな(美しい女) = 아름다운 여자
うつくしいはな(美しい花) = 아름다운 꽃
うつくしいにわ(美しい庭) = 아름다운 정원

≪훌륭하다≫

うつくしいこうい(美しい行為) = 훌륭한 행위
うつくしいゆうじょう(美しい友情) = 아름다운 우정

❸ うるわしい(麗しい)는 '아름답다'는 뜻입니다. '맑다' '명랑하다'는 뜻이 내포되어 있습니다.

≪곱다≫

うるわしいじょせい(麗しい女性) = 아름다운 여성
うるわしいながめ(麗しい眺め) = 아름다운 경치
こえがうるわしい(声が麗しい) = 목소리가 곱다

≪좋다 ; 명랑하다≫

うるわしいてんき(麗しい天気) = 맑은 날씨
ごきげんうるわしい(御機嫌麗しい) = 심기가 좋으시다

≪마음이 따스해지다≫

うるわしいゆうじょう(麗しい友情) = 아름다운 우정
うるわしいじょうけい(麗しい情景) = 아름다운 정경

❹ みにくい(醜い)는 '추하다'는 뜻입니다. 한국어와 같은 감각으로 쓰입니다.

みにくいかお(醜い顔) = 못생긴 얼굴
みにくいこうい(醜い行為) = 추악한 행위
みにくいこころ(醜い心) = 추한 마음

❺ とうとい(尊い)는 '귀하다'는 뜻입니다. 한국어와 같은 감각으로 쓰입니다.

≪귀중하다≫

とうといたいけん(尊い体験) = 귀중한 체험
とうといぎせい(尊い犠牲) = 귀중한 희생
せいめいはとうとい(生命は尊い) = 생명은 귀중하다

≪고귀하다≫

とうといかた(尊い方) = 귀하신 몸
とうといみぶん(尊い身分) = 고귀한 신분

❻ いやしい(卑しい)는 '천하다'는 뜻입니다. '비열하다' '추잡하다'는 뜻이 내포되어 있습니다. 한국어와 같은 감각으로 쓰입니다.

≪사회적 지위가 낮다≫

いやしいうまれ(卑しい生まれ) = 비천한 태생
いやしいしょくぎょう(卑しい職業) = 천한 직업

≪비열하다≫

いやしいこうい(卑しい行為) = 비열한 행위
いやしいわらい(卑しい笑い) = 비열한 웃음
いやしいにんげん(卑しい人間) = 야비한 인간

≪추잡하다≫

たべものにいやしい(食物に卑しい) = 음식에 게걸스럽다
かねにいやしい(金に卑しい) = 돈에 쩨쩨하다

❼ するどい(鋭い)는 '날카롭다'는 뜻입니다. '예민하다'는 뜻도 있습니다.

するどいかたな(鋭い刀) = 날카로운 칼
するどいあたま(鋭い頭) = 예리한 머리
するどいめつき(鋭い目付き) = 날카로운 눈
するどいたちさき(鋭い太刀先) = 날카로운 칼끝
するどいみみ(鋭い耳) = 예민한 귀

❽ やかましい(喧しい)는 '시끄럽다'는 뜻입니다. '성가시다' '잔소리가 심하다'는 뜻으로도 쓰입니다.

≪떠들썩하다≫

やかましいラジオのおと(喧しいラジオの音) = 시끄러운 라디오 소리
やかましくせんでんする(喧しく宣伝する) = 요란하게 선전하다

≪성가시다≫

やかましいきそく(喧しい規則) = 까다로운 규칙
たべものにやかましいひと(食物に喧しい人) = 음식에 까다로운 사람
てつづきがやかましい(手続きが喧しい) = 절차가 번거롭다
やかましくようきゅうする(喧しく要求する) = 성가시게 요구하다

≪잔소리가 심하다 ; 엄하다≫

やかましいおやじ(喧しい親父) = 잔소리가 심한 아버지
やかましいしつけ(喧しい躾) = 엄한 예의범절 교육

 **kotoba**

みなり(身なり) = 몸차림　　しょくぎょう(職業) = 직업

こんじょう(根性) = 근성　　たち(太刀) = 도검

こうい(行為) = 행위　　　せんでん(宣伝) = 선전

ゆうじょう(友情) = 우정　　きそく(規則) = 규칙

じょうけい(情景) = 정경　　ようきゅう(要求) = 요구

たいけん(体験) = 체험　　　おやじ(親父) = 아버지

ぎせい(犠牲) = 희생　　　しつけ(躾) = 예의범절 교육

# CHAPTER 18

# 파랗고, 붉고, 희고, 검고, 노랗고

❶ あおい(青い)는 '파랗다'는 뜻입니다. 한국어와 같은 감각으로 쓰입니다.

≪파랗다≫

あおいそら(青い空) = 파란 하늘
あおいやさい(青い野菜) = 녹색 채소
あおいむぎばたけ(青い麦畑) = 푸른 보리밭

≪창백하다≫

あおくなる(青くなる) = 파랗게 질리다
あおいかおいろ(青い顔色) = 창백한 안색
そのしらせにあおくなった(その知らせに青くなった)
= 그 소식에 얼굴이 파래졌다

≪덜 익다 ; 미숙하다≫

うめのみはあおい(梅の実は青い) = 매실은 파랗다
まだわざがあおい(まだ技が青い) = 아직 기량이 미숙하다
あおいことをいう(青い事を言う) = 유치한 소리를 하다

≪관용구 ; 합성어≫

あおいき(青息) = 한숨
あおいろ(青色) = 푸른색
あおうみ(青海) = 창해
あおぞら(青空) = 창공
あおがき(青垣) = 푸른 나무 울타리
あおかび(青黴) = 푸른곰팡이
あおき(青木) = 상록수

あおぎり(青桐) = 벽오동

あおぐろい(青黒い) = 검푸르다

あおざかな(青魚) = 등이 푸른 생선

あおじ(青磁) = 청자

あおじゃしん(青写真) = 청사진

あおしんごう(青信号) = 청신호

あおすじ(青筋) = 핏대

あおだいしょう(青大将) = 구렁이

あおな(青菜) = 푸성귀

あおにさい(青二才) = 풋내기

あおば(青葉) = 신록

あおび(青火) = 도깨비불

❷ あかい(赤い)는 '붉다'는 뜻입니다. 한국어와 같은 감각으로 쓰입니다. 1920년대 후반부터 공산주의를 상징하는 색깔을 의미하게 되었고, 공산주의자를 あか(赤)라고 불렀습니다. あか가 한국어 '빨갱이'가 되었습니다.

≪빨갛다≫

あかいくちびる(赤い唇) = 빨간 입술
あかいゆうひ(赤い夕日) = 붉은 석양
かおをあかくする(顔を赤くする) = 얼굴을 붉히다
あかいさびがふく(赤い錆が吹く) = 빨간 녹이 슬다

≪공산주의 사상≫

あかくなる(赤くなる) = 좌익이 되다
あかいくに(赤い国) = 공산국가
あかいしそうにそめる(赤い思想に染める) = 붉은 사상에 물들다

≪합성어≫

あかいろ(赤色) = 빨강
あかがね(赤金) = 구리
あかぐろい(赤黒い) = 검붉다
あかご(赤子) = 갓난아기
あかじ(赤字) = 적자
あかしお(赤潮) = 적조
あかしんごう(赤信号) = 적신호

あかだい(赤鯛) = 참돔

あかだいこん(赤大根) = 홍당무

あかつち(赤土) = 적토

あかとんぼ(赤蜻蛉) = 고추잠자리

あかのまんま(赤の飯) = 팥찰밥

あかはげ(赤禿) = 민대머리

あかはた(赤旗) = 적기

あかはだか(赤裸) = 알몸둥이

あかぼう(赤帽) = 포터(기차역 짐꾼)

あかまつ(赤松) = 소나무

あかれんが(赤煉瓦) = 붉은 벽돌


❸ しろい(白い)는 '희다'는 뜻입니다. 한국어와 같은 감각으로 쓰입니다.


≪하얗다≫

はだいろがしろい(肌色が白い) = 피부색이 희다

ゆきのようにしろい(雪のように白い) = 눈같이 희다

しろいかみのまま ていしゅつする(白い紙のまま提出する)

= 백지로 제출하다

≪백발≫

かみがしろくなる(髪が白くなる) = 머리가 희어지다
しろいものがまじる(白い物が交じる) = 머리가 희끗희끗해지다
あたまにしろいものをおく(頭に白い物を置く) = 머리가 하얗게 세다

≪결백하다≫

わたしはぜったいにしろい(私は絶対に白い) = 나는 절대로 결백하다
しろいかくろいかわからない(白いか黒いか分からない)
= 무죄인지 유죄인지 알 수 없다

≪관용구≫

しろいはをみせない(白い歯を見せない) = 웃지 않고 시무룩하다
しろいめでみる(白い目で見る) = 백안시하다
しろいものをぬる(白い物を塗る) = 분을 바르다

❹ くろい(黒い)는 '검다'는 뜻입니다. '엉큼하다'는 뜻이 내포되어 있습니다. 한국어와 같은 감각으로 쓰입니다.

≪새까맣다≫

くろいかみ(黒い髪) = 검은 머리
くろいひとみ(黒い瞳) = 까만 눈동자
くろいふくをきている(黒い服を着ている) = 검은 옷을 입고 있다

≪거무스름하다 ; 더럽다≫

くろいさとう(黒い砂糖) = 흑설탕
かおのくろいひと(顔の黒い人) = 얼굴이 검은 사람
そでぐちがくろくなった(袖口が黒くなった) = 소맷부리가 까매졌다

≪좋지 않다 ; 엉큼하다≫

くろいて(黒い手) = 검은 손
くろいうわさ(黒い噂) = 혐의가 있다는 소문
はらがくろいひと(腹が黒い人) = 뱃속이 검은 사람
くろいしのかげ(黒い死の影) = 검은 죽음의 그림자

❺ きいろい(黄色い)는 '노랗다'는 뜻입니다. '어리다' '미숙하다'는 뜻이 내포되어 있습니다. 한국어와 같은 감각으로 쓰입니다.


≪노랗다≫

きいろいみかん(黄色い蜜柑) = 노란 귤

かおいろがきいろい(顔色が黄色い) = 얼굴색이 노랗다

きいろくみのったいなほ(黄色く実った稲穂) = 누렇게 익은 벼


≪미숙하다≫

きいろいこえ(黄色い声) = 앳된 목소리

くちばしがきいろいやつ(嘴が黄色い奴) = 젖내 나는 녀석

## kotoba

やさい(野菜) = 채소
むぎばたけ(麦畑) = 보리밭
かおいろ(顔色) = 안색
わざ(技) = 재주
かき(垣) = 울타리
かび(青黴) = 곰팡이
くちびる(唇) = 입술
ゆうひ(夕日) = 석양
さび(錆) = 녹
しんごう(信号) = 신호
たい(鯛) = 도미
とんぼ(蜻蛉) = 잠자리

はげる(禿る)
= 머리가 벗어지다

れんが(煉瓦) = 벽돌
はだいろ(肌色) = 피부색
ていしゅつ(提出) = 제출
ぜったい(絶対) = 절대
ひとみ(瞳) = 눈동자
さとう(砂糖) = 설탕
そでぐち(袖口) = 소맷부리
うわさ(噂) = 소문
かげ(影) = 그림자
みかん(蜜柑) = 귤
いなほ(稲穂) = 벼
くちばし(嘴) = 부리

まじる(交じる) = 섞이다
ぬる(塗る) = 칠하다

# 제3부 명사

# 제2부 공공저작

# CHAPTER 1

# 위, 아래

❶ うえ(上)는 '위'라는 뜻입니다. 한국어에서 나온 말이므로 그 쓰임새도 같습니다.

≪위≫

つくえのうえにおく(机の上に置く) = 책상 위에 놓다
くものうえにそびえたつやま(雲の上に聳え立つ山)
= 구름 위에 우뚝 솟은 산
みずうみのうえをてらすつき(湖の上を照らす月)

= 호수 위를 비추는 달

上(うえ)には上(うえ)がある = 뛰는 놈 위에 나는 놈 있다

≪어떤 일과 관련 시켜서 쓰임≫

しかられたうえにばっきんまでとられた(叱られた上に罰金まで取られた)
= 욕먹은 데다 벌금까지 물었다
みられたうえはしかたがない(見られた上は仕方がない)
= 들키고 난 후에는 어쩔 수 없다

❷ した(下)는 '밑' 또는 '속'이라는 뜻입니다. 한국인은 '밑'과 '속'을 구분하여 쓰지만, 일본인은 구분하지 않습니다.

≪아래 ; 밑≫

したがわ(下側) = 아래쪽 ↔ うわがわ(上側)
したあご(下顎) = 아래턱 ↔ うわあご(上顎)
したえだ(下枝) = 밑가지 ↔ うわえだ(上枝)
つめのしたにとげ(爪の下に棘) = 손톱 밑의 가시
したはみせうえはいま(下は店上は居間) = 밑은 가게 위는 거실

あによりよっつしただ(兄より四つ下だ) = 형보다 4살 아래다

はなのしたにあそぶ(花の下に遊ぶ) = 꽃 밑에서 놀다

わたしのしたではたらいているひと(私の下で働いている人)
= 내 밑에서 일하는 사람

せんえんよりしたではうれない(千円より下では売れない)
= 천 엔 이하로는 팔 수 없다


≪안 ; 속≫


したぎ(下着) = 속옷(내복) ↔ うわぎ(上着)

したおび(下帯) = 음부가리개 ; 남자는 ふんどし(褌),
　　　　　　　　　여자는 こしまき(腰巻)

したばき(下穿き) = (바지 밑에 입는) 아랫도리 속옷


≪마음 속≫


したごころ(下心) = 속마음(속셈)

したにかたいけついをひめる(下に固い決意を秘める)
= 마음속에 굳은 결의를 간직하다

1. 위, 아래　455

≪명사형 앞에 붙어서 미리 ; 사전에≫

したげいこ(下稽古) = 예행연습
したそうだん(下相談) = 예비 상담
したごしらえ(下拵え) = 사전 준비
したうちあわせ(下打合わせ) = 사전 협의


❸ いただき(頂)는 '꼭대기'라는 뜻입니다. 한국어와 같은 감각으로 쓰입니다.


あたまのいただき(頭の頂) = 머리 꼭대기(정수리)
とうのいただき(塔の頂) = 탑 꼭대기
いただきにのぼる(頂に登る) = 정상에 오르다
やまのいただきにのぼる(山の頂に登る) = 산 위에 오르다
いただきにしもをおく(頂に霜を置く) = 머리가 백발이 되다
やまのいただきにはたをたてる(山の頂に旗を立てる)
= 산 정상에 깃발을 꽂다
おかのいただきをきりがかかった(丘の頂に霧が掛かった)
= 언덕 위를 안개가 덮었다

❹ そこ(底)는 '바닥'이라는 뜻입니다. '속'이라는 뜻으로도 쓰입니다.

≪바닥≫

かわのそこ(川の底) = 강바닥

くつのそこ(靴の底) = 신발 밑바닥

にもつがそこにつまれる(荷物が底に積まれる) = 짐이 바닥에 쌓이다

たにのそこにおちる(谷の底に落ちる) = 골짜기 밑으로 떨어지다

そこをつく(底を突く) = 바닥이 나다(바닥 시세가 되다)

ふけいきのそこがみえる(不景気の底が見える)
= 불경기의 바닥이 보이다

そこがあさい(底が浅い) = 바닥이 얕다(깊이가 없다)

≪속 ; 속마음≫

こころのそこ(心の底) = 마음속

ちのそこ(地の底) = 땅속

たんすのそこ(箪笥の底) = 장롱 속

そこをわってはなす(底を割って話す) = 마음을 털어놓고 이야기하다

≪관용구 ; 합성어≫

そこあげ(底上げ) = 최저 수준을 끌어올림

そこいじ(底意地) = 마음보(근성)

そこしらず(底知らず) = 한도를 모름

そこしれない(底知れない) = 알 수 없는 (정체모를)

そこぢから(底力) = 저력

そこね(底値) 바닥 시세 ↔ てんじょうね(天井値)　물가・시세의 최고가

 *kotoba*

みずうみ(湖) = 호수
ばっきん(罰金) = 벌금
しかた(仕方) = 수단
うわがわ(上側) = 위쪽
うわあご(上顎) = 위턱
うわえだ(上枝) = 윗가지
とげ(棘) = 가시
ふんどし(褌)
= (남성) 음부를 가리는 천
こしまき(腰巻)
= (여성) 하반신을 가리는 속옷

けつい(決意) = 결의
げいこ(稽古) = 연습
そうだん(相談) = 상담
うちあわせ(打合わせ) = 협의
いただき(頂) = 꼭대기
しも(霜) = 서리
はた(旗) = 깃발
おか(丘) = 언덕
ふけいき(不景気) = 불경기
たんす(箪笥) = 장롱
いじ(意地) = 의지

そびえる(聳える) = 우뚝 솟다
てらす(照らす) = 비추다
しかる(叱る) = 꾸짖다
ひめる(秘める) = 숨기다
はく(穿く) = (옷) 입다 ; 꿰다
あさい(浅い) = 얕다

かたい(固い) = 단단하다
こしらえる(拵える) = 만들다
たてる(立てる) = 세우다
つむ(積む) = 쌓다
つく(突く) = 찌르다
わる(割る) = 깨다

# CHAPTER 2

# 전후좌우

❶ まえ(前)는 '앞'이라는 뜻입니다. 한국어와 같은 감각으로 쓰입니다.

≪공간적인 앞≫

いえのまえ(家の前) = 집 앞
ぐんしゅうのまえにでる(群衆の前に出る) = 군중 앞에 나가다
こうえんのまえであおう(公園の前で会おう) = 공원 앞에서 만나자

≪시간적인 앞≫

けっこんまえ(結婚前) = 결혼 전
さんねんまえのこと(三年前の事) = 3년 전의 일
まえからしっていた(前から知っていた) = 전부터 알고 있었다
まえまえからのやくそく(前前からの約束) = 오래전에 한 약속

≪순서상의 앞≫

まえおき(前置き) = 머리말
まえこうじょう(前口上) = 인사말
あとからきてまえにでる(後から来て前に出る)
= 나중에 와서 먼저 나가다

≪관용구 ; 합성어≫

まえうり(前売り) = 예매
まえぶれ(前触れ) = 예고
まえもって(前以て) = 미리
まえかけ(前掛け) = 앞치마
まえがり(前借り) = 가불
まえかんじょう(前勘定) = 선불

まえばらい(前払い) = 선급

まえどおり(前通り) = 큰 길

まえむき(前向き) = 적극적임

### ❈ 감각 돋보기

일본인은 명사 뒤에 まえ(前)를 붙여서 '몫이나 기량'을 나타내는 말로 씁니다.

さんにんまえのりょうり(三人前の料理) = 3인 분의 요리
いちにんまえのおとこ(一人前の男) = 어엿한 남자
うでまえ(腕前) = 솜씨 ; 역량

❷ さき(先)는 '앞쪽'이라는 뜻입니다. '앞날', '먼저', 물건의 '끝', 상대편 등의 뜻으로도 쓰입니다.

≪앞 ; 전방 ; 목적지≫

ぎょうれつのさき(行列の先) = 행렬의 맨 앞
さきにたってゆく(先に立って行く) = 앞에 서서 가다
さきをあらそう(先を争う) = 앞을 다투다
このさきはがけだ(この先は崖だ) = 이 앞은 낭떠러지다
ゆくさき(行く先) = 행선지
とどけさき(届け先) = 보낼 곳
ひっこしさき(引っ越し先) = 이사 간 곳

≪장래 ; 앞날≫

まだとおいさきのはなしだ(まだ遠い先の話だ)
= 아직 먼 앞날의 이야기이다
さきをよむ(先を読む) = 앞날을 내다보다
いちねんさきにしんがくのよてい(一年先に進学の予定)
= 1년 후에 진학할 예정

≪먼저≫

じょうきゃくがさきだ(乗客が先だ) = 승객이 먼저다
さきにせつめいしたとおりだ(先に説明した通りだ)

= 먼저 설명한대로다

≪끝≫

ペンさき(ペン先) = 펜촉
きりのさき(錐の先) = 송곳 끝
さおのさき(竿の先) = 장대 끝

≪상대 ; 저쪽≫

さきさま(先様) = 상대방
さかだいはさきではらう(酒代は先で払う) = 술값은 저쪽에서 낸다

≪관용구 ; 합성어≫

さきだつ(先立つ) = 앞장서다
さきだてる(先立てる) = 앞세우다
さきどり(先取り) = 선취
さきわたし(先渡し) = 선불
さきばらい(先払) = 수취인 부담
さきほど(先程) = 아까
さきぶれ(先触れ) = 미리 알림

さきだか(先高) = 시세가 올라갈 기미
さきやす(先安) = 시세가 내려갈 기미

❸ あと(後)는 まえ의 반대말로 '뒤'라는 뜻입니다. '사후'라는 뜻이 내포되어 있습니다. 한국어와 같은 감각으로 쓰입니다.

≪위치적으로 뒤≫

あとにのこる(後に残る) = 뒤에 남다
あとからはしってくる(後から走って来る) = 뒤에서 달려오다
ぎょうれつのあとにたつ(行列の後に立つ) = 행렬의 뒤쪽에 서다
こうていをあとにする(校庭を後にする) = 교정을 뒤로 하다

≪시기적으로 뒤≫

あとのでんしゃ(後の電車) = 다음 전철
かいぎはあとでひらくよてい(会議は後で開く予定)
= 회의는 나중에 열 예정
さんねんあとにあらわれるだろう(三年後に現れるだろう)
= 3년 후에 나타날 것이다

≪뒷일≫

あとしまつ(後始末) = 뒤처리
あとはわたしにまかせて(後は私に任せて) = 뒷일은 내게 맡겨라

≪사후 ; 후사≫

あとをとむらう(後を弔う) = 사후의 명복을 빌다
あとにのこされたわかいつま(後に残された若い妻)
= 사후에 남겨진 젊은 아내
かもんのあとがたえる(家門の後が絶える) = 가문의 대가 끊기다

≪관용구 ; 합성어≫

あとがない(後がない) = 물러설 데가 없다
あとあじ(後味) = 뒷맛
あとがえり(後返り) = 되짚어 돌아오기
あとがき(後書) = 책의 발문(跋文), 편지의 추신(追伸)
あとくされ(後腐れ) = 뒤탈
あとさき(後先) = 선후(전후)
あとまわし(後回し) = 뒤로 미룸 ; 뒷전

❹ のち(後)는 시간적으로 '뒤' '장래'라는 뜻입니다.


≪시간적으로 뒤 ; 후≫

そののち(後) = 그 뒤
くもりのちあめ(曇り後雨) = 흐린 후 비
ちゅうしょくののちに(昼食の後に) = 점심 식사 뒤에
さんじゅうねんのち(三十年後) = 30년 후
のちほど(後程) = 나중에
のちのち(後後) = 장래
のちのよのために(後の世のために) = 장래를 위하여


❺ ひだり(左)는 '왼쪽'이라는 뜻입니다.


ひだりのほう(左の方) = 왼쪽
ひだりて(左手) = 왼손
ひだりきき(左利き) = 왼손잡이
ひだりする(左する) = 왼쪽으로 가다
ひだりまき(左巻き) = 왼쪽으로 감음(정상이 아님 ; 그런 사람)

❻ みぎ(右)는 '오른쪽'이라는 뜻입니다.

　　みぎがわつうこう(右側通行) = 우측통행
　　みぎうで(右腕) = 오른팔
　　みぎきき(右利き) = 오른손잡이
　　みぎする(右する) = 오른쪽으로 가다
　　みぎまわり(右回り) = 시계방향으로 돎

 *kotoba*

ぐんしゅう(群衆) = 군중
まえまえ(前前) = 오래 전
ぎょうれつ(行列) = 행렬
がけ(崖) = 낭떠러지
ひっこし(引っ越し) = 이사
じょうきゃく(乗客) = 승객
きり(錐) = 송곳

さお(竿) = 장대
さかだい(酒代) = 술값
こうてい(校庭) = 교정
かいぎ(会議) = 회의
しまつ(始末) = 처리
かもん(家門) = 가문
つうこう(通行) = 통행

ふれる(触れる) = 접촉하다
かりる(借りる) = 빌리다
はらう(払う) = 지불하다
あらそう(争う) = 다투다
あらわれる(現れる) = 나타나다
まかせる(任せる) = 맡기다

とむらう(弔う) = 애도하다
たえる(絶える) = 끊기다
くさる(腐る) = 썩다
まく(巻く) = 감다
きく(利く) = 기능을 발휘하다
まわる(回る) = 돌다

**CHAPTER 3**

# 안과 밖, 속과 겉

❶ うち(内)는 '안' '안쪽'이라는 뜻입니다. '사이' '집안' '가족' '우리' 등의 뜻으로도 쓰입니다.

≪안쪽 ; 마음속≫

うちがわ(内側) = 안쪽
うちと(内外) = 안팎
うちにはいってはなす(内に入って話す)
= 집안으로 들어가 이야기하다

やぼうをうちにひめる(野望を内に秘める)
= 야망을 마음속에 간직하다
このうちからえらぶ(この内から選ぶ) = 이 안에서 고르다
これもしごとのうちだ(これも仕事の内だ) = 이것도 일의 일부다
みっかのうちにおわる(三日の内に終わる) = 3일 내에 끝내다
くらくないうちにしゅっぱつする(暗くない内に出発する)
= 어둡기 전에 출발하다

≪사이 ; 동안≫

ねているうちに(寝ている内に) = 자는 동안에
わかいうちにべんきょうしましょう(若い内に勉強しましょう)
= 젊었을 때 공부합시다

≪집안 ; 가족≫

うちをもつ(内を持つ) = 가정을 갖다
うちのひと(内の人) = 자기 남편   うちのもの(内の者) = 집안사람
よんじゅうになってうちをたてる(四十になって内を建てる)
= 40이 되어 (내) 집을 짓다
うちのなかでいぬをかう(内の中で犬を飼う) = 집 안에서 개를 기르다

≪우리 - 동료·조직·단체≫

うちのかいしゃ(內の会社) = 우리 회사
うちうちそうだんする(內內相談する) = 내밀히(우리끼리) 상의하다

≪관용구 ; 합성어≫

うちいわい(內祝い) = 집안끼리의 축하 행사
うちうみ(內海) = 내해 ↔ そとうみ(外海)
うちがわ(內側) = 안쪽 ↔ そとがわ(外側)
うちき(內気) = 내향성 성격
うちでし(內弟子) = 내제자(집에서 데리고 있는 제자)
うちにわ(內庭) = 안뜰 ↔ そとにわ(外庭)
うちべんけい(內弁慶) = 집안 호랑이
うちまく(內幕) = 내막
うちまご(內孫) = 친손자 ↔ そとまご(外孫) = 외손자
うちわけ(內訳) = 내역

❷ そと(外)는 '밖' '겉' '외부'라는 뜻입니다. 한국어와 같은 감각으로 쓰입니다.

そとであそぶ(外で遊ぶ) = 밖에서 놀다

ふまんをそとへあらわす(不満を外へ現わす)
= 불만을 겉으로 드러내다

そとはさむい(外は寒い) = 밖은 춥다

そとでしょくじする(外で食事する) = 밖에서 식사하다

そとあるき(外歩き) = 나들이

そとがこい(外囲い) = 바깥울타리

そとがまえ(外構え) = (건물의) 외관

そとびらき(外開き) = 안에서 밖으로 밀어서 열게 된 문
    ↔ うちびらき(内開き)

そとみ(外見) = 외관

そとわに(外鰐) = 팔자걸음 ; 밭장다리 ↔ うちわに(内鰐) = 안짱다리


❸ うら(裏)는 '뒤쪽' '안쪽'이라는 뜻입니다. 떳떳하지 못한 일을 뜻하는 말로 쓰이기도 합니다.


≪뒤 ; 뒤쪽≫

ページのうら(裏) = 페이지의 뒷면

あしのうら(足の裏) = 발바닥

たてもののうらにあるはたけ(建物の裏にある畠)
= 건물의 뒤쪽에 있는 밭

裏(うら)があるらしい = 내막이 있는 모양이다

≪안 ; 겉과 반대되는 일≫

きもののうらをつける(着物の裏を付ける) = 옷의 안(감)을 대다
ほんねをかくしてうらをいう(本音を隠して裏を言う)
= 본심을 감추고 딴 말을 하다
ことばのうらをかんがえる(言葉の裏を考える)
= 말의 속내를 생각하다
せいかいのうら(政界の裏) = 정계의 이면

≪일반적으로 공공연하지 못한 것≫

うらからたのみこむ(裏から頼み込む) = 뒷문으로 청탁하다
うらこうさく(裏工作) = 이면공작
うらとりひき(裏取引) = 음성 거래

≪관용구 ; 합성어≫

うらにはうらがある(裏には裏がある) = 내막이 복잡하다

うらをかく(裏を搔く) = (상대방의) 의표를 찌르다

うらかいどう(裏街道) = 뒷길

うらがえす(裏返す) = 뒤집다

うらぐち(裏口) = 뒷문

うらげい(裏芸) = 장기(숨은 재주)

うらさく(裏作) = 그루갈이(이모작)

うらどおり(裏通り) = 뒷골목 ↔ おもてどおり(表通り)

うらばなし(裏話) = 비화(잘 알려지지 않은 이야기)

うらみち(裏道) = 샛길

うらどし(裏年) = 과일 따위가 흉년이 되는 해 ↔ なりどし(生り年)


❹ おもて(表)는 '표면' '바깥'이라는 뜻입니다.


≪겉 ; 표면≫

しへいのおもて(紙幣の表) = 지폐의 표면

おもてにたつ(表に立つ) = 표면에 나서다

うらもおもてもない(裏も表もない) = 속과 겉이 같다

たてもののおもてぐち(建物の表口) = 건물의 정면 출입구

おもてむきのようむ(表向きの用務) = 정식 용무

おもてざたになる(表沙汰になる) = 공공연하게 되다

≪바깥 ; 집 앞≫

おもてのへや(表の部屋) = 바깥 방
おもてざしき(表座敷) = 객실(손님을 맞이하는 곳)
おもてにでる(表に出る) = 밖으로 나가다
おもてであそぶ(表で遊ぶ) = 밖에서 놀다

≪관용구 ; 합성어≫

おもてげんかん(表玄関) = 집 정면의 정식 현관
　　　　　　　　　　↔ うちげんかん(内玄関)
おもてだつ(表立つ) = 표면화하다
おもてにほん(表日本) = (일본 열도) ほんしゅう(本州)의 태평양에 면한 지방
おもてぶたい(表舞台) = 정식 무대
おもてむきになる(表向きになる) = 공공연하게 되다

 *kotoba*

やぼう(野望) = 야망
そうだん(相談) = 상의
ふまん(不満) = 불만
べんけい(弁慶) = (이름)
　　　　중세 초의 무사
しょくじ(食事) = 식사
わに(鰐) = 악어
ほんね(本音) = 본심
せいかい(政界) = 정계

こうさく(工作) = 공작
とりひき(取引) = 거래
かいどう(街道) = 가도
しへい(紙幣) = 지폐
おもてぐち(表口) = 정문
おもてむき(表向き) = 공공연함
ようむ(用務) = 용무
さた(沙汰) = 소식
ざしき(座敷) = 객실

かう(飼う) = (동물) 기르다
いわう(祝う) = 축하하다
あらわす(現わす) = 드러내다
かこう(囲う) = 둘러싸다

かまえる(構える) = 꾸미다
つける(付ける) = 붙이다
かくす(隠す) = 감추다
かえす(返す) = (되)돌리다

# CHAPTER 4

# 가운데, 구석, 옆, 바닥, 사이

❶ なか(中)는 '가운데'라는 뜻입니다.

なかのゆび(中の指) = 가운데 손가락

なかのあに(中の兄) = 가운데 형

いえのなかがみえた(家の中が見えた) = 집안이 보였다

なかをとる(中を取る) = 중간을 취하다(절충하다)

なかおれ(中折れ) = 중앙이 꺾이거나 우묵함

なかおれぼうし(中折帽子) = 중절모자

なかがき(中垣) = 사이울타리

なかじきり(中仕切り) = 칸막이

ほうそうのなかつぎ(放送の中継ぎ) = 방송의 중계

なかみ(中身) = 알맹이



❷ すみ(隅)는 '구석'이라는 뜻입니다.


よすみ(四隅) = 네 귀퉁이

すみにすわる(隅に座る) = 구석에 앉다

すみにおしつける(隅に押し付ける) = 구석으로 몰아붙이다

すみからすみまでさがす(隅から隅まで捜す)

= 구석구석까지 찾다(샅샅이 뒤지다)

くるまをすみによせる(車を隅に寄せる) = 차를 바싹 구석으로 대다

すみにおけない(隅に置けない) = 여간이 아니다



❸ そば(側)는 '곁'이라는 뜻입니다. '즉시' '금방'이라는 뜻으로도 쓰입니다.

《곁 ; 옆》

つくえのそば(机の側) = 책상 옆
そばにすわる(側に座る) = 곁에 앉다
えきのそばのきっさてん(駅の側の喫茶店) = 역 근처의 찻집
そばからくちをだす(側から口を出す) = 옆에서 말참견하다

《~하자마자 ; 금방》

きいたそばからわすれる(聞いた側から忘れる) = 들은 즉시 잊어버리다
たべるそばからはきだす(食べる側から吐き出す)
= 먹자마자 토해버리다


❹ そこ(底)는 '바닥'이라는 뜻입니다. '속' '한계'라는 뜻으로도 쓰입니다.

《밑》

うみのそこ(海の底) = 바다 밑바닥
そこのあついなべ(底の厚い鍋) = 바닥이 두꺼운 냄비

おけのそこがぬける(桶の底が抜ける) = 통 밑이 빠지다

たにのそこにおちる(谷の底に落ちる) = 골짜기 밑으로 떨어지다

こめのひつのそこをたたく(米の櫃の底を叩く) = 쌀뒤주를 바닥내다

《한도 ; 한계》

そこがしれないちから(底が知れない力) = 한계를 알 수 없는 힘

そこまできわめる(底まで極める) = 끝까지 구명하다

かぶかがそこなしにげらくする(株価か底無しに下落する)
= 주가가 끝없이 하락하다

《속》

こころのそこ(心の底) = 마음속

ちのそこ(地の底) = 땅속

たんすのそこ(箪笥の底) = 장롱의 깊숙한 곳

《속마음》

そこがしれないひと(底が知れない人) = 속을 알 수 없는 사람

そこをわってはなす(底を割って話す) = 마음을 털어 놓고 이야기하다

≪관용구 ; 합성어≫

そこぢから(底力) = 저력

そこがあさい(底が浅い) = 바닥이 얕다

そこがわれる(底が割れる) = 숨긴 것이 드러나다

そこしれぬ(底知れぬ) = 밑을 알 수 없는

そこをおす(底を押す) = 다짐하다

そこをつく(底を突く) = 시세가 최저로 떨어지다

そこをはらう(底を払う) = 바닥이 나다


❺ ま(間)는 '사이'라는 뜻입니다. '짬' '틈'이라는 뜻으로도 쓰입니다.


≪사이≫

このま(木の間) = 나무와 나무 사이

まをおく(間を置く) = 사이를 두다

まをつめる(間を詰める) = 간격을 좁히다

≪겨를 ; 짬≫

間(ま)もなく = 곧 머지않아

あっという間(ま)に = 눈 깜짝할 사이에

あそぶまがない(遊ぶ間がない) = 놀 시간이 없다

ねるまもない(寝る間もない) = (바빠서) 잠잘 시간도 없다

≪틈 ; 기회≫

まあい(間合) = 짬 ; 틈

まをうかがう(間を伺う) = 틈을 엿보다

まをみはからってきりだす(間を見計らって切り出す)
= 틈을 보아 말을 꺼내다

## ✖ 감각 돋보기

일본인은 방과 관련된 말에 ま(間)라는 단어를 사용합니다.

おうせつま(応接間) = 응접실
まがし(間貸) = 셋방을 줌
まじきり(間仕切り) = 칸막이 함
ろくじょうのま(六畳の間) = 다타미(畳) 6장짜리 방

## kotoba

かき(垣) = 울타리
なかつぎ(中継ぎ) = 중계
すみ(隅) = 귀퉁이
きっさてん(喫茶店) = 다방
おけ(桶) = 통

ひつ(櫃) = 궤
かぶか(株価) = 주가
げらく(下落) = 하락
たんす(箪笥) = 장롱
そこぢから(底力) = 저력

おれる(折れる) = 꺾이다
しきる(仕切る) = 칸막이하다
おしつける(押し付ける)
 = 몰아붙이다
はく(吐く) = 토하다

わすれる(忘れる) = 잊어버리다
ぬける(抜ける) = 빠지다
きわめる(極める) = 구명하다
つめる(詰める) = 채우다
かす(貸す) = 빌려주다

**CHAPTER 5**

# 비, 눈, 구름, 천둥, 안개, 이슬, 서리

❶ あめ(雨)는 '비'입니다.

≪비≫

あめがふる(雨が降る) = 비가 오다
あめがやむ(雨が止む) = 비가 그치다
あめがあがる(雨が上がる) = 비가 개다
あさからあめになった(朝から雨になった)
= 아침부터 비가 내리기 시작했다
あめもよいのそら(雨催いの空) = 비가 올 듯한 날씨

あめふってじかたまる(雨降って地固まる) = 비 온 뒤에 땅이 굳다

≪합성어≫

あめかぜ(雨風) = 비바람

あめあし(雨足) = 빗줄기

あめつゆ(雨露) 우로 ; 비와 이슬

あめたいふう(雨台風) = 큰 비를 수반한 태풍

あめのいと(雨の糸) = 가랑비

あめがち(雨勝ち) = 비가 잦음

❷ ゆき(雪)는 '눈'입니다. '흰 것'을 뜻하는 말로도 쓰입니다.

≪눈≫

ゆきがふる(雪が降る) = 눈이 오다

しろくひかるゆき(白く光る雪) = 하얗게 빛나는 눈

ぼたんゆきがふる(牡丹雪が降る) = 함박눈이 내리다

ゆきがつもる(雪が積もる) = 눈이 쌓이다

ゆきをかく(雪を掻く) = 눈을 치우다

ゆきがまう(雪が舞う) = 눈이 흩날리다
ゆきをかためる(雪を固める) = 눈을 뭉치다
ゆきがっせんをしよう(雪合戦をしよう) = 눈싸움 하자
ゆきがとける(雪が溶ける) = 눈이 녹다

≪흰 것의 비유≫

ゆきをあざむく(雪を欺く) = 눈도 무색할 만하다
ゆきのようにしろいはだ(雪のように白い肌) = 눈처럼 흰 살결
あたまにゆきをいただく(頭に雪を頂く) = 백발이 되다

≪합성어≫

ゆきぐに(雪国) = 설국
ゆきぐも(雪雲) = 눈구름
ゆきげしき(雪景色) = 설경
ゆきけむり(雪煙) = 눈보라
ゆきだるま(雪達磨) = 눈사람
ゆきなだれ(雪崩) = 눈사태
ゆきばな(雪花) = 눈꽃
ゆきまつり(雪祭) = 눈 축제

❸ くも(雲)는 '구름'입니다. 막연한 것, 아주 높은 것, 근심 등의 뜻으로 쓰이기도 합니다.


≪구름≫

くもがうかぶ(雲が浮ぶ) = 구름이 뜨다
くもがわく(雲が湧く) = 구름이 피어오르다
くもがながれる(雲が流れる) = 구름이 흐르다
ひがくもにかくれる(日が雲に隠れる) = 해가 구름에 가리다
くもにおおわれる(雲に覆われる) = 구름에 덮이다
くもがはれる(雲が晴れる) = 구름이 걷히다


≪막연한 것 ; 매우 높은 곳≫

くもをつかむ(雲を掴む) = 구름을 잡다
くものうえびと(雲の上人) = 천황과 그 일족 ; 신분이 높은 사람
くものうえのこと(雲の上の事) = 궁중의 일


≪비유≫

はなのくも(花の雲) = 꽃으로 뒤덮인 봄 풍경

こころのくもがはれる(心の雲が晴れる) = 마음의 근심이 사라지다

≪합성어≫

あわいくも(淡い雲) = 엷은 구름

くもがた(雲形) = 구름 모양

くもじ(雲路) = 구름길

くものみね(雲の峰) = 뭉게구름

くもゆき(雲行) = 구름의 형세

くもま(雲間) = 구름 사이


❹ かみなり(雷)는 '천둥' '벼락'이라는 뜻입니다.


かみなりがなる(雷が鳴る) = 천둥이 치다

かみなりにうたれる(雷に打たれる) = 벼락을 맞다

せいてんにかみなりがおちる(晴天に雷が落ちる)
= 마른하늘에 벼락이 치다

かみなりをともなうあめ(雷を伴う雨) = 천둥이 따르는 비

≪합성어≫

かみなりおやじ(雷親父) = 벼락같은 아버지
かみなりぞく(雷族) = (오토바이) 폭주족

❺ きり(霧)는 '안개'입니다. 안개와 같은 것을 뜻하기도 합니다.

≪안개≫

きりがたつ(霧が立つ) = 안개가 끼다
ふかいきり(深い霧) = 짙은 안개
きりにつつまれる(霧に包まれる) = 안개에 싸이다
きりがこめる(霧が込める) = 안개가 자욱이 끼다
しやをさえぎるきり(視野を遮る霧) = 시야를 가린 안개
きりがはれる(霧が晴れる) = 안개가 걷히다

≪안개같이 내뿜는 물≫

しょうじにきりをふく(障子に霧を吹く) = 장지에 물을 뿜다
きものにきりをふく(着物に霧を吹く) = 옷에 물을 뿜다

≪합성어≫

こいきり(濃い霧) = 짙은 안개
きりのなか(霧の中) = 안개 속
きりぐも(霧雲) = 안개구름
きりさめ(霧雨) = 이슬비


❻ つゆ(露)는 '이슬'입니다. 눈물이나 덧없는 것을 뜻하는 말로 쓰이기도 합니다.


≪이슬≫

つゆをむすぶ(露を結ぶ) = 이슬을 맺다
つゆがおく(露が置く) = 이슬이 내리다
つゆをやどす(露を宿す) = 이슬을 머금다
つゆにぬれる(露に濡れる) = 이슬에 젖다
つゆときえる(露と消える) = 이슬처럼 사라지다

≪덧없는 것≫

つゆのみ(露の身) = 덧없는 목숨

つゆのよ(露の世) = 덧없는 세상

つゆのまのいのち(露の間の命) = 초로 같은 덧없는 목숨

だんとうだいのつゆときえる(断頭台の露と消える)
= 단두대의 이슬로 사라지다


≪눈물≫

めにつゆがひかる(目に露が光る) = 눈에 이슬이 맺혀 빛나다

そでのつゆ(袖の露) = 소매를 적시는 눈물


≪약간≫

つゆほどもしらない(露程も知らない) = 조금도 모르다

つゆのなさけ(露の情け) = 약간의 동정

つゆのまもわすれない(露の間も忘れない) = 잠시도 잊지 않다


≪합성어≫

つゆのたま(露の玉) = 이슬방울

つゆのま(露の間) = 잠깐 동안

つゆのやど(露の宿) = 노숙

❼ しも(霜)는 '서리'입니다. '백발'을 뜻하기도 합니다.

≪서리≫

しもがおりる(霜が降りる) = 서리가 내리다

しもとりをする(霜取をする) = 서리를 제거하다

しもにおかされる(霜に冒される) = 서리 피해를 입다

わらをしいてしもをよける(藁を敷いて霜を避ける)
= 짚을 깔아서 서리를 막다

≪백발≫

あたまにしもをいただく(頭に霜を頂く) = 머리가 백발이 되다

びんぱつにしもをおく(鬢髪に霜を置く) = 귀밑머리가 하얗게 세다

≪합성어≫

しもかぜ(霜風) = 서릿바람
しもつき(霜月) = 동짓달
しもばしら(霜柱) = 서릿발
しもやけ(霜焼) = 가벼운 동상

**kotoba**

もよい(催い) = 징조
たいふう(台風) = 태풍
ぼたん(牡丹) = 모란
はだ(肌) = 살결
がっせん(合戦) = 싸움
けしき(景色) = 경치
けむり(煙) = 연기
だるま(達磨) = 달마

まつり(祭) = 축제
みね(峰) = 봉우리
しや(視野) = 시야
しょうじ(障子) = 장지
だんとうだい(断頭台) = 단두대
なさけ(情け) = 정
わら(藁) = 짚
びんぱつ(鬢髪) = 귀밑머리

やむ(止む) = 그치다
あがる(上がる) = 개다
かたまる(固まる) = 굳다
つもる(積もる) = 쌓이다
まう(舞う) = 춤추다
とける(溶ける) = 녹다
あざむく(欺く) = 속이다
かくれる(隠れる) = 숨다
おおう(覆う) = 덮다

なる(鳴る) = 울리다
ともなう(伴う) = 동반하다
こめる(込める) = 속에 넣다
さえぎる(遮る) = 가리다
やどす(宿す) = 깃들다
ぬれる(濡れる) = 젖다
きえる(消える) = 사라지다
おかす(冒す) = 침범하다
よける(避ける) = 막다

## CHAPTER 6

# 개, 고양이, 말, 호랑이, 쥐, 벌레

❶ いぬ(犬)는 '개'입니다. '앞잡이'라는 뜻도 있습니다. 한국어와 같은 감각으로 쓰입니다.

≪개≫

いぬをかう(犬を飼う) = 개를 기르다
いぬをなつける(犬を懐ける) = 개를 길들이다
いぬがほえる(犬が吠える) = 개가 짖다
いぬがかみつく(犬が嚙み付く) = 개가 물다

いぬがうなる(犬が唸る) = 개가 으르렁거리다

いぬにおわれる(犬に追われる) = 개에게 쫓기다

いぬがおをふる(犬が尾を振る) = 개가 꼬리를 흔들다

いぬにえさをやる(犬に餌を遣る) = 개에게 먹이를 주다

≪앞잡이 ; 노예≫

てきのいぬ(敵の犬) = 적의 첩자

けいさつのいぬ(警察の犬) = 경찰의 앞잡이

けんりょくのいぬ(権力の犬) = 권력의 노예

ぼんのうのいぬとなる(煩悩の犬となる) = 번뇌의 노예가 되다

≪하찮은 것≫

いぬざむらい(犬侍) = 비겁한 무사

いぬじに(犬死) = 개죽음

≪관용구 ; 합성어≫

いぬとさる(犬と猿) = 견원지간

いぬのとおぼえ(犬の遠吠え) = 겁쟁이가 멀리서 허세를 부림

いぬもくわない(犬も食わない) = 개도 안 먹을 만큼 하찮다

いぬかき(犬搔き) = 개헤엄

いぬくぐり(犬潜り) = 개구멍

いぬあわせ(犬合わせ) = 투견

いぬちくしょう(犬畜生) = 짐승보다도 못한 놈


❷ ねこ(猫)는 '고양이'입니다. 한국어와 같은 감각으로 쓰입니다.


ねこをかわいがる(猫を可愛がる) = 고양이를 귀여워하다

ねこがさかなにとびつく(猫が魚に飛び付く)
= 고양이가 생선에 달려들다

ねこのつめあと(猫の爪痕) = 고양이 발톱 자국

ひとなれたねこ(人馴れた猫) = 사람을 잘 따르는 고양이


≪관용구 ; 합성어≫


ねこにかつおぶし(猫に鰹節) = 고양이에게 생선

ねこにこばん(猫の小判) = 고양이에게 금화 (돼지에게 진주)

ねこをかぶる(猫を被る) = 본성을 숨기다

ねこのまえのねずみ(猫の前の鼠) = 고양이 앞의 쥐

ねこのひたいほどのにわ(猫の額程の庭) = 손바닥만 한 마당

ねこもしゃくしも(猫も杓子も) = 어중이떠중이 모두 다

ねこのてもかりたい(猫の手も借りたい)
= 손이 열 개라도 모자랄 지경이다

ねこのくびにすずをかける(猫の首に鈴を掛ける)
= 고양이 목에 방울을 걸다

のらねこ(野良猫) = 들고양이

ぶちのねこ(斑の猫) = 얼룩고양이

ねこぜ(猫背) = 등이 구부정해지다


❸ うま(馬)는 '말'입니다. 한국어와 같은 감각으로 쓰입니다.


やせいのうま(野生の馬) = 야생마

はなしうま(放し馬) = 방목하는 말

かけうま(賭け馬) = 경마 말

うまにくらをおく(馬に鞍を置く) = 말에 안장을 얹다

うまにまたがる(馬に跨る) = 말에 올라타다

うまをはせる(馬を馳せる) = 말을 몰다

うまをあやつる(馬を操る) = 말을 다루다

うまがいななく(馬が嘶く) = 말이 소리높이 울다

うまがあとあしでける(馬が後足で蹴る) = 말이 뒷발질하다

うまにくつわをはめる(馬に轡を填める) = 말에 재갈을 물리다

にんげんばんじさいおうがうま(人間万事塞翁が馬)
= 인간만사 새옹지마

てんたかくうまこゆるきせつ(天高く馬肥ゆる季節) = 천고마비의 계절

うまのみみにねんぶつ(馬の耳に念仏) = 소귀에 경 읽기

うまはうまづれ(馬は馬連れ) = 유유상종


≪관용구 ; 합성어≫


うまがあう(馬が合う) = 의기투합하다

うまをひいてかえる(馬を引いて帰る)
= 술값 받을 사람을 데리고 집에 돌아오다

どこのうまのほねなのか(どこの馬の骨なのか)
= 어디서 굴러먹던 말뼈인가?

うまをうしにのりかえる(馬を牛に乗り換える)
= 좋은 것을 두고 나쁜 것을 취함


うまいち(馬市) = 말 시장

うまかた(馬方) = 마부

うまづら(馬面) = 말상 ; 긴 얼굴

うまのす(馬の巣) = 말총

うまのり(馬乗り) = 승마

うまぶね(馬槽) = 말구유

うまや(馬屋) = 마굿간

❹ とら(虎)는 '호랑이'입니다.

とらのほえごえ(虎の吠え声) = 호랑이의 포효

とらのかわ(虎の皮) = 호랑이 가죽

はりこのとら(張り子の虎) = 종이호랑이

とらのいをかりるきつね(虎の威を借りる狐) = 호가호위

とらはししてかわをのこす(虎は死して皮を残す)
= 호랑이는 죽어서 가죽을 남기다

≪관용구 ; 합성어≫

とらのおをふむ(虎の尾を踏む) = 매우 위험한 짓을 함

とらをのにはなつ(虎を野に放つ) = 큰 해가 될 것을 방치하다

とらをえがいていぬにるいす(虎を描いて犬に類す)
= 남의 흉내를 내다 실패함

とらがり(虎狩り) = 호랑이 사냥

とらねこ(虎猫) = 얼룩고양이

とらのこ(虎の子) = 끔찍이 아끼는 것

とらひげ(虎鬚) = 뻣뻣한 수염


❺ ねずみ(鼠)는 '쥐'입니다. 한국어와 같은 감각으로 쓰입니다.


ねこのまえのねずみ(猫の前の鼠) = 고양이 앞의 쥐

ふくろのなかのねずみ(袋の中の鼠) = 독 안에 든 쥐

よるのはなしはねずみがきく(夜の話は鼠が聞く) = 밤 말은 쥐가 듣다

やくしょにあたまのくろいねずみがいる(役所に頭の黒い鼠がいる)
= 관청에는 인쥐가 있다


≪합성어≫


ねずみあな(鼠穴) = 쥐구멍

ねずみいろ(鼠色) = 쥐색

ねずみおとし(鼠落し) = 쥐덫

ねずみとり(鼠取り) = 쥐잡기

どぶねずみ(溝鼠) = 시궁쥐

❻ むし(虫)는 '벌레' '곤충'입니다. 어떤 일에 몰두하는 사람을 이르는 말이기도 합니다. 한국어와 거의 같은 감각으로 쓰입니다.


≪벌레≫

むしのおと(虫の音) = 벌레 소리
むしがわく(虫が湧く) = 벌레가 꾀다
むしがなく(虫が鳴く) = 벌레가 울다
むしにさされる(虫に刺される) = 벌레에 물리다
むしをくうとり(虫を食う鳥) = 벌레를 잡아먹는 새
あきのよるのむしのこえ(秋の夜の虫の声) = 가을밤의 벌레 소리
むしをくだす(虫を下す) = 구충하다


≪어떤 일에 몰두하는 사람≫

ほんのむし(本の虫) = 책벌레
べんきょうのむし(勉強の虫) = 공부벌레
げいのむし(芸の虫) = 예술에 몰두한 사람

≪관용구 ; 합성어≫

むしがかぶる(虫が翳る) = 배가 아프다

むしがしらせる(虫が知らせる) = 어떤 예감이 들다

むしがきらう(虫が嫌う) = 어쩐지 마음에 들지 않다

むしがすかない(虫が好かない) = 까닭 없이 싫다

むしがつく(虫が付く) = 벌레가 먹다

むしのいどころがわるい(虫の居所が悪い) = 어쩐지 기분이 언짢다

むしのしらせ(虫の知らせ) = 예감

むしをおさえる(虫を押さえる) = 짜증・욕망 등을 참다

むしもころさぬ(虫も殺さぬ) = 아주 온화한 성품

むしをころす(虫を殺す) = 감정・분노 등을 억누르다


むしくだし(虫下し) = 회충약

むしず(虫酸) = 신물

むしば(虫歯) = 충치

むしめがね(虫眼鏡) = 확대경

## ✺ 감각 돋보기

일본인은 우울증, 울화병, 신경질 등과 관련된 증상에 むし(虫)라는 단어를 사용합니다. 사람의 몸속에 있는 벌레가 날뛰면 정신적으로 불안해지거나 짜증을 낸다고 생각했던 것 같습니다. 일본인의 상상력의 일단을 엿볼 수 있습니다.

≪기분 ; 생각≫

ふさぎのむし(塞ぎの虫) = 우울증
はらのむしがおさまらない(腹の虫が納まらない)
= 치미는 화를 누를 수 없다
わるいむしがあたまをもたげる(悪い虫が頭を擡げる)
= 나쁜 생각이 고개를 들다

≪신경질≫

むしをおこす(虫を起こす) = 짜증을 내다
かんのむし(疳の虫) = 짜증
むしのくすり(虫の薬) = 경기(驚氣)를 일으켰을 때 먹는 약

 *kotoba*

ぼんのう(煩悩) = 번뇌
ちくしょう(畜生) = 짐승
つめあと(爪痕) = 손톱자국
のら(野良) = 들
ぶち(斑) = 얼룩이
かつおぶし(鰹節) = 가다랑어포
こばん(小判) = 금화
しゃくし(杓子) = 국자
すず(鈴) = 방울

やせい(野生) = 야생
くら(鞍) = 안장
あとあし(後足) = 뒷발
くつわ(轡) = 재갈
ねんぶつ(念仏) = 염불
かり(狩り) = 사냥
ひげ(虎鬚) = 수염
やくしょ(役所) = 관청
むしめがね(虫眼鏡) = 확대경

なつける(懐ける) = 길들이다
ほえる(吠える) = 짖다
うなる(唸る) = 으르렁거리다
くぐる(潜る) = 빠져나가다
なれる(馴れる) = 따르다
かける(賭ける) = 내기를 하다
またがる(跨る) = 올라타다
はせる(馳せる) = 몰다

あやつる(操る) = 조종하다
はめる(填める) = 끼우다
ほえる(吠える) = 짖다
はなつ(放つ) = 놓다
ふさぐ(塞ぐ) = 막다
おさまる(納まる) = 수습되다
もたげる(擡げる) = 쳐들다
かぶる(齧る) = (배) 아프다

# CHAPTER 7

# 실, 바늘, 소매, 젓가락, 약

❶ いと(糸)는 '실'입니다. 실 모양의 것, 비유적으로 사물을 잇는 것 등을 뜻하는 말로도 쓰입니다.

≪실≫

きぬいと(絹糸) = 명주실
けいと(毛糸) = 털실
いとをつむぐ(糸を紡ぐ) = 털을 잣다
はりにいとをとおす(針に糸を通す) = 바늘에 실을 꿰다

いとをくるくるまく(糸をくるくる巻く) = 실을 돌돌 말다

いとがもつれる(糸が縺れる) = 실이 뒤엉키다

≪실 모양≫

くものいと(蜘蛛の糸) = 거미줄

やなぎのいと(柳の糸) = 버들의 늘어진 가지

≪낚시・악기 등의 줄≫

いとをたれる(糸を垂れる) = 낚싯줄을 드리우다

ことのいとがきれる(琴の糸が切れる) = 거문고의 줄이 끊어지다

ことのいとをかきならす(琴の糸を掻き鳴らす) = 거문고를 타다

≪비유적으로 사물을 잇는 것≫

きおくのいとをたどる(記憶の糸を辿る) = 기억의 줄을 더듬다

かげでいとをひく(陰で糸を引く) = 뒤에서 조종하다

はなしのいとをたぐる(話に糸を手繰る) = 이야기의 실마리를 찾다

≪합성어≫

いとくず(糸屑) = 실부스러기
いとぐち(糸口) = 실마리
いとくり(糸繰り) = 실잣기
いとしば(糸芝) = 금잔디
いとすじ(糸筋) = 실낱
いととんぼ(糸蜻蛉) = 실잠자리
いとみみず(糸蚯蚓) = 실지렁이
いとのこ(糸鋸) = 실톱
いとひめ(糸姫) = 방직공장 여공
いとまき(糸巻) = 실패
いとまゆ(糸眉) = 실눈썹
いとゆう(糸遊) = 아지랑이
いとわく(糸枠) = 얼레

❷ はり(針)는 '바늘' '침'입니다. 한국어와 같은 감각으로 쓰입니다.

≪바늘≫

たけばり(竹針) = 대바늘
つりばり(釣り針) = 낚싯바늘
ちくおんきのはり(蓄音機の針) = 축음기 바늘

≪가시 ; 곤충의 침≫

いばらのはり(茨の針) = 가시나무의 가시
ばらのはり(薔薇の針) = 장미의 가시
はちのはり(蜂の針) = 벌의 침

≪시계 · 계기 등의 바늘≫

とけいのはり(時計の針) = 시계 바늘
メーターのはり(メーターの針) = 미터기의 바늘
らしんばんのはり(羅針盤の針) = 나침반의 바늘

≪주사바늘 ; 침≫

ちゅうしゃきのはり(注射器の針) = 주사기의 바늘
はりをうつ(針を打つ) = 침을 놓다
はりい(鍼医) = 침술의

≪관용구 ; 합성어≫

はりのあることば(針のある言葉) = 가시 돋친 말
はりをふくんだものいい(針を含んだ物言い) = 가시 돋친 말투
はりのむしろ(針の筵) = 바늘방석
はりほどのことをぼうほどにいう(針程の事を棒程に言う)
 = 침소봉대하다

はりあな(針穴) = 바늘구멍
はりいか(針烏賊) = 뼈오징어
はりがね(針金) = 철사
はりぎり(針桐) = 엄나무
はりしごと(針仕事) = 바느질
はりねずみ(針鼠) = 고슴도치
はりのみみ(針の耳) = 바늘귀
はりばこ(針箱) = 반짇고리

はりめ(針目) = (뜨개질) 코

❸ そで(袖)는 '소매'입니다. 한국어와 같은 감각으로 쓰입니다.

≪소매≫

そでをつける(袖を付ける) = 소매를 달다
しちぶそで(七分袖) = 칠부 소매
そでにてをとおす(袖に手を通す) = 소매에 팔을 꿰다
そでがすんたらずだ(袖が寸足らずだ) = 소매 기장이 짧다
ないそではふれぬ(無い袖は振れぬ) = 없는 소매는 흔들지 못한다
　　　　　　　　　　　　　　　(없으니 어쩔 수 없다)

≪관용구 ; 합성어≫

そでにすがる(袖に縋る) = 소매에 매달리다
そでにする(袖にする) = 소홀히 하다
そでのしたをつかう(袖の下を使う) = 뇌물을 쓰다
そでのすりあうもたしょうのえん(袖の刷り合うも多生の縁)
= 소매만 스쳐도 인연이다

そでをしぼる(袖を絞る) = 눈물로 소매가 젖도록 울다

そでをつらねる(袖を連ねる) = 행동을 함께 하다

そでをとおす(袖を通す) = 옷을 입다

そでをひく(袖を引く) = 소매를 잡아당기다(몰래 꾀어내다)

そでうら(袖裏) = 소매 안감

そでぐち(袖口) = 소맷부리

そでたけ(袖丈) = 소매길이

そでなし(袖無し) = 소매 없는 옷

そでまくり(袖捲り) = 소매를 걷어 올림

❹ はし(箸)는 '젓가락'입니다. 일본인은 식사 때 수저를 사용하지 않고 젓가락만 사용합니다. 한국인이 '수저를 놓다'라는 표현을 일본인은 '젓가락을 놓다'라고 합니다.

≪젓가락≫

わりばし(割り箸) = 일회용 젓가락

はしのあげさげ(箸の上げ下げ) = 젓가락질

はしをつかう(箸を使う) = 젓가락질하다

はしをとりあげる(箸を取り上げる) = 젓가락을 집어 들다
はしをおく(箸を置く) = 젓가락을 놓다(다 먹다)

≪관용구 ; 합성어≫

はしがころんでもわらう(箸が転んでも笑う) = 사소한 일에도 웃다
はしにもぼうにもかからない(箸にも棒にも掛からない)
= 아무 짝에도 쓸모가 없다
りょうりにはしをつけない(料理に箸を付けない)
= 요리에 젓가락을 대지 않다

はしおき(箸置) = 젓가락 받침
はしばこ(箸箱) = 젓가락 통

❺ くすり(薬)는 '약'입니다. 한국어와 같은 감각으로 쓰입니다.

≪치료제≫

かぜのくすり(風邪の薬) = 감기약
やせぐすり(痩せ薬) = 살 빠지는 약

くすりひとつつみ(薬一包) = 약 한 봉지

くすりをのむ(薬を呑む) = 약을 먹다

くすりをのみくだす(薬を飲み下す) = 약을 삼키다

くすりがきく(薬が効く) = 약이 듣다

くすりになる(薬に成る) = 약이 되다

かんぶにくすりをぬる(患部に薬を塗る) = 환부에 약을 바르다

このくすりはききめがない(この薬は効き目がない)
= 이 약은 효험이 없다

やくをうつ(薬を打つ) = 마약을 하다


≪유익 ; 도움≫


あさおきはけんこうのくすり(朝起きは健康の薬)
= 아침 일찍 일어나는 것은 건강에 좋다

わかいうちのくろうはみのくすり(若い内の苦労は身の薬)
= 젊어서 고생은 몸에 약

どくにもくすりにもならない(毒にも薬も為らない) = 무해무득이다

むちはくすり(無知は薬) = 모르는 것이 약이다


≪관용구 ; 합성어≫


くすりにする(薬にする) = 아주 조금

くすりにしたくもない(薬にしたくも無い) = 약으로 쓰려 해도 없다
すいみんがくすりにまさる(睡眠が薬に勝る) = 잠이 보약이다
めのくすり(目の薬) = 눈요기

くすりうり(薬売り) = 약장수
くすりばこ(薬箱) = 약상자
くすりや(薬屋) = 약방
くすりゆび(薬指) = 약지

 **kotoba**

きおく(記憶) = 기억
くず(屑) = 부스러기
とんぼ(蜻蛉) = 잠자리
ちくおんき(蓄音機) = 축음기
いばら(茨) = 가시나무
らしんばん(羅針盤) = 나침반

ちゅうしゃき(注射器) = 주사기
むしろ(筵) = 거적
つつみ(包) = 보따리
かんぶ(患部) = 환부
むち(無知) = 무지
すいみん(睡眠) = 수면

つむぐ(紡ぐ) = (방적) 잣다
もつれる(縺れる) = 뒤얽히다
たれる(垂れる) = 드리우다
ならす(鳴らす) = 울리다
たどる(辿る) = 더듬다
たぐる(手繰る) = 끌어당기다
ふくむ(含む) = 포함하다

すがる(縋る) = 매달리다
しぼる(絞る) = 짜다
つらねる(連ねる) = 늘어놓다
ころぶ(転ぶ) = 쓰러지다
やせる(痩せる) = 여위다
ぬる(塗る) = 바르다
まさる(勝る) = 낫다

# CHAPTER 8

# 집, 벽, 창, 자리, 솥

❶ いえ(家)는 '집'입니다. 한국어와 거의 같은 감각으로 쓰입니다.

≪주택≫

いえをたてる(家を建てる) = 집을 짓다
すみなれたいえ(住慣れた家) = 오래 살아 정든 집
すむいえがない(住む家が無い) = 살 집이 없다
むかいのいえ(向かいの家) = 맞은편 집

≪자택≫

いえをでかける(家を出かける) = 집을 나서다
いえをでる(家を出る) = 가출하다
いえにしごとをもちこむ(家に仕事を持ち込む) = 일을 집으로 가져오다
いえがひとでにわたる(家が人手に渡る) = 집이 남의 손에 넘어가다

≪가정≫

けっこんしていえをもつ(結婚して家を持つ) = 결혼해서 가정을 갖다
いえがまずしい(家が貧しい) = 살림이 어렵다

≪가문≫

いえのざいさん(家の財産) = 집안의 재산
いえをつぐ(家を継ぐ) = 집안을 잇다
いえがよい(家が良い) = 가문이 좋다
いえがおこる(家が興る) = 집안이 흥하다
ふるいいえ(古い家) = 유서 깊은 가문
いえをおさめる(家を治める) = 집안을 다스리다
こどもにいえをゆずる(子供に家を譲る) = 자식에게 가문을 상속하다

≪관용구 ; 합성어≫

いえをあける(家を空ける) = 집안을 비우다
いえのみち(家の道) = 대대로 그 집안에 전래되는 예능이나 학문
いえをそとにする(家を外にする) = 집에 붙어 있지 않다

いえがまえ(家構え) = 집의 구조
いえがら(家柄) = 집안 ; 문벌
いえじ(家路) = 귀로
いえすじ(家筋) = 가계
いえで(家出) = 가출
いえどころ(家所) = 처소
いえねずみ(家鼠) = 집쥐
いえばと(家鳩) = 집비둘기
いえもと(家元) = 한 유파의 당주

❷ かべ(壁)는 '벽' '장벽'입니다. 한국어와 같은 감각으로 쓰입니다.

≪벽≫

こてでかべをぬる(鏝で壁を塗る) = 흙손으로 벽을 바르다
かべにくぎをうつ(壁に釘を打つ) = 벽에 못질하다
かべにあなをあける(壁に穴を開ける) = 벽에 구멍을 뚫다
かべにわれめがはいる(壁に割れ目が入る) = 벽에 금이 가다
かべによりかかる(壁に寄り掛かる) = 벽에 기대다
かべをせにしてたつ(壁を背にして立つ) = 벽을 등지고 서다

≪장벽 ; 장애≫

にじかんのきろくのかべをやぶる(二時間の記録の壁を破る)
= 두 시간 기록의 벽을 깨다
けんきゅうがかべにぶつかる(研究が壁にぶつかる)
= 연구가 벽에 부딪히다
ふたりのあいだにかべができた(二人の間に壁が出来た)
= 두 사람 사이에 벽이 생겼다

≪관용구 ; 합성어≫

かべにつきあたる(壁に突き当たる) = 장벽에 부딪히다
かべにみみあり(壁に耳あり) = 벽에도 귀가 있다


かべがき(壁書き) = 벽서
かべがみ(壁紙) = 벽지
かべごし(壁越し) = 벽 너머
かべつち(壁土) = 벽토
かべぬり(壁塗り) = 미장이



❸ まど(窓)는 '창'입니다. 한국어와 같은 감각으로 쓰입니다.


ガラスまど(硝子窓) = 유리창
にじゅうのまど(二重の窓) = 이중창
あげさげまど(上げ下げ窓) = 여닫이 창
はめころしのまど(嵌殺しの窓) = 붙박이 창
まどのかまち(窓の框) = 창문틀
まどをあける(窓を開ける) = 창을 열다
まどをしめる(窓を閉める) = 창을 닫다

まどをこわす(窓を壊す) = 창을 깨다

≪내부의 것을 밖으로 드러내 보이는 것≫

めはこころのまど(目は心の窓) = 눈은 마음의 창
まなびのまどのじせつ(学びの窓の時節) = 학창 시절

≪합성어≫

まどかけ(窓掛け) = 커튼
まどがらす(窓硝子) = 창유리
まどぐち(窓口) = 창구
まどべ(窓辺) = 창가
まどわく(窓枠) = 창틀

❹ せき(席)는 '자리'입니다. '지위' '차례' 등의 뜻으로도 쓰입니다.

≪좌석≫

せきのさだまるのをまつ(席の定まるのを待つ)

= 자리가 정해지는 것을 기다리다

せきがすいている(席が空いている) = 자리가 비어 있다

せきをとっておく(席を取って置く) = 자리를 잡아(맡아) 놓다

せきにつく(席に着く) = 자리에 앉다

せきをうつす(席を移す) = 자리를 옮기다

せきをかわる(席を替わる) = 자리를 바꾸다

こうぎのとちゅうせきをたつ(講義の途中席を立つ)
= 강의 도중에 자리를 뜨다


≪회의장≫

しゅくがかいのせきでいう(祝賀会の席で言う)
= 축하회 석상에서 말하다

だんじょうにせきをもうける(壇上に席を設ける)
= 단상에 자리를 마련하다

えんかいのせきへでる(宴会の席へ出る) = 연회 석상에 나아가다


≪지위 ; 차례≫

かちょうのせき(課長の席) = 과장 자리

ちょうかんのせきをしめている(長官の席を占めている)
= 장관 자리에 있다

かいちょうのせきをおりる(会長の席を下りる)
= 회장 자리를 물러나다

≪관용구 ; 합성어≫

せきをすすめる(席を進める) = 흥미가 나서 좌석을 당겨 앉다
ふんぜんせきをけってさる(憤然席を蹴って去る)
= 분연히 자리를 박차고 나가다
せきのあたたまるひまもない(席の暖まる暇もない)
= 자리에 붙어있을 겨를도 없다

かんらんせき(観覧席) = 관람석
きひんせき(貴賓席) = 귀빈석
らいひんせき(来賓席) = 내빈석
ほんぶせき(本部席) = 본부석
しょうたいせき(招待席) = 초대석
とくべつせき(特別席) = 특별석
ぼうちょうせき(傍聴席) = 방청석
えんかいせき(宴会席) = 연회석
していせき(指定席) = 지정석
よやくせき(予約席) = 예약석
きんえんせき(禁煙席) = 금연석

とくとうせき(特等席) = 특등석

いっとうせき(一等席) = 일등석

たちせき(立ち席) = 입석


❺ かま(釜)는 '솥'입니다. 한국어와 같은 감각으로 쓰입니다.


どがま(土釜) = 흙 솥

ちゃがま(茶釜) = 차 솥

しるがま(汁釜) = 국 솥

でんきがま(電気釜) = 전기밥솥

あつりょくがま(圧力釜) = 압력솥

かまめし(釜飯) = 솥 밥

おなじかまのめしをくう(同じ釜の飯を食う) = 같은 솥 밥을 먹다

## kotoba

ひとで(人手) = 남의 손
ガラス(硝子) = 유리
かまち(框) = 귀틀
とちゅう(途中) = 도중
だんじょう(壇上) = 단상
えんかい(宴会) = 연회
かんらん(観覧) = 관람

きひん(貴賓) = 귀빈
らいひん(来賓) = 내빈
ほんぶ(本部) = 본부
ぼうちょう(傍聴) = 방청
してい(指定) = 지정
とくとう(特等) = 특등
あつりょく(圧力) = 압력

なれる(慣れる) = 익숙해지다
もちこむ(持ち込む) = 가져오다
つぐ(継ぐ) = 잇다
まずしい(貧しい) = 가난하다
おこる(興る) = 흥하다
おさめる(治める) = 다스리다
ゆずる(譲る) = 물려주다

あける(空ける) = 비우다
やぶる(破る) = 부수다
こわす(壊す) = 깨다
うつす(移す) = 옮기다
かわる(替わる) = 바꾸다
もうける(設ける) = 마련하다
しめる(占める) = 차지하다

# CHAPTER 9

# 바다, 물, 산, 고개

❶ うみ(海)는 '바다'입니다. 한국어와 같은 감각으로 쓰입니다.

≪바다≫

ふかくてひろいうみ(深くて広い海) = 깊고 넓은 바다
ふねでうみにでる(船で海に出る) = 배로 바다에 나가다

≪많은 물≫

なみだのうみ(涙の海) = 눈물바다
ちのうみ(血の海) = 피바다
ひのうみ(火の海) = 불바다

≪많은 것≫

いちめんのひのうみ(一面の火の海) = 온통 불바다
じょうほうのうみ(情報の海) = 정보의 바다

≪합성어≫

うみかぜ(海風) = 해풍
うみべ(海辺) = 해변
うみまつ(海松) = 해송
うみがめ(海亀) = 바다거북
うみへび(海蛇) = 바다뱀
うみつばめ(海燕) = 바다제비
うみねこ(海猫) = 괭이갈매기
うみくらげ(海水母) = 해파리

❷ しお(潮)는 '바닷물'입니다.

しおさき(潮先) = 밀물의 물마루
しおがさす(潮が差す) = 조수가 밀려오다(밀물)
しおがみちる(潮が満ちる) = 조수가 차다
しおがひく(潮が引く) = 조수가 빠지다(썰물)
しおのみちひ(潮の満干) = 조수의 간만
しおのか(潮の香) = 바다 냄새
くじらがしおをふく(鯨が潮を吹く) = 고래가 물을 내뿜다

≪합성어≫

しおがい(潮貝) = 바다조개
しおがしら(潮頭) = 물마루
しおかぜ(潮風) = 바닷바람
しおじ(潮路) = 뱃길
しおどき(潮時) = 기회 ; 적당한 때
しおひ(潮干) = 간조
しおゆ(潮湯) = 해수탕

❸ みず(水)는 '물'입니다. 한국어와 같은 감각으로 쓰입니다.

≪물 ; 홍수≫

みずにひたす(水に浸す) = 물에 담그다
みずをぬく(水を抜く) = 물을 빼다
はなにみずをやる(花に水を遣る) = 화초에 물을 주다
かわのみずをひく(川の水を引く) = 강물을 끌어들이다
みずがつく(水が浸く) = 물에 잠기다
みずがでる(水が出る) = 홍수가 나다

≪물이 많은 것≫

みずあめ(水飴) = 물엿
はなみず(鼻水) = 콧물
みずぼうそう(水疱瘡) = 수두

≪관용구 ; 합성어≫

みずきよければうおすまず(水清ければ魚棲まず)
= 물이 맑으면 고기가 안 모인다

みずとあぶら(水と油) = 물과 기름(상극)

みずにする(水にする) = 무효로 하다

みずにながす(水に流す) = 물에 흘려보내다

みずももらさぬ(水も漏らさぬ) = 물 샐 틈 없는

みずをうったよう(水を打ったよう) = 물을 끼얹은 듯이

みずをかける(水を掛ける) = 찬물을 끼얹다


のみみず(飲み水) = 마시는 물

わきみず(湧き水) = 샘솟는 물

あまみず(雨水) = 빗물

みずあか(水垢) = 물때

みずあそび(水遊び) = 물놀이

みずいらず(水入らず) = 집안끼리

みずいろ(水色) = 옥색

みずおけ(水桶) = 물통

みずかき(水搔) = 물갈퀴

みずぎ(水着) = 수영복

みずぎわ(水際) = 물가

みずくさ(水草) = 물풀

みずぐるま(水車) = 물방아

みずけ(水気) = 물기

みずけむり(水煙) = 물안개

みずしょうばい(水商売) = 물장사(접객업)

みずすじ(水筋) = 수맥

みずたま(水玉) = 물방울

みずたまり(水溜まり) = 웅덩이

みずっぽい(水っぽい) = 묽다 ; 싱겁다

みずでっぽう(水鉄砲) = 물총

みずとり(水鳥) = 물새

みずのあわ(水の泡) = 물거품

みずばしら(水柱) = 물기둥

みずばら(水腹) = 물배

みずぶくれ(水膨れ) = 물집

みずむし(水虫) = 무좀

みずめがね(水眼鏡) = 물안경

みずわり(水割り) = 물을 타서 묽게 함


❹ やま(山)는 '산'입니다. 한국어와 같은 감각으로 쓰입니다.


≪산≫

やまにのぼる(山に登る) = 산에 오르다

やまにしばかりにいく(山に柴刈りに行く) = 산에 나무하러 가다

やまのなかでみちにまよう(山の中で道に迷う) = 산속에서 길을 잃다

やままたやま(山また山) = 산 넘어 또 산 ; 첩첩산중

≪요행을 노리는 예상≫

やまがあたる(山が当たる) = 예상이 맞다(투기에 성공하다)

やまがはずれる(山が外れる) = 예상이 빗나가다(투기에 실패하다)

≪산더미 ; 무더기≫

しつもんがやまほどある(質問が山程ある) = 질문이 산더미처럼 있다

やまなすなみ(山なす波) = 산더미 같은 파도

したいのやま(死体の山) = 시체무더기

≪고비 ; 절정≫

はなしのやま(話の山) = 이야기의 절정

やまにたっした(山に達した) = 절정에 이르렀다

きょうがやまだ(今日が山だ) = 오늘이 고비다

やまをこした(山を越した) = 고비를 넘겼다

≪관용구 ; 합성어≫

やまがみえる(山が見える) = 전망이 서다
やまといえばかわ(山と言えば川) = 남에 말에 반대만 함
やまをかける(山を掛ける) = 투기를 하다
やまをふむ(山を踏む) = 범죄를 저지르다
やまをぬく(山を抜く) = 힘이 매우 세다

やまいぬ(山犬) = 이리
やまざと(山里) = 산촌
やまが(山家) = 산 속에 있는 집
やまがもの(山家者) = 시골뜨기
やまかい(山峡) = 산골짜기
やまかげ(山陰) = 산그늘
やまいちご(山苺) = 산딸기
やまぶどう(山葡萄) = 머루
やまかじ(山火事) = 산불
やまき(山気) = 투기심 ; 모험가 기질
やましごと(山仕事) = 투기업
やまし(山師) = 광산 채굴업자 ; 투기꾼 ; 사기꾼
やまかん(山勘) = 사기꾼
やまくずれ(山崩れ) = 산사태

やまじ(山路) = 산길

やますそ(山裾) = 산기슭

やまでら(山寺) = 산사

やまどめ(山止め) = 입산금지

やまどり(山鳥) = 산새

やまばと(山鳩) = 산비둘기

やまびこ(山彦) = 메아리

やまめ(山女) = 산천어


❺ とうげ(峠)는 '고개'입니다. 한국어와 같은 감각으로 쓰입니다.


≪산마루≫

とうげにさしかかる(峠に差し掛かる) = 고개에 다다르다

とうげをこす(峠を越す) = 고비를 넘다

とうげをくだる(峠を下る) = 고개를 내려가다

とうげのむこうのむら(峠の向うの村) = 고개 너머의 마을

≪절정기≫

かれはいまがとうげだ(彼は今が峠だ) = 그는 지금이 전성기이다
さむさもいまがとうげだ(寒さも今が峠だ) = 추위도 지금이 고비다
ここにさんにちがとうげだ(ここ二三日が峠だ)
= 이번 이삼 일이 고비다

## kotoba

かめ(亀) = 거북

つばめ(燕) = 제비

くらげ(水母) = 해파리

みちひ(満干) = 간만

くじら(鯨) = 고래

かい(貝) = 조개

あめ(飴) = 엿

あか(垢) = 때

おけ(桶) = 통

すじ(筋) = 줄기

でっぽう(鉄砲) = 총

あわ(泡) = 거품

しばかり(柴刈り) = 나무꾼

へいさ(閉鎖) = 폐쇄

かげ(陰) = 그늘

いちご(苺) = 딸기

ぶどう(葡萄) = 포도

すそ(山裾) = 산기슭 ; 옷단


みちる(満ちる) = 차다

ひたす(浸す) = 담그다

つく(浸く) = 잠기다

かく(掻く) = 긁다

たまる(溜まる) = 괴다 ; 모이다

ふくれる(膨れる) = 부풀다

すむ(棲む) = 깃들이다

ながす(流す) = 흘려보내다

もる(漏る) = 새다

あたる(当たる) = 맞다

はずれる(外れる) = 빗나가다

とめる(止める) = 멈추다

# CHAPTER 10

# 밭, 풀, 꽃, 종자

❶ はたけ(畑)는 '밭'입니다.

≪밭≫

だいこんばたけ(大根畑) = 무밭
いちごばたけ(苺畑) = 딸기밭
はたけしごと(畑仕事) = 밭일
はたけのあぜ(畑の畦) = 밭두렁
はたけをたがやす(畑を耕す) = 밭을 갈다

はたけにうねをつくる(畑に畝を作る) = 밭에 이랑을 만들다

はたけのくさとりをする(畑の草取をする) = 밭의 김을 매다

### 감각 돋보기

일본인은 '전문 분야' 특정한 '영역' 등을 표현할 때 はたけ(畑)라는 말을 사용합니다.

はたけがちがう(畑が違う) = 전문 분야가 다르다

ぎじゅつばたけのひと(技術畑の人) = 기술 분야의 사람

しょうばいはわたしのはたけじゃない(商売は私の畑じゃない)

= 장사는 내 영역이 아니다

ひとのはたけをあらす(人の畑を荒らす) = 남의 영역을 침범하다

❷ くさ(草)는 '풀'입니다.

≪풀≫

にわのくさ(庭の草) = 뜰에 난 풀

くさをとる(草を取る) = 풀을 뽑다

くさのうえにすわる(草の上に座る) = 풀 위에 앉다

うまがくさをくう(馬が草を食う) = 말이 풀을 뜯어먹다

くさぶきのやね(草葺きの屋根) = 초가지붕

≪합성어≫

くさいろ(草色) = 초록빛

くさかげろう(草蜉蝣) = 풀잠자리

くさがめ(草亀) = 남생이

くさかり(草刈) = 풀베기

くさき(草木) = 초목

くさごえ(草肥) = 풋거름

くさち(草地) = 풀밭

くさはら(草原) = 초원

くさば(草葉) = 풀잎

くさとり(草取) = 김매기

くさのとびら(草の扉) = 사립문

くさぶえ(草笛) = 풀피리

くさぼうき(草帚) = 싸리비

くさまくら(草枕) = 풀베개

くさもち(餅) = 쑥떡

くさや(草屋) = 초가집

### ✡ 감각 돋보기

일본인은 くさ(草)를 '지방' '아마추어'라는 뜻으로 사용합니다. 한국어에도 '풀뿌리 민주주의'와 같은 말이 있지만 감각이 다르네요.

くさずもう(草相撲) = 풋내기 씨름

くさけいば(草競馬) = 지방 경마

くさやきゅう(草野球) = 동네 야구

❸ はな(花)는 '꽃'입니다. 한국어와 거의 같은 감각으로 쓰입니다.

≪꽃≫

はながさく(花が咲く) = 꽃이 피다
はながちる(花が散る) = 꽃이 지다
はなをつむ(花を摘む) = 꽃을 따다
はなをおる(花を折る) = 꽃을 꺾다
はなをみにいく(花を見に行く) = 꽃구경 가다(특히 벚꽃)

≪꽃꽂이≫

はなのせんせい(花の先生) = 꽃꽂이 선생
はなをならう(花を習う) = 꽃꽂이를 배우다

≪아름다운 것 ; 한창인 것 ; 정수≫

しゃこうかいのはな(社交界の花) = 사교계의 꽃
しょくばのはな(職場の花) = 직장의 꽃(젊고 명랑한 여성)
はなをそえる(花を添える) = 금상첨화
はなのとしごろ(花の年頃) = 꽃다운 나이

いまがじんせいのはなだ(今が人生の花だ) = 지금이 인생의 절정기다

ぶしどうのはな(武士道の花) = 무사도의 정수(精髓)

きんだいぶんめいのはな(近代文明の花) = 근대문명의 정수

≪화대 ; 화투놀이≫

はなをはずむ(花を弾む) = 화대를 듬뿍 주다

はなをひく(花を引く) = 화투를 치다

≪관용구 ; 합성어≫

はなのえん(花の宴) = 꽃구경하면서 벌이는 주연

はなのかんばせ(花の顔) = 꽃 같은 얼굴

はなのさかり(花の盛り) = 젊고 아름다움

はなのすがた(花の姿) = 꽃 같은 자태

はなのみやこ(花の都) = 그 나라의 수도

はなもみもある(花も実もある) = 명실상부하다

はなよりだんご(花より団子) = 꽃보다 경단(금강산도 식후경)

はなをさかせる(花を咲かせる) = 성공하다

はなをもたせる(花を持たせる) = 공을 남에게 돌리다

はなもはじらう(花も恥じらう) = 꽃도 무색할 만큼 아름답다

はなかご(花籠) = 꽃바구니

はながめ(花甁) = 꽃병

はながら(花柄) = 꽃무늬

はなぐるま(花車) = 꽃수레

はなことば(花言葉) = 꽃말

はながるた(花骨牌) = 화투

はなぞの(花園) = 화원

はなばたけ(花畑) = 꽃밭

はなだい(花代) = 화대

はなたば(花束) = 꽃다발

はなわ(花輪) = 화환

はなだより(花便り) = 꽃소식

はなどき(花時) = 꽃철

はなみ(花見) = 꽃구경

はなはなしい(花花しい) = 화려하다

はなはなと(花花と) = 화려하게

はなび(花火) = 불꽃

はなびら(花片) = 꽃잎

はなまち(花街) = 유흥가

はなまつり(花祭) = 관불회(灌佛會)

はなむこ(花婿) = 신랑

はなよめ(花嫁) = 신부

はなもよう(花模様) = 꽃무늬


❹ たね(種)는 '종자'입니다. '혈통' '근본'이라는 뜻으로도 쓰입니다.


≪씨앗≫

たねをとる(種を取る) = 씨앗을 받다
たねをまく(種を撒く) = 씨앗을 뿌리다
たねなしぶどう(種無し葡萄) = 씨 없는 포도

≪혈통≫

ひとつぶだね(一粒種) = 일점혈육(외아들, 외동딸)
たねちがいのきょうだい(種違いの兄弟) = 아버지가 다른 자식
たねのよいうま(種の良い馬) = 혈통이 좋은 말

≪근본·원인≫

けんかのたね(喧嘩の種) = 싸움의 원인
ふわのたね(不和の種) = 불화의 씨

わざわいのたねをまく(災いの種を撒く) = 재앙의 씨를 뿌리다

≪재료≫

はなしのたね(話の種) = 이야깃거리
しんぱいのたね(心配の種) = 걱정거리
なやみのたね(悩みの種) = 고민거리
ものわらいのたねになる(物笑いの種になる) = 웃음거리가 되다
しょうせつのたね(小説の種) = 소설의 재료
しんぶんのとくだね(新聞の特種) = 신문의 특종
すしのたね(寿司の種) = 초밥의 재료
たねぎれになる(種切れになる) = 재료가 떨어지다

≪술수≫

たねがつきる(種が尽きる) = 술수가 다하다
たねもしかけもない(種も仕掛けもない) = 술수도 속임수도 없다
てじなのたねをあかす(手品の種を明かす) = 마술의 술수를 공개하다

≪합성어≫

たねいも(種芋) = 씨감자

たねうま(種馬) = 종마

たねがみ(種紙) = 인화지

たねび(種火) = 불씨

たねまき(種蒔き) = 파종

たねもの(種物) = 씨앗

たねもみ(種籾) = 볍씨

 *kotoba*

あぜ(畦) = 두렁

うね(畝) = 이랑

すもう(相撲) = 씨름

けいば(競馬) = 경마

くさいろ(草色) = 초록빛

かげろう(蜉蝣) = 잠자리

こえ(肥) = 거름

まくら(枕) = 베개

しょくば(職場) = 직장

きんだい(近代) = 근대

かご(籠) = 바구니

がら(柄) = 무늬

たば(束) = 다발

わ(輪) = 고리 ; 원형

 **kotoba**

たより(便り) = 소식
むこ(婿) = 사위
よめ(嫁) = 며느리
すがた(姿) = 모습
みやこ(都) = 수도
ぶどう(葡萄) = 포도
けんか(喧嘩) = 싸움

わざわい(災い) = 재앙
しんぱい(心配) = 걱정
なやみ(悩み) = 고민
とくだね(特種) = 특종
てじな(手品) = 마술
いも(芋) = 감자
もみ(籾) = 벼

たがやす(耕す) = 경작하다
あらす(荒らす) = 황폐하게 하다
かる(刈る) = 베다
ちる(散る) = 지다
つむ(摘む) = 따다
おる(折る) = 꺾다
そえる(添える) = 첨부하다

はずむ(弾む) = 튀다
はじる(恥じる) = 부끄러워하다
まく(撒く) = 뿌리다
ちがう(違う) = 다르다
つきる(尽きる) = 다하다
しかける(仕掛ける) = 장치하다
あかす(明かす) = 밝히다

# CHAPTER 11

# 수도, 도시, 마을, 시골

❶ みやこ(都)는 '수도'입니다.

≪수도 ; 중심도시≫

にほんのむかしのみやこはきょうと(日本の昔の都は京都)
= 일본의 옛 수도는 교토
みやこをうつす(都を移す) = 수도를 옮기다
みやこにのぼる(都に上る) = 서울로 올라가다
ほっかいどうのみやこはさっぽろ(北海道の都は札幌)

= 홋카이도의 중심도시는 삿포로

≪무엇인가를 특징으로 하는 도시≫

みずのみやこはベニス(水の都はベニス) = 물의 도시 베니스
げいじゅつのみやこパリ(芸術の都パリ) = 예술의 도시 파리
もりのみやこ(杜の都) = 숲의 도시

≪살기 좋은 곳≫

すめばみやこ(住めば都) = 타향도 정들면 고향
はなのみやこ(花の都) = 화려한 도시

≪합성어≫

みやこおち(都落ち) = 낙향
みやこする(都する) = 도읍지로 정하다
みやこそだち(都育ち) = 도시에서 자람

❷ とかい(都会)는 '도시'입니다.

だいとかい(大都会) = 대도시
きょだいなとかい(巨大な都会) = 거대한 도시
とかいせいかつ(都会生活) = 도시생활
とかいちへでてはたらく(都会地へ出て働く) = 도회지에 나가 일하다
じんこうがとかいにしゅうちゅうする(人口が都会に集中する)
= 인구가 도시에 집중하다


❸ まち(町)는 '시가지'입니다.

≪시내≫

まちにでる(町に出る) = 시내로 나가다
やしきまち(屋敷町) = 저택가
ゆのまち(湯の町) = 온천 고장
いちばまち(市場町) = 장터거리
まちやくば(町役場) = 동사무소
まちのただなか(町の直中) = 시내 한복판

まちのよつつじ(町の四つ辻) = 시내의 네거리

≪번화한 거리≫

まちのひ(町の灯) = 거리의 등불

まちのおんな(町の女) = 거리의 여인(창녀)

まちのしんし(町の紳士) = 거리의 신사(건달)

まちをねりあるく(町を練り歩く) = 시내를 활보하다

≪합성어≫

まちいしゃ(町医者) = 개업의

まちかど(町角) = 길모퉁이

まちぎ(町着) = 나들이옷

まちこうば(町工場) = 시내의 소규모 공장

まちすじ(町筋) = 한길

まちば(町場) = 상점가

まちはずれ(町外れ) = 변두리

❹ むら(村)는 '촌락'입니다.

≪마을≫

おなじむらのひと(同じ村の人) = 같은 마을 사람
むらのしきたり(村の仕来り) = 마을의 관습
むらにかえる(村に帰る) = 시골로 돌아가다
むらのつたえ(村の伝え) = 마을의 전설
ちきゅうむら(地球村) = 지구촌
オリンピックせんしゅむら(オリンピック選手村) = 올림픽선수촌

≪시골 ; 촌스러움≫

むらしばい(村芝居) = 촌 연극
むらずもう(村相撲) = 촌 씨름

≪합성어≫

むらざと(村里) = 시골
むらじ(村路) = 시골길
むらはずれ(村外れ) = 동구 밖

むらはちぶ(村八分) = 동네 따돌림
むらばらい(村払い) = 동네 추방

❺ さと(里)는 '마을'입니다.

≪마을 ; 시골≫

さとをはなれたやまおく(里を離れた山奥) = 마을에서 떨어진 산속
さとのならい(里の習い) = 시골 풍습
さとのわらべ(里の童) = 시골 어린이

≪본가≫

よめがさとにかえる(嫁が里に帰る) = 며느리가 친정에 가다
おさとがしれる(お里が知れる) = 그 사람의 태생을 알 수 있다

≪합성어≫

さとおや(里親) = 수양부모
さとご(里子) = 수양아들(딸)

さとごころ(里心) = 향수

さとことば(里言葉) = 사투리

さとびと(里人) = 시골 사람


❻ いなか(田舎)는 '시골'입니다.


《시골》

いなかそだち(田舎育ち) = 시골에서 자람

いなかみち(田舎道) = 시골길

いなかのせいかつ(田舎の生活) = 시골 생활

いなかにおちつく(田舎に落ち着く) = 시골에 정착하다

いなかにかくれてすむ(田舎に隠れて住む) = 시골에 숨어 살다

《고향》

いなかのりょうしん(田舎の両親) = 고향의 부모

いなかへかえる(田舎へ帰る) = 고향에 돌아가다

あなたのいなかはどこですか(貴方の田舎は何処ですか)
= 당신의 고향은 어디입니까?

わたしのいなかはふくしまです(私の田舎は福島です)
= 내 고향은 후쿠시마입니다.

≪관용구 ; 합성어≫

いなかくさい(田舎臭い) = 촌스럽다
いなかじみる(田舎染みる) = 시골티가 배다
いなかだいじん(田舎大尽) = 시골 부자
いなかふう(田舎風) = 시골풍
いなかや(田舎家) = 시골집
いなかなまり(田舎訛り) = 시골 사투리
いなかのにおい(田舎の匂い) = 시골의 정취

## kotoba

げいじゅつ(芸術) = 예술
とかい(都会) = 도시
きょだい(巨大) = 거대
じんこう(人口) = 인구
しゅうちゅう(集中) = 집중
やしき(屋敷) = 저택
いちば(市場) = 시장
やくば(役場) = 관청

ただなか(直中) = 한복판
よつつじ(四つ辻) = 네거리
かど(角) = 모퉁이
やまおく(山奥) = 산속
わらべ(童) = 어린이
りょうしん(両親) = 부모
あなた(貴方) = 당신
なまり(訛り) = 사투리

うつす(移す) = 옮기다
ねる(練る) = 닦다
はずれる(外れる) = 벗어나다
つたえる(伝える) = 전하다
はらう(払う) = 없애다

はなれる(離れる) = 떨어지다
おちつく(落ち着く) = 자리 잡다
かくれる(隠れる) = 숨다
くさい(臭い) = 구리다
しみる(染みる) = 스며들다

# CHAPTER 12

## 잘함, 서투름, 진짜, 가짜, 수수, 화려, 사치, 초라, 거만함, 공손함

❶ じょうず(上手)는 '능숙함'입니다.

≪능숙함 또는 그 사람≫

じょうずなじ(上手な字) = 잘 쓴 글씨
ききじょうず(聞上手) = 듣는 데 능함
はなしじょうず(話上手) = 말을 잘 함
えがじょうずだ(絵が上手だ) = 그림을 잘 그리다

おどりがじょうずだ(踊りが上手だ) = 춤을 잘 추다

しょうばいがじょうずだ(商売が上手だ) = 장사를 잘하다

じょうずにたちまわる(上手に立ち回る) = 잘 처신하다

≪발림 말을 함≫

おじょうずをいう(お上手を言う) = 발림 말을 하다

じょうずもの(上手者) = 발림 말을 잘 하는 사람

くちじょうずなひと(口上手な人) = 구변이 좋은 사람

じょうずにいいなす(上手に言い做す) = 능숙하게 둘러대다

≪관용구≫

じょうずごかし(上手ごかし) = 말로 친절한 체함

じょうずのてからみずがもる(上手の手から水が漏る)
= 원숭이도 나무에서 떨어지다

じょうずのねこがつめをかくす(上手の猫が爪を隠す)
= 실력자는 함부로 자기의 실력을 내보이지 않는다

すきこそもののじょうずなれ(好きこそ物の上手なれ)
= 좋아하면 자연히 능숙해진다

❷ へた(下手)는 '서투름'입니다.

《서투름》

けいさんがへただ(計算が下手だ) = 계산이 서툴다
へたなうたをきかせる(下手な歌を聞かせる) = 서투른 노래를 들려주다
はなしへたでそんする(話し下手で損する) = 말주변이 없어 손해보다
ひとづきあいのへたなひと(人付き合いの下手な人)
= 교제가 서투른 사람

《어설픔 ; 섣부름》

へたにくちだしをする(下手に口出しをする) = 섣불리 말참견하다
へたなしばいをする(下手な芝居をする) = 섣부른 속임수를 쓰다
へたにてをださない(下手に手を出さない) = 섣불리 손을 대지 않다
へたするとたいへんだ(下手すると大変だ)
= 자칫 잘못하다가 큰일 난다

《관용구》

へたにでる(下手に出る) = 공손하게 굴다

へたのながだんぎ(下手の長談義) = 서투른 장광설

へたのよこずき(下手の横好き) = 서투른 주제에 그것을 몹시 좋아함

❸ ほんもの(本物)는 '진짜'입니다. '진정한'이라는 뜻으로도 쓰입니다.

≪실물≫

ほんものそっくりのえ(本物そっくりの絵) = 실물과 똑같은 그림
ほんものがみたい(本物が見たい) = 진짜를 보고 싶다
まがうかたないほんもの(紛う方ない本物) = 틀림없는 진짜
ほんものをまねてつくる(本物を真似て作る)
= 진짜를 모방해서 만들다

≪본격적임≫

ほんもののぶし(本物の武士) = 진정한 무사
ほんもののきょういくしゃ(本物の教育者) = 진정한 교육자
あのひとのげいはほんものだ(あの人の芸は本物だ)

= 그 사람의 기예는 본격적이다

❹ にせもの(偽物)는 '가짜'입니다.

まっかなにせもの(真っ赤な偽物) = 새빨간 가짜
このしょめいはにせものだ(この署名は偽物だ) = 이 서명은 가짜다
いちもくしてにせものとわかる(一目して偽物と分かる)
= 한 번 보고 가짜임을 알다
にてもにつかないにせもの(似ても似つかない偽物)
= 전혀 비슷하지도 않은 가짜
にせものをかった(偽物を買った) = 가짜를 샀다
にせものごちゅうい(偽物ご注意) = 위조품에 주의
にせもののげい(偽物の芸) = 엉터리 재주

❺ じみ(地味)는 '수수함'입니다.

じみないろ(地味な色) = 수수한 색
じみなきもの(地味な着物) = 수수한 옷

じみなこのみ(地味な好み) = 수수한 취미

じみなせいかく(地味な性格) = 수더분한 성격

じみなひとがら(地味な人柄) = 수더분한 인품

じみなせいかつ(地味な生活) = 검소한 생활

❻ はで(派手)는 '화려한 모양'입니다.

≪화려함 ; 야함≫

はでずき(派手好き) = 화려함을 좋아함

はでないろ(派手な色) = 화려한 색깔

はでながら(派手な柄) = 화려한 무늬

はでなみなり(派手な身なり) = 화려한 옷차림

はでにきる(派手に着る) = 화려하게 차려 입다

せいかつがはでだ(生活が派手だ) = 생활이 화려하다

≪야단스러움≫

はでになきだす(派手に泣き出す) = 야단스럽게 울다

はでにあそぶ(派手に遊ぶ) = 요란스럽게 놀다

はでにけんかする(派手に喧嘩する) = 요란하게 싸우다

はでにかねをばらまく(派手に金を散蒔く) = 호기 있게 돈을 뿌리다

❼ おごり(奢り)는 '사치'입니다.

≪사치 ; 호사≫

おごりにふける(奢りの耽ける) = 사치에 빠지다

おごりをきわめる(奢りを極める) = 온갖 사치를 다하다

おごりをつくしたていたく(奢りを尽くした邸宅) = 호사스러운 저택

## 감각 돋보기

일본인은 おごる(奢る)를 '한턱 낸다'는 뜻으로 사용합니다.

きょうはわたしのおごりだ(今日は私の奢りだ)
= 오늘은 내가 낼 차례다
わがしをおごる(和菓子を奢る) = 일본식 과자를 사주다


❽ あわれ(哀れ)는 '가련함'입니다.


≪불쌍함≫

あわれなこじ(哀れな孤児) = 불쌍한 고아
あわれをもよおす(哀れを催す) = 불쌍한 생각이 들다
あわれをおぼえる(哀れを覚える) = 불쌍하게 느끼다
あわれにおもえてならない(哀れに思えてならない)
= 불쌍해서 견딜 수 없다

≪초라함≫

あわれなみなり(哀れな身なり) = 초라한 옷차림
あわれっぽいこえ(哀れっぽい声) = 처량한 목소리
あわれなしにさま(哀れな死に様) = 가련한 최후


❾ そんだい(尊大)는 '거만함'입니다.


そんだいぶる(尊大ぶる) = 거드름 피우다
そんだいなくちょう(尊大な口調) = 거만한 말투
そんだいなたいど(尊大な態度) = 건방진 태도
そんだいにかまえる(尊大に構える) = 거만하게 나오다
そんだいにふるまう(尊大に振る舞う) = 거만하게 행동하다

❿ ていねい(丁寧)는 '공손함'입니다.


≪정중함≫

ていねいなひと(丁寧な人) = 예의바르고 정중한 사람
ばかていねい(馬鹿丁寧) = 지나치게 공손함
ていねいなあいさつ(丁寧な挨拶) = 공손한 인사
ていねいなへんじをかく(丁寧な返事を書く) = 정중한 답장을 쓰다
ていねいなかんごをうける(丁寧な看護を受ける)
= 정성스러운 간호를 받다


≪신중함≫

こんせつていねいなせつめい(懇切丁寧な説明)
= 깍듯하고 자상한 설명
ていねいなしごと(丁寧な仕事) = 주의 깊게 하는 일
じをていねいにかく(字を丁寧に書く) = 글씨를 주의 깊게 쓰다
ていねいにとりあつかう(丁寧に取り扱う) = 소중하게 다루다
ていねいによみなおす(丁寧に読み直す) = 주의를 기울여 되읽다

 **kotoba**

つきあい(付き合い) = 교제
ながだんぎ(長談義) = 장광설
しょめい(署名) = 서명
せいかく(性格) = 성격
ひとがら(人柄) = 인품
けんか(喧嘩) = 싸움
ていたく(邸宅) = 저택

こじ(孤児) = 고아
わがし(和菓子) = 일본식 과자
くちょう(口調) = 말투
たいど(態度) = 태도
あいさつ(挨拶) = 인사
へんじ(返事) = 답장
こんせつ(懇切) = 간절

いいなす(言い做す) = 둘러대다
まねる(真似る) = 모방하다
ばらまく(散蒔く) = 뿌리다
ふける(耽ける) = 빠지다
つくす(尽くす) = 다하다

もよおす(催す) = 개최하다
おぼえる(覚える) = 기억하다
かまえる(構える) = 꾸미다
ふるまう(振る舞う) = 행동하다
あつかう(扱う) = 다루다

**CHAPTER 13**

# 가난함, 부자, 거짓, 진실, 겉, 알맹이, 새벽, 황혼

❶ びんぼう(貧乏)는 '가난함'입니다.

≪빈궁≫

びんぼうなひと(貧乏な人) = 가난한 사람
びんぼうないえ(貧乏な家) = 가난한 집
びんぼうにうまれる(貧乏に生れる) = 가난하게 태어나다
びんぼうにくらす(貧乏に暮す) = 가난하게 살다

びんぼうにうちかつ(貧乏に打ち克つ) = 가난을 극복하다

びんぼうにんをおとしめる(貧乏人を貶める) = 가난한 사람을 얕보다

≪궁상≫

びんぼうたらしいかお(貧乏たらしい顔) = 궁상맞은 얼굴

びんぼうくさいおこない(貧乏臭い行い) = 궁상맞은 행동

びんぼうくさいまねをする(貧乏臭い真似をする) = 궁상떨다

≪관용구≫

びんぼうがみ(貧乏神) = 가난을 불러오는 신

びんぼうくじ(貧乏籤) = 가장 불리한 일

びんぼうしょう(貧乏性) = 궁상맞은 기질

びんぼうゆすり(貧乏揺すり) = 앉아있을 때 다리를 떠는 일

❷ かねもち(金持ち)는 '부자'입니다.

かねもちのいえでうまれた(金持ちの家で生れた)
= 부잣집에서 태어났다

きゅうにかねもちになった(急に金持ちになった)
= 갑자기 부자가 되었다

かねもちになるほしまわりだ(金持ちになる星回りだ)
= 부자가 될 팔자다

くっしのかねもち(屈指の金持ち) = 손꼽는 부자

しゅとのかねもち(首都の金持ち) = 장안의 부자

けんじつなかねもち(堅実な金持ち) = 알부자

≪관용구≫

かねもちけんかせず(金持ち喧嘩せず) = 부자는 몸을 사린다

かねもちかねつかわず(金持ち金使わず)
= 부자는 돈을 낭비하지 않는다

❸ いつわり(偽り)는 '거짓'입니다.

いつわりのしょうげん(偽りの証言) = 거짓 증언

いつわりをいう(偽りを言う) = 거짓말을 하다

しんこいつわりない(真個偽り無い) = 진정 거짓이 없다

かぜんいつわりだった(果然偽りだった) = 과연 거짓이었다

いつわりがあかされる(偽りが明かされる) = 거짓이 밝혀지다
かんばんにいつわりあり(看板に偽りあり) = 겉보기와는 딴판이다

❹ うそ(嘘)는 '거짓말'입니다.

≪거짓말≫

うそをつく(嘘を吐く) = 거짓말하다
それはまっかなうそだ(それは真っ赤な嘘だ)
= 그것은 새빨간 거짓말이다
しらじらしいうそをつく(白白しい嘘を吐く) = 뻔한 거짓말을 하다
うそをつけ(嘘を吐け) = 거짓말 마라
うそはっぴゃく(嘘八百) = 거짓말투성이
いちごうのうそもない(一毫の嘘も無い) = 추호의 거짓도 없다

≪잘못≫

うそじ(嘘字) = 틀린 글자(오자)
このこたえはうそだ(この答えは嘘だ) = 이 답은 틀리다
うそをおしえる(嘘を教える) = 잘못 알려 주다

≪적당하지 않음≫

そうこなくてはうそだ(そう来なくては嘘だ) = 그렇게 나오지 않으면
かぶをいまかうのはうそだ(株を今買うのは嘘だ)
= 주식을 지금 사는 것은 적당하지 않다

≪관용구≫

うそもほうべん(嘘も方便) = 거짓말도 방편
うそからでたまこと(嘘から出た誠)
= 거짓말한 것이 뜻밖에 사실이 됨
うそでかためる(嘘で固める) = 전부 거짓말로 꾸며대다

❺ ほんとう(本当)는 '진실'입니다.

≪정말≫

ほんとうをいうと(本当を言うと) = 정말을 말하면
ほんとうのとし(本当の年) = 진짜 나이
ほんとうらしいはなし(本当らしい話) = 정말인 듯한 이야기

ほんとうにもうしわけない(本当に申し訳ない) = 정말로 할 말이 없다

≪참됨 ; 진짜≫

ほんとうのじかんはなんじか(本当の時間は何時か)
= 정확한 시간은 몇시인가
これはほんとうのほうせきだ(これは本当の宝石だ)
= 이것은 진짜 보석이다
かれはほんとうのえいゆうだ(彼は本当の英雄だ)
= 그는 진정한 영웅이다
ほんとうのいみがわからない(本当の意味が分からない)
= 참뜻을 알 수 없다

≪정상≫

ほんとうならわたしがいくべきだ(本当なら私が行くべきだ)
= 정상이라면 내가 가야 한다
からだがまだほんとうでない(体がまだ本当でない)
= 몸이 아직 정상이 아니다

❺ まこと(誠)는 '진실'입니다.

《참》

まことのはなし(誠の話) = 참말
うそかまことか(嘘か誠か) = 거짓이냐 참이냐
そのはなしはまこととあいはんする(その話は誠と相反する)
= 그 말은 사실과 상반된다

《성의 ; 진심》

まことをつくす(誠を尽くす) = 성의를 다하다
まことのあるひと(誠のある人) = 성의 있는 사람
まことのこもったことば(誠の篭もった言葉) = 진심이 어린 말

《참으로》

まことにりっぱだ(誠に立派だ) = 참으로 훌륭하다
まことにざんねんだ(誠に残念だ) = 참으로 섭섭하다
まことにありがたい(誠に有難い) = 정말로 고맙다

❼ うわべ(上辺)는 '겉'이라는 뜻입니다.

うわべをかざる(上辺を飾る) = 겉을 꾸미다
うわべだけのよごれ(上辺だけの汚れ) = 겉에만 묻은 더럼
うわべだけのどうじょう(上辺だけの同情) = 겉치레에 불과한 동정
うわべはまじめなひと(上辺は真面目な人) = 보기에는 얌전한 사람

❽ みえ(見え)는 '외관' '겉치레'입니다.

≪외관≫

みえをかざる(見えを飾る) = 외양을 꾸미다
みえにかまわない(見えに構わない) = 외관에 무관심하다
みえがよくない(見えが良くない) = 볼품없다

≪겉치레 ; 허세≫

みえをはる(見えを張る) = 겉치레를 하다
みえでくるまをかう(見えで車を買う) = 허영으로 자동차를 사다

みえでたかいようふくをつくる(見えで高い洋服を作る)
= 겉치레로 비싼 양복을 만들다

❾ なかみ(中身)는 '알맹이'입니다.

なかみがこい(中身が濃い) = 내용이 실하다
なかみがうすい(中身が薄い) = 내용이 빈약하다
なかみがちがう(中身が違う) = 내용이 다르다
なかみをからにする(中身を空にする) = 속을 비우다
なかみのないひと(中身のない人) = 실속이 없는 사람
なかみがほうふだ(中身が豊富だ) = 내용이 풍부하다
こづつみのなかみ(小包の中身) = 소포의 내용물

❿ あかつき(暁)는 '새벽'입니다.

≪새벽녘≫

あかつきのそら(暁の空) = 새벽하늘

あかつきのけいめい(暁の鶏鳴) = 새벽녘의 닭울음

あかつきをつげるかねのね(暁を告げる鐘の音)
= 새벽을 알리는 종소리

あかつきをきしてしゅっぱつする(暁を期して出発する)
= 새벽을 기다려 출발하다

≪그 때 ; 그 날≫

せいこうのあかつきには(成功の暁には) = 성공하는 그때에는

とういつのあかつきには(統一の暁には) = 통일의 그날에는

 *kotoba*

くじ(籤) = 제비
まね(真似) = 흉내
ほしまわり(星回り) = 운명
くっし(屈指) = 굴지
けんじつ(堅実) = 견실
しんこ(真個) = 진정
かぜん(果然) = 과연
ほうべん(方便) = 방편

えいゆう(英雄) = 영웅
あいはん(相反) = 상반
どうじょう(同情) = 동정
まじめ(真面目) = 진심
ほうふ(豊富) = 풍부
こづつみ(小包) = 소포
けいめい(鶏鳴) = 닭 울음
かねのね(鐘の音) = 종소리

おとしめる(貶める) = 얕보다
しらじらしい(白白しい)
= 속이 뻔히 들여다보이다
ゆする(揺する) = 흔들다

こもる(篭もる) = 깃들이다
かためる(固める) = 다지다
かざる(飾る) = 꾸미다
つげる(告げる) = 알리다

**구태훈**

성균관대학교 문과대학 사학과 명예교수.『일본학보』편집위원장, 일본역사문화학회 회장, 한국일본학회 회장 등 역임.

### 감각으로 잡는 일본어

| | |
|---|---|
| 발행인 | 구자선 |
| 펴낸날 | 2024년 3월 25일 |
| 발행처 | (주)휴먼메이커 |
| 주 소 | 경기도 용인시 기흥구 강남서로 9 아카데미프라자 8층 825호 |
| | 전화 : 070-7721-1055 |
| 이메일 | h-maker@naver.com |
| 등 록 | 제2017-00006호 |

ISBN   979-11-982304-8-5(03730)
정 가   29,000원

# PREFACE
소방안전관리자 2급 찐정리 이론서

*폭풍에 맞서기 위해서 더 깊이 뿌리를 내리다.*

대규모 개정과 함께 대폭 확대된 시험 범위, 매회 역대급 난이도를 갱신하며 계속해서 변화구를 던지는 낯선 신규 유형들은, 우리가 휘몰아치는 복합 지문의 파도 속에서도 뿌리 개념을 '정확히 이해하고' 답을 낚아챌 수 있는지를 시험하고 있다. 유튜브 채널과 커뮤니티를 통해 수험생분들의 이야기를 보다 생생히 전해 들을 수 있는 내가 체감하기에도 대규모 개정과 잇따른 난이도의 상승은 폭풍과도 같이 느껴졌다. 더욱이 소방안전관리자 시험의 난이도는 앞으로도 더욱 높아질 것이 분명하기에, 이번 개정판은 베이스 없이 시작한 사람들도 누구나 쉽게 이해할 수 있고, 문신처럼 오래도록 기억에 남을 수 있도록 집요하게 구성했다.

더 새로워진 <찐정리 문신 이론서>로 만나게 될 독자 여러분들께 다만 바라는 것이 있다면, 저자인 내가 그러했듯이 <찐정리>와 함께 한 걸음씩 단단히 뿌리를 잡아 나가면서, 그 작은 개념들이 모여 마침내 하나의 커다란 나무로 자리 잡는 희열과 공부하는 '맛'이 느껴지기를, 그리고 '챕스랜드'가 그 합격의 여정을 함께 한 든든한 친구로 기억되기를 희망한다.

2021년, 처음 세상에 나온 <찐정리>는 매년 전문 자격 분야 베스트셀러를 달성했고, 함께 공부하기 위해 모인 '챕스랜드'는 이제 수만 명의 구독자와 회원들이 모인 대표적인 커뮤니티로 성장했다. 이렇게 책을 통해 모인 우리는, 가장 기쁜 합격 소식을 전하고, 정보를 나누고, 축하를 만끽하며 다시 서로의 단단한 뿌리가 되어 주고 있다.